# 복잡계론을 접목한
# 한국형 强小기업 네트워크 만들기

박기남 지음

지금까지 한국의 경제성장은 대기업 위주의 역할론이 대세를 이루어 중소기업 성장의 중요성이 큰 주목을 못 받아왔다. 그러나 일본, 독일 등 선진국들은 소기업 네트워크를 발달시키면서 국가경제가 발전해왔고 한국도 이러한 소기업 네트워크를 전략적으로 육성해야 할 것이다. 세계적으로 소기업 네트워크의 사례는 프랑스 엔지니어링 산업, 이탈리아 의류산업, 독일의 섬유산업에서 찾아볼 수 있다. 네트워크의 적절한 위치(적소)를 차지함으로써 높은 성과를 보이고 있는 뉴욕의 의류산업, 일본의 하청 네트워크 구조는 소기업 네트워크의 효율성을 뒷받침해 주고 있다. 한국의 경우, 정보기술 수준이 뛰어나기 때문에 인터넷 및 유비쿼터스 기술을 활용한 전략적 제휴가 새로운 비즈니스 모형을 탄생시키며 지속적인 산업의 진화를 선도할 수 있다. 특히 전통적 기업들이 e비즈니스 기업으로 변환하는 과정에서 새로운 전략적 비즈니스 모형개발이 이루어진다면 소기업들은 상호 미래지향적인 제휴 네트워크를 보다 쉽게 구성할 수 있고 이것을 활용할 경우 참여기업간의 내부자원 공유를 통한 부가가치 증대와 경쟁력 향상 등 선순환의 고리를 창출하게 될 것이다.

본서에서는 그동안의 연구를 통해 수행했던 분석결과를 바탕으로 산업네트워크 속에서 각 기업들의 역할과 위치를 사회관계망 분석을 통하여 동태적으로 분석하고 소기업 네트워크를 활성화할 수 있는 산업 전략과 지원방안을 제시 한다. 본서를 출판하게 된 기존 연구의 중요 결과들을 요약하면 다음과 같다.

첫째, 소기업 협력 네트워크를 제시하고 소기업 네트워크 지배구조의 장점에 관하여 논의하였다. 여행업의 예를 들어 그 동안 오프라인 기업과 온라인 기업들이 e비즈니스를 통하여 어떻게 기업 간의 전략적 제휴를 맺고 있으며 상호 부가가치를 창출하고 있는지 실제 사례를 들어 설명한다. 이를 통하여 부가가치를 창출하고 공유하는 한국형 강소기업 네트워크 생성 가능성을 살펴본다.

둘째, 복잡계 이론 중 사회관계망 이론을 이용하여 14개 비즈니스 모형을 연결 고리로 하는 기업 간 네트워크를 분석하고 e비즈니스를 활용한 기업 간 비즈니스 모형의 진화 및 확장 방향을 진단한다. 이를 통하여 새로운 비즈니스 모형의 개발과 전환이 기업 간 네트워크에서 미래의 경쟁과 협력을 결정하는 중요한 요인임을 보인다.

셋째, 개별 기업이 소셜 네트워크 속에서 미래의 비즈니스 모형을 선택하고 다른 기업과 전략적 제휴를 통해 소기업 네트워크를 구성할 수 있음을 보인다. 네트워크 내에서 개별 기업의 역할은 허브(hub)와 브로커(broke)로 구분한다. 개별 기업의 전략적 위치를 허브지수와 브로커지수를 통하여 분석한 개별 기업의 네트워크 지수를 파악하여 강소 기업 네트워크를 구축하기 위한 정보로 활용할 수 있음을 보인다.

넷째, 미래의 비즈니스 모형을 구성하기 위한 소셜네트워크 위치를 의미하는 허브(Hub)지수 및 브로커(Broke)지수와 재무적 성과간의 연관성을 분석하여 이들 변수들이 재무적 성과에 영향을 미치는 것을 설문 데이터를 통해 입증한다. 분석결과 소기업 간 네트워크의 연결의 특성에 따라 부가가치 네트워크가 창출될 수 있고 이것은 e비즈니스를 활용하면 고부가가치 창출이 가능한 강소기업 네트워크를 구축할 수 있다는 것을 시사하였다. 이와 같은 분석결과는 무한경쟁의 세계시장에서 한국기업이 승리할 수 있는 길이 끊임없이 고부가가치 네트워크를 재생산 해낼 수 있는 한국형 강소기업 네트워크 구축이라는 것을 말해준다. 단, 끊임없이 네트워크에 참여하는 기업들이 모두 새로운 미래형 비즈니스 모형을 개발하고 그것에 알맞은 기업 네트워크를 리뉴얼 한다는 전제가 필요하다. 결국 끊임없는 개별기업 비즈니스 모델의 혁신들이 전체 네트워크의 경쟁력으로 작용되며 참여 중소기업 네트워크의 부가가치 창출에 큰 영향을 미친다.

따라서 본 저서는 새로운 모바일 중심의 유비쿼터스 시대를 맞이하여 환경에 적합한 새로운 비즈니스 모형을 지속적으로 창출해내고 고부가가치를 창출하기 위한 강력한 소기업 네트워크를 만들어 보다 큰 재무적 성과를 얻을 수 있는 방법을 설명한다.

기존의 연구는 주로 소기업들의 제휴가 실제로 소기업의 생존가능성을 높여줄 수 있는지를 분석하는 것이 대부분이었다. e비즈니스 산업의 특성상 기업 간 네트워크 구축은 오프라인 기업에 비하여 손쉽게 연결될 수 있고 서로 간의 제휴가 소비자에게 노출되지 않고 하나의 사이트처럼 보여 질 수 있으며 심지어 고객이나 시스템과 같은 서로의 자원을 공유할 수도 있기 때문에 기업 간 제휴의 효과나 속도는 매우 크다.

많은 e비즈니스 참여기업들을 분석해보면 소기업들이 대다수이며 자신들의 홍보 및 마케팅 효과를 극대화하고 취약점을 보완하여 거대한 자본력을 앞세운 인터넷 대기업들과 경쟁하기 위하여 일찍부터 다양한 형태의 기업 간 제휴모형을 개발해왔다. 그러나 이같은 다양한 제휴모형을 기업 간 사회관계망 형성이라는 측면에서 분석하고 네트워크에서 개별기업들의 특성을 성과와 관련지어서 설명하려는 시도는 없었다. 따라서 본 저서는 복잡 네트워크 이론을 활용하여 성공적인 소기업 네트워크를 활성화하고 부가가치를 창출할 수 있는 강소기업 네트워크 구축사례와 정보시스템을 활용한 강소기업 e-산업클러스터 구축방법론에 관하여 설명한다.

이전의 저술들은 순수 학문적 목적으로 작성되었기 때문에 정작 연구의 결과를 필요로 하는 우리나라 기업의 70%에 해당되는 중소기업 구성원들, 소기업 정책입안자들, 향후 복잡계론을 적용하고 연구하려는 입문자들에게는 매우 생소하고 어려울 수밖에 없었다. 따라서 본 저서는 철저히 소기업 네트워크를 활용하여 강소기업이 되려는 기업들이 필요로 하는 누구나 쉽게 읽고 이해할 수 있는 저서를 작성하고자 노력하였다.

본 저서의 대중적·학문적 확장 필요성은 다음과 같다. 첫째, 소기업이 전략적 제휴를 수행할 때 기업의 네트워크를 최대한 활용하여 환경의 변화를 감지할 수 있는 촉수를 최대한 많이 확보하는 것이 중요하기 때문에 기업 네트워크 참여자들의 수가 증가하기 위해서는 연구에 대한 정보와 지식이 소기업 경영자들에게 충분히 전달되어야 한다.

둘째 유비쿼터스 시대에 급변하는 비즈니스 모형의 진화방향을 고려하고 소기업에 가장 알맞은 비즈니스 모형을 선택하고 고부가가치 창출이 가능한 유리한 지점의 기업들과 제휴해야 하는데 이를 위해서는 기업제휴와 신뢰구축을 지원할 공신력 있는 제3자의 개입이 필요하다. 이러한 제3자 개입상황은 수도권 공공기관들의 이방이전을 통하여 새로운 기회들이 만들어지고 있다. 지방이전 공공기관들을 중심으로 소기업 네트워크를 구축한다면 신뢰를 기반으로 한 고부가가치 강소기업 네트워크 구축이 이루어질 수 있다. 이것은 소기업 상호 간 그리고 소기업 지원정책을 입안하는 기관에게 제휴를 위한 중요한 정책적 시사점을 제공한다.

셋째, 전략적 제휴에 참여하는 소기업들은 e비즈니스를 활용하면 원자재의 구매부터 제조, 유통, 마케팅, 판매, 고객서비스에 이르기까지 전체 비즈니스 전개과정을 자유롭게 변형하거나 통합할 수 있는 기회를 갖게 된다. 따라서 소기업들이 발 빠르게 다양한 비즈니스 모형을 창출하고 업무 프로세스 상호 통합할 수 있으며 심지어 매번 다른 비즈니스 모형을 창조해낼 수 있는 역량도 필요한데 소기업으로서는 실증적 사례도 부족하고 관련 지식 및 기술의 한계가 있으므로 소기업 네트워크를 통해 만들어지는 비즈니스 모델의 결합을 구체적으로 설명해 줄 수 있는 알기 쉬운 사례들이 필요하다.

넷째, 개별 소기업은 대기업과의 협상에서 항상 불리한 위치에 있지만, 여러 기업이 집단적 네트워크를 형성하여 세력화 할 경우 참여기업들은 대기업과의 협상에서 대등해질 수 있다. 따라서 상대적인 규모의 열세로 인한 개별 기업차원의 불이익을 방지할 수 있고 오히려 고부가가치 네트워크에 대기업을 하나의 참여기업으로 활용하여 소기업 네트워크의 인지도와 신뢰도를 제고함으로써 기업 네트워크를 더욱 건강하게 만들 수 있다.

마지막으로 저자들이 제시하는 복잡 네트워크 이론을 적극적으로 활용하여 지방이전 공공기관을 통한 소기업 네트워크의 지원 사업으로 효율성을 제고할 수 있으며, 상대적으로 거래 약자인 소기업을 보호하고 육성하며 기업 간 자율적 신뢰구축의 장을 만들어 낼 수 있다.

e비즈니스와 유비쿼터스를 활용하여 소기업의 전략적 제휴 대상을 찾아내고 이를 활용하여 Collaborative-Commerce와 같은 기업 간 협력 메커니즘을 활성하려면 e-산업클러스터와 같은 특정 산업 내 협력 정보시스템의 도입이 필수적이다. 따라서 국가로서는 각 산업의 경쟁력을 창출할 수 있는 소기업 네트워크 위주의 e-산업클러스터를 구축하여 효율적으로 지원함으로써 고용창출의 효과와 경기부양의 효과 그리고 국가경쟁력의 강화에 큰 도움이 될 수 있기 때문에 연구재단의 도움을 받아 '복잡계론을 접목한 한국형 강소기업 네크워크 만들기'의 내용으로 요약하고 정리하여 발표한다.

본서는 기업 간 네트워크와 그 기업에 속한 사람들이 연결된 거대한 네트워크 속에서 시시각각 고부가가치를 창출할 수 있는 새로운 질서를 만들어가면서 생존의 경쟁에 몰려있는 한국의 소기업들을 돕기 위한 책이다. 저자들은 약육강식의 비즈니스 세계에서 한국의 소기업 네트워크를 강소기업의 네트워크로 변환시킬 수 있는 방법은 없을까를 고민하였다. 한국의 대기업이 배제된 소기업 네트워크는 철저한 불신과 비과학 그리고 비효율로 점철된 불행의 네트워크인 경우가 많았다. 한국의 콘텐츠산업, 비즈니스지식산업, 석유유통망, 축산유통망, 수산유통망, 섬유산업, 식품산업 등 수많은 산업현장에서 보아온 사실이다. 국내시장은 작고 수출에 의존하다보니 무한경쟁에 노출될 수밖에 없고 각종 규제나 법규는 까다로워 환경적 여건이 열악하다 보니 소기업일수록 생존을 위한 배임, 사기, 고소, 고발 등이 넘쳐난다.

본서는 이러한 열악한 환경을 개선해 가면서 소기업의 네트워크를 한국의 발달된 정보기술을 활용하여 특화된 e-산업클러스터로 변모시켜서 지속적인 고부가가치 네트워크의 새로운 질서를 창조해내는 모형을 제시하고 싶다.

지금 세상은 손안의 컴퓨팅으로는 부족하여 입는 컴퓨팅, 착용하는 컴퓨팅, 부착하는 컴퓨팅 등 이른바 유비쿼터스 시대로 가고 있다. 앱스토어로 대표되는 위치기반의 새로운 형태의 비즈니스 모형들이 쏟아지고 있기 때문에 본 저서는 소기업 간 비즈니스 모형의 융합과 제휴를 통하여 보다 경쟁력 있는 강소기업 네트워크의 경제적 분석을 수행하고 강소기업 네트워크의 정보시스템 구현이라고 할 e-산업클러스터 구축방법론을 제시한다. 또 국내의 교육정보화 부문의 사례를 통하여 향후 국내 강소기업 네트워크 구축을 위한 매우 구체적인 e-산업클러스터 구축사례를 보여주고자 한다.

본 저서는 총 5부로 구성되며 제1부에서는 소기업 네트워크 이론과 복잡 네트워크론 그리고 비즈니스 모형을 활용한 소기업 네트워크의 활성화 방안에 관하여 살펴보고 사회관계망 분석기법에 관하여 알아본다.

제2부에서는 강소기업 네트워크의 경제적 효과에 관한 연구결과를 소개한다. 기존 비즈니스 모형과 유비쿼터스 시대의 신규 비즈니스 모형들을 소개하고 소기업들이 활용할 수 있는 전략적 제휴나 융합의 형태에 관하여 논의한다. 또 부가가치 네트워크에서 중요한 위치를 차지한 기업들의 수익성이 실제로 더 높은지를 기존 연구결과를 활용하여 설명한다. 이를 통해서 성공적 네트워크 구조의 조건을 살펴본다.

제3부에서는 강소기업 네트워크 구축방법론에 관하여 설명한다. 특별히 국내 산업 중 가장 열악한 소기업 네트워크 중 하나로 알려져 있는 컨벤션 산업을 중심으로 사회관계망 분석을 활용한 새로운 정보시스템 구축방법론을 제시한다.

복잡한 환경변화 속에서 기업 네트워크 중 기업의 생존에 가장 유리한 위치(適所)를 차지하기 위한 기업들의 노력은 지속적으로 이루어져 왔으며 사회관계망 분석을 이용하면 기업 간의 제휴 네트워크를 분석할 수 있다.

본 저서는 새로운 비즈니스 모델로 경쟁 환경에서 적소를 차지한 기업이 있다면 이 기업을 중심으로 참여 기업 네트워크를 구성하고 기업군을 지원할 수 있는 정보시스템 인프라를 구축하여 기업 간 실질적인 협업을 통해 새로운 부가가치를 창출할 수 있는 허브(Hub) 네트워크 정보시스템의 구축방법론을 제시하고자 한다.

경쟁이 치열해지고 환경이 복잡해질수록 소기업 간 네트워크는 더욱 더 빠르게 확산되며 소기업 일수록 생존을 위해 협업을 통한 부가가치 창출의 필요성이 더 강할 수밖에 없다.

제4부에서는 지방이전을 통해 발생한 새로운 강소기업 네트워크 구축의 기회에 관하여 논의한다. 먼저 지방이전이 필요한 정책적 이유와 지방이전으로 인한 중앙 공공기관의 지방기업화 우려를 복잡계 분석 방법론인 에이전트 기반 모형을 바탕으로 시뮬레이션하고 지방이전 공공기관의 경쟁력 제고와 지역 경제발전을 위한 새로운 기회에 관해 분석한다.

즉, 공공부분의 이전정책의 강도가 수도권의 밀집해소와 지방 경제발전에 얼마나 영향을 미칠 수 있는가를 조사하고자 하는 것이다. 이것을 위하여 에이전트 기반 지방이전 모형이 구축되었다. 전국을 수도권을 포함해서 4개의 영토로 구분하고 지방이전 모형을 현실세계의 제약사항과 조건들과 유사하게 설정하여 시뮬레이션을 수행한다. 분석 결과는 수도권으로의 순인구 유입률을 감소시키고 지방 경제를 발전시키려는 공공기관 지방이전 정책의 효과가 매우 미미한 것으로 드러났다. 그러나 지방이전 정책 대신 교육수준의 향상이나 고품질의 지식/기술의 축적과 같은 지방 혁신정책을 사용했을 때 그 효과가 훨씬 더 유의한 것으로 나타났다. 즉, 지방이전 정책은 지방자치시대와 그 지방의 핵심역량을 위한 장기 전략을 시작하는 상징일 뿐이다. 그 지방의 인구유출을 막고 지역경제를 강화하기 위해서 지방의 규제개혁, 교육수준의 제고, 고품질의 지식과 기술의 축적이 필수적이다. 지방 혁신정책을 효율적으로 수행하기 위해서는 특정 기업이나 기관의 힘으로는 달성하기 어려우므로 산업차원의 접근이 필요하다. 즉, 지방이전 공공기관을 중심으로 한 산업의 특성화 방향에 맞추어 지방의 소기업 네트워크를 구축하고 중장기적 산업경쟁력을 강화시키는 방안이 고려될 필요가 있다.

제5부에서는 중장기 산업경쟁력 강화를 위한 방법으로서 소기업 네트워크를 연계한 정보화 전략을 소개한다. 소기업 네트워크를 정보시스템으로 연결하여 참여기업이 필요기능을 적극적으로 사용할 수 있도록 지원하면서 상호 산업지식을 공유하고 역량을 축적시킬 수 있도록 지원할 수 있다면 소기업 네트워크로 구성된 정보시스템은 강력한 부가가치 역량결집 네트워크가 될 수 있다.

본 저서는 소셜네트워크를 활용하여 e-컨벤션 산업클러스터 허브시스템 (hub system)구축에 참여한 다양한 이해관계 속에 있는 기업들의 협력 및 경쟁 네트워크 구조를 분석하고 도출된 시사점을 활용하여 e-산업클러스터 허브시스템 구축에 반영한다. 허브시스템 구축에 참여한 기업들은 다양한 비즈니스 모형을 보유하며 매우 복잡한 네트워크를 가지고 있다. 특히 협력 및 경쟁 네트워크의 구조가 매우 비효율적이고 자기기업 중심의 이기적 행태를 보이고 있기 때문에 경쟁구조는 단일 제품 기반의 단순 가격경쟁을 벗어나지 못하고 있다.

기업 간 네트워크를 활용한 정보, 기능 및 프로세스의 공유를 통한 부가가치 경쟁으로 진화해야 기업의 경쟁력이 강화되고 산업 및 국가경쟁력도 강화되는데 개별 기업의 가격경쟁에 의존하다보니 소기업은 더욱 실패할 수밖에 없다.

따라서 본 저서는 산업의 진화를 가속화하고 국가경쟁력을 강화하기 위하여 e-컨벤션 산업클러스터 허브시스템의 분석과 설계에 사회관계망 분석을 활용하여 정보, 기능 및 프로세싱의 문제점을 해결하고 그 일부를 예시한다. 보다 일반적인 화두로서 e-산업클러스터 시스템이 어떻게 한 산업의 복잡한 이해관계에 있는 기업들을 협력 네트워크 형성에 참여하게 하고 부가가치 네트워크로 변환시켜 기업 네트워크 간 경쟁으로 전환시킬 수 있는지 그리고 경쟁 네트워크의 분석을 통해 현재 진행 중인 경쟁구조의 문제점은 무엇이고 공정한 산업 내 경쟁규칙을 확보하기 위한 시스템 분석과 설계차원의 노력이 가능한지 등의 논의를 통해 다양한 e-산업클러스터의 기능과 발전방향에 관해 논의한다.

따라서 산업전체의 힘을 규합할 수 있는 정보시스템의 구축이 필요하고 본 저서는 이것을 e-산업클러스터 시스템으로 정의한다. 실제 사례로서 본 저서는 교육정보화라는 특화된 부분을 담당하는 공공기관이 지방이전 정책을 활용하여 지방혁신을 이끌어낼 수 있는 6개의 특화 전략방향을 소개한다. 내용은 교육정보화 산업정보의 공유, 산업 고유위험에 대한 대비, 유관기관 협업지원, e-마케팅 기능 강화, 가상연구소 운영, 쌍방향 커뮤니케이션이다. 교육정보화 유관기관들과의 인터뷰 결과 6개의 협업과제를 발굴하였는데 내용은 지방교육청의 정보화전략 계획수립 컨설팅, 교육정보화정책의 테스트베드 공동운영, 미래학교 시범교실 설치 및 공동운영, 교육정보화 데이터의 제공 및 공동연구 활성화, 교육계 및 학계의 인적교류를 통한 현장지식 및 전문지식 공유, 교원연수 고도화 프로그램의 개발이 도출되었다.

본 저서는 이렇게 도출된 특화 전략방향과 협업과제를 교육정보화 e-산업클러스터 구축에 반영하기로 하고 여덟 개의 주요 기능을 설계하였다. 그것은 교육정보화 통합 DB구축, 교육정보화 사업지원, 교육정보화 협업지원, e-마켓플레이스, e-마케팅, 교육정보화 인재관리, 가상연구소 ROI분석, 보안 및 프라이버시 분석보고 기능이다.

본 저서는 이러한 8개의 기능들을 중심으로 구체적인 입력정보와 프로세스 및 산출기능을 세부적으로 분석하여 설계하고 정보시스템으로 구현할 수 있도록 교육정보화 e-산업클러스터 정보화계획을 제시한다. 본 저서에서 제시한 e-산업클러스터의 기본설계가 지방혁신을 이끄는 산업클러스터의 구현과 활성화에 적극적으로 활용될 수 있기를 기대한다.

# 소기업 네트워크 이론

**PART 1**

# 복잡계론의 이해

## 1.1 복잡계(Complex System)론이란?

복잡계는 수많은 개체가 모여서 개별 개체가 가지는 특징과는 완전히 다른 전체의 특징을 만들어 내는 시스템을 의미하기 때문에 각 개체가 갖는 특징보다 각 개체가 맺고 있는 관계와 상호작용에 초점을 맞추어 설명하는 학문체계를 의미한다.

특별히 경영환경이 복잡해지면서 기존의 기계론적 방법론과 특정시점의 인과관계를 다루는 전통적인 사회과학 연구방법론을 정면으로 비판하면서 개별 요인보다는 사회시스템 내의 구조적 체계가 더욱 중요하며 그 구조를 구성하는 각 요인들 간의 자기조직화 과정을 연구하기에 이른다. 또 경제학에서처럼 균형에도 불균형에도 속하지 않기 때문에 증폭이 가능한 혼돈의 가장자리의 존재에 주목하는 이론이다.

많은 사람들이 복잡계라고 하면 도저히 복잡해서 이해할 수 없고 규명할수 없는 무작위계(Random system)를 떠올리는데 복잡계는 복잡하긴 해도 패턴이 존재하지 않는 무작위계와는 달리 복잡해도 패턴이 존재하고 설명이쉽지 않지만 그래도 이해와 설명이 가능한 복잡정도를 다루는 영역이다. 또한 복잡계는 자연계뿐만 아니라 인간사회에서도 매우 흔하게 나타나는 현상이라는 사실이 흥미롭다. 따라서 복잡계는 이러한 복잡성 속의 새로운 변화와 질서를 체계적으로 연구하는 학문체계라는 설명이 가능하다.

복잡성은 우리 주변에서 일어나는 흔한 현상이지만 설명하기에는 매우 많은 정보와 단어가 필요하다. 복잡성은 역사적으로도 많은 영역에서 다양한 학자들에게 의해 지속적으로 재발견되어왔다. 복잡계론을 과학적으로 이해하기 위해서는 물리, 화학, 생물, 생태, 사회, 경제, 경영 등 다양한 학문분야의 지식이 필요하지만 완전히 통제나 설명이 불가능한 무작위(Random)계를 의미하지는 않는다. 즉 복잡하기는 하지만 인간의 한계를 뛰어넘는 혼돈의 상황은 아니며 어렵기는 하지만 설명이 가능하고 어느 정도의 통제가 가능한 정도의 복잡성을 가진 영역이므로 방법만 잘 알면 우리가 충분히 활용 가능한 영역이라는 것을 시사한다. 먼저 복잡성의 특성에 관하여 설명하기로 한다.

복잡성(Complexity)은 매우 중요한 하나의 특성을 가지는데 같은 대상에 대하여 설명하더라도 바라보는 스케일(Scale)이 달라지면 복잡의 정도가 달라진다는 점이다.

예를 들어 한 사람이 해운대 해변을 걷고 있는 모습을 수 Km가 떨어진 요트에서 바라보면 윤곽조차 흐릿하게 보이지만 작은 점이 특정방향으로 움직이는 모습으로 보인다. 이를 설명하기 위해서는 점 같은 한 사람이 동쪽에서 서쪽 해변을 향해 걸어가고 있다고 표현할 것이다. 그러나 요트를 해변 쪽으로 다가감으로서 바라보는 스케일을 작게 하면 걸어가는 그 사람의 모습의 윤곽이 보이면서 팔, 다리, 몸, 입은 옷 등이 식별이 가능하다. 설명을 위해서는 머리, 팔, 다리의 움직임과 옷의 움직임까지 훨씬 더 많은 관찰과 정보가 필요하다. 만약 해변을 걷는 사람의 신체 내부까지 우리가 들여다 볼 수 있다고 가정한다면 심장, 폐, 이산화탄소, 영양분, 호흡계, 신경계, 면역계 등 설명해야 할 관찰된 정보가 압도적으로 많아지게 된다. 이를 통해서 복잡계에서는 스케일이 작아질수록 복잡성은 지속적으로 증가하게 된다는 것을 알 수 있다. 일반적으로 스케일에 따른 복잡성의 변화는 다음 〈그림 1〉과 같다.

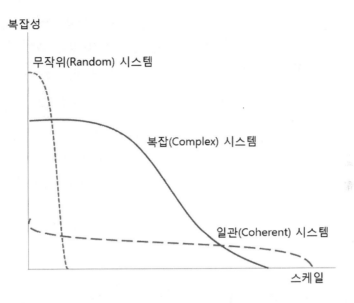

<그림 1〉 스케일과 복잡성의 관계

　현미경의 세계에서는 매우 큰 복잡성이었더라도 스케일을 키우면 복잡
성이 감소하면서 새로운 질서를 발견할 수 있다. 결국 복잡성을 다루는 방
법은 스케일을 조정하면서 새로운 법칙을 발견하는 것이다. 또 무작위계
(Random system)에서는 복잡성이 너무 높고 스케일이 너무 작아서 스케일 조
정이 어렵기 때문에 높은 복잡성을 감소시키기가 매우 어려운 영역이다. 반
면 일관계(Coherent system)는 복잡정도가 매우 낮기 때문에 스케일의 조정이
큰 의미를 갖지 못하는 영역이다.

　이처럼 복잡정도가 높지만 스케일의 조정을 통해 새로운 법칙을 발견하
기 위해 주로 사용하는 분석방법론은 네 가지가 있다. 분석의 초점을 미시
적 현상에 두느냐 아니면 컴퓨터와 같은 계산(Computation)에 두느냐에 따라

각기 다른 분석방법론을 적용하게 되는데 이것을 정리하면 다음 〈그림 2〉와 같다.

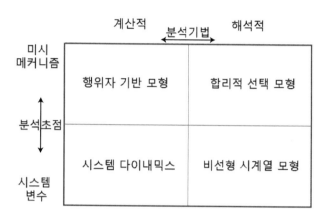

<〈그림 2〉 스케일과 복잡성의 관계>

첫째 미시적 메커니즘에 초점을 두면서 개별 행위자의 행동단위까지 계산적으로 다루는 모형을 '행위자 기반모형(Agent based modeling)'이라고 한다. 행위자들이 특정 공간 내에서 환경변수들과 행위자들 간에 상호작용을 주고 받으며 창조되는 새로운 질서를 발견하는 방법론이다. 이와는 달리 행위자들 간의 관계를 분석하여 새로운 질서의 창조현상을 설명하는 이론으로 복잡 네트워크 모형이 있다.

둘째 미시적 메커니즘에 초점을 두면서 연역적이고 해석적인 합리적 모형을 개발하는 방법론을 '합리적 선택 모형'이라고 하는데 주로 주어진 상황적 문제에 대한 적합한 답을 찾는 의사결정이론이나 게임이론의 모형들이 이 사분면에 속하게 된다.

셋째 시스템변수에 초점을 두지만 해석적이고 연역적인 인과관계로는 문제를 해결할 수 없어서 시스템 구조를 활용한 환류(Feedback)와 계산적(Computation) 방법으로 문제를 해결하는 모형을 매크로 시뮬레이션(Macro simulation)이라고 하는네 내표적 방법론으로 '시스템다이내믹스(System Dynamics)'가 있다.

넷째 시스템변수 사이의 해석적이고 연역적인 관계에 초점을 맞추어 문제를 해결하는 방법론을 해석적 매크로 모형이라고 하고 대표적 방법론으로는 '비선영시계열 모형(Nonlinear Time Series Model)'이 있다.

본 저서는 복잡계 분석모형 모두를 사용하지는 않고 미시적 메커니즘과 계산 기법에 의존하는 행위자 기반모형과 복잡 네트워크 모형을 사용하는데 이것은 본 저서가 주로 기업 간 네트워크 문제를 다루기 때문이다. 따라서 복잡계론의 다른 방법론에 대한 세부적인 설명은 관련 전문서적을 참조하기 바란다.

## 1.2 복잡 네트워크(Complex Network)란?

복잡 네트워크(Complex network) 혹은 소셜네트워크(Social Network)라고 불리는 사회관계망은 복잡한 사회적 관계를 수학의 그래프 이론을 활용하여 스케일을 확대시키고 단순화시켜 복잡성을 조정함으로써 사회적 관계구조를 분석하는 복잡계론의 대표적 분석기법 중 하나이다.

사회관계망 분석은 일찍부터 인간관계를 다루는 사회학에서 많이 활용되어 온 전통적 분석기법이다. 그러나 네트워크 분석이 활용된 사례들이 많아지고 언론에 알려지면서 사회관계망 분석은 하나의 주요한 흐름으로 회자되게 되었고 모바일 시대와 개인단말기가 보편화되어 SNS 서비스가 보급되면서 지금은 가장 유명한 이름 중 하나가 되었다.

사실 네트워크 분석이 활용된 가장 유명한 사례 중 하나는 2003년 뉴욕의 대정전 사태였다. 오하이오에서 발생한 자그마한 경고시스템의 소프트웨어 오류(버그) 하나가 뉴욕은 물론이고 캐나다 온타리오 주까지 이틀 동안을 암흑천지로 만들어버린 사건이었다. 에디슨으로 대표되는 전기 발상지 미국이 이틀 동안 정전사태가 발생한 이유가 단순 전력 과부하 경고 소프트웨어의 결함 때문이며 오하이오의 이 단순한 오작동이 건너 편 캐나다의 정전까지 가져올 수 있다는 것은 일반인들의 상식을 뛰어넘는 엄청난 충격과 놀라운 경험으로 다가왔다. 사회관계망 분석으로 설명하면 오하이오의 과부하는 발전소의 발전설비 가동중단을 가져왔고 공급은 줄었는데도 수요는 줄지 않으니 이 수요가 고스란히 다른 인근의 발전설비로 옮아가자 그 발전소의 발전설비도 곧 타버리고 필요한 전기발전량을 또 다른 인근 발전소로 옮기는 과정이 반복되면서 대 혼란(Chaos)으로 이어진 것이다. 대 혼란의 예를 설명하는 대표적 현상이 바로 '나비효과'로서 캘리포니아 '나비의 날개 짓'이 미국 남동부의 허리케인을 만들어 낼 수 있다는 이론이다. 우리는 지구온난화를 통하여 나비효과를 직접적으로 경험하고 있다. 즉, 지구의 평균기온 섭씨 0.5 ~ 1도의 변화가 지구의 생태계와 해수면을 바꾸고 있는 것을 보면서 사람들은 사물 간의 고리가 단순하게 연결되어 있지 않고 매우 복잡한 연결고리를 갖고 있기 때문에 예측이 어렵다는 것에 주목하게 되었다. 그러나 이처럼 매우 복잡해 보이는 연결고리들이 실제로는 감당할 수 없을 만큼의 복잡성을 가지고 있지는 않다는 것을 네트워크 이론들이 증명해 주는데 가장 대표적인 예가 바로 케빈 베이컨(Kevin Bacon) 놀이를 통해서이다. 케빈 베이컨은 20년 동안 50편의 영화에 출연한 다작 배우인데 그와 함께 출연한 배우를 1단계로 했을 때 다른 헐리우드 배우들이 몇 단계면 가장 빠르게 그와 연결될 수 있는지를 찾아내는 게임이다. 결과적으로 할리우드 배우 누구나 평균 6단계면 케빈 베이컨과 연결이 가능하다는 것을 알게 되었고 매우 복잡해 보이는 인간관계가 사실은 6단계 미만의 좁은 세상(Small world)임을 학술적으로 증명해 내면서 사회관계망에 대한 본격적인 연구들이 촉발되었다.

본 저서도 이와 같이 복잡해 보이는 기업 간 네트워크를 보다 적극적으로 활용하여 고부가가치를 창출할 수 있는 다양한 소기업 제휴모형을 찾아내고 한국의 강소기업 네트워크를 구축하는 방법론에 관한 논의를 위하여 사회관계망 분석기법을 활용한다.

## 1.2.1 경계망을 넘는 복잡 네트워크

9.11 테러는 그 때까지의 다른 테러와는 차원이 다른 종류의 테러로 분류될 수 있다. 당시까지만 하더라도 테러는 특정 목적으로 조직된 무장단체가 자신들의 정치적 혹은 경제적 이익을 달성하기 위하여 저지르는 행위로 이해되었다. 그러나 빈라덴(Osama bin Laden)은 막대한 부를 이용하여 알카에다라는 조직을 결성하고 세계 각지의 테러리스트를 육성하고 지원함으로써 국제 테러리스트들을 규합하였다. 빈라덴은 국제 테러리스트의 네트워크를 활용할 수 있게 되었고 이것은 기존에 우리가 알고 있던 지역적 경계망을 넘어서 버린 최악의 테러가 되었다. 이러한 테러리스트의 네트워크가 IS(Islamic State)의 붐을 타고 자생적으로 세계 각지에서 만들어져 프랑스, 벨기에, 미국, 터키, 태국, 인도네시아 등 어떤 나라도 경계망을 넘어선 새로운 형태의 국제 테러리스트 네트워크 앞에 자유로울 수 없다는 것이 지속적으로 증명되고 있다. 특별히 기존 국가체제에 반감을 가진 아랍계 인종이 많은 나라일수록 그 반감을 폭발시킬 적절한 이념교육만 철저히 시키면 순식간에 잠재적 테러리스트로 변모하기 때문에 IS나 알카에다 같은 테러조직이 조직적인 지휘와 함께 이들에게 적절하게 무기와 자금을 지원해준다면 제2 제3의 9.11은 언제 어디서나 일어날 수 있다. 이것 때문에 IS는 인터넷을 통해 지속적으로 이슬람교리와 순교에 대한 교육방송과 광고방송을

24시간 내보내고 있다.

결국 9.11테러는 지금까지와는 전혀 다른 새로운 차원의 전쟁이 시작될 것을 시사하는 사건이다. 이러한 종류의 전쟁은 정치, 경제, 사회, 문화, 군사 등 모든 부문에 걸쳐서 일어나며 인류는 지금까지 경험하지 못한 전혀 새로운 네트워크의 세계로 초대되었다는 것을 자각하게 되었다. 지금까지는 괜찮았는데 왜 갑자기 이러한 문제들이 발생하고 제대로 대응하지 못하느냐는 의문이 드는 많은 사회문제들이 사실은 이러한 네트워크의 복잡성에 기인하는 경우가 많다. 또 다른 사례를 들어보자.

이란은 핵무기를 보유하고 싶었다. 그래서 각종 핵무기에 필요한 부품들과 원료들을 전 세계의 네트워크를 통하여 조달하였다. 즉 핵무기 개발 프로그램에 전 세계 무기상들을 포함한 핵무기 네트워크를 가동시켰다. 그러다 핵무기 개발에 대한 첩보가 미국에 감지되고 말았다. 이 때 미국이 꺼내든 카드도 네트워크였다. 즉 세컨더리보이콧(secondary boycott)으로 대표되는 전 세계 경제봉쇄 네트워크의 활용이다. 핵무기 개발 네트워크 대 경제봉쇄 네트워크라는 서로 다른 차원의 네트워크 간의 전쟁이 발발하였고 결국 핵무기 개발 프로그램은 당장 먹고살기 힘든 상황에 처한 국민들의 피폐된 삶을 견디지 못하면서 폐기되었고 미국이 주도하는 경제봉쇄 네트워크가 승리를 거두게 되었다. 이러한 승리의 방정식을 잘 알고 있는 미국은 한반도에서도 같은 경제봉쇄 네트워크를 활용하여 북한을 압박함으로써 핵무기 개발 프로그램을 폐기도록 유도하고 있다. 그러나 종교적 갈등으로 인해 지정학적 봉쇄가 가능했던 이란과는 달리 경제봉쇄 네트워크가 정치적 군사적 혈맹관계인 중국으로 인해서 북한에서는 완벽하게 가동되기가 어렵다. 만약 미국 등 전 세계가 북한에 협조하는 중국기업을 대상으로 동일한 세컨더리 보이콧을 진행한다면 북한보다 중국의 타격이 더 크기 때문에 중국은 가만있지 않을 것이다. 반면 북한의 핵무기 및 미사일 개발 네트워크도 중국과 긴밀한 연관이 있다. 즉 네트워크 이론에 의하면 중국의 암묵적 지지 없이 엄청난 국제적 무기개발 네트워크가 필요한 핵무기와 미사일개발은 처음부터 불가능하다. 결국 중국은 북한의 핵무장과 ICBM을 통해 미국을 위협하는 상황을 만들고 미국이 중국의 도움을 구걸하여 세계질서를 재편할 수 있도록 북한과 처음부터 묵시적인 작전계획을 수립한 것일지도 모른다. 결국 오바마의 '핵없는 세상'과 박근혜의 '한반도 비핵화' 선언은 오히려 북한과 중국의 빠른 '핵무장' 및 'ICBM개발'이라는 전략을 선물한 것인지 모른다.

그렇다면 전 세계 금융시장을 장악하고 있는 미국은 시간이 걸리더라도 전 세계를 대상으로 "북한+중국 VS 나머지 국가"의 구도를 가져가려고 할 것이고 주요 경제대국들만 중국을 대상으로 세컨더리 보이콧에 참여시키면 제2의 IMF사태나 금융위기를 만들어낼 수 있을지도 모르고 시장경제의 맛을 아는 중국이 북한을 밀어낼 수밖에 없다. 이상의 시나리오는 어떠한 직접적 증거자료를 바탕으로 구성한 것이 아니라 네트워크 이론과 몇 가지 가정을 통해 만들어낸 한반도 정세에 대한 추론에 불과하다. 그러나 여기서 우리가 알 수 있는 것은 전 세계가 네트워크 전쟁에 진입했다는 것이고 네트워크는 또 다른 네트워크로 제어할 수 있다는 것을 보여주려는 것이다.

경제적 부문은 오히려 정치적 부문보다 훨씬 더 일찍 네트워크이론을 도입하였다. 현재 삼성전자가 만들고 있는 갤럭시S9의 경우에도 많은 부품들이 해외기업으로부터 조달된다. 심지어는 갤럭시에 부품을 납품하는 업체가 유사한 부품을 아이폰에도 납품하는 경우가 비일비재하다. 결국 삼성전자의 네트워크 기업들과 애플사의 네트워크 기업들 간의 전쟁이 된다. 이러한 네트워크는 부가가치 네트워크의 성격을 가지기도 하는데, 각 네트워크 간의 수익률 경쟁은 그 네트워크에 속한 기업들의 생명과 직결된다. 그러나 각 네트워크에 속하는 기업들끼리 또 언젠가는 다른 네트워크에 속해서 경쟁해야 하는 경우가 발생할 수 있다. 제품마다 다른 네트워크 그룹에 속하여 쉼 없이 자사의 제품을 들고 경쟁하고 협력하는 이합집산의 네트워크가 지금 현재의 기업네트워크이다. 이러한 기업 네트워크 시대에서 분명히 기억해야 할 공식이 있다. 그것은 네트워크를 타고 권력이 흐른다는 점이다.

## 1.2.2 네트워크와 권력의 이동

사회 네트워크는 무대를 전 세계로 확장시키면서 순식간에 우리의 경계망을 뛰어넘는다. 단순히 공간이동만을 의미하는 것이 아니라 기존의 수직적 구조의 '권력계층'이 수평적 구조의 '권력이동'으로 재편되게 되었다. 권력이 조직구조상 위치에서 비롯되는 것이 아니라 사회 네트워크 이론에서는 권력이동을 교환이론으로 설명한다. 교환이론에서 권력은 의존도(Dependence)에 반비례한다. 상대에 대한 의존도가 높으면 상대에 대한 권력은 약해지고 반대로 의존도가 거의 없어서 독립적이라면 상대에 대한 권력은 강해진다.

또 사회 네트워크에서의 권력은 정보의 비대칭성과 밀접한 관련성이 있는데 이에 대한 기록이 있어서 소개한다. 이것은 1808년(순조 8년 경기도 암행어사였던 홍의영의 활약상을 소개한 글에서 발췌한 것이다.)

순조8년 여주에 사는 원유붕의 집에 "나는 네가 지난해 여름에 한 일을 알고 있다."라는 내용의 투서가 날아 들었다. 이번이 세 번째 괴서였다. 원유붕은 그간 두 번의 괴서에 길길이 날뛰며 작성자를 색출해 족치겠다고 별러왔다. 그런데 이번 괴서에 대한 반응은 달랐다. 단 한 줄 밖에 쓰여져 있지 않은 이 괴서를 읽더니 금방 사색이 돼서 제 발 저린 도둑마냥 안절부절 하는 것이 아닌가? 원유붕은 수령은 물론이고 관찰사까지

함부로 대하지 못할 만큼 그의 위세는 사뭇 대단했다. 그는 사간원 전정언(前正言)으로 시종신(조선시대 임금을 시종하던 홍문관의 옥당(玉堂), 司憲府(府) 또는 사간원(司諫院)의 대간(臺諫), 예문관(藝文館)의 검열(檢閱) 주서(注書) 등을 통틀어 이르는 말)의 반열에 올라 있는 자였다. 그런데 "나는 네가 지난해 여름에 한 일을 알고 있다."라는 투서에 자신의 권력은 온데간데없이 사라져버리고 투서를 보낸 사람에게 권력을 완전히 빼앗겨 버리고 말았다. 익명의 투서자와 권력자 사이에 존재하는 정보의 비대칭성이 권력을 발생시켜 탐관오리 원유붕을 꼼짝할 수 없는 존재로 격하시켜버린 것이다.

정보비대칭성은 조직 내 지식보유의 여부에서도 나타날 수 있다. 예를 들면 소프트웨어 CD를 판매하는 영업사원은 판매한 CD의 수량에 의해서 상여금이 결정되지만 그 소프트웨어를 활용하여 기업의 문제를 해결해 줄 지식과 경험을 보유한 영업사원은 단순히 CD만을 판매하는 것이 아니라 기업에게 솔루션을 제공하는 종합 컨설팅 서비스를 판매하기 때문에 훨씬 더 큰 부가가치를 창출할 수 있고 CD 영업사원들은 기업 솔루션 컨설턴트에게 의존할 수밖에 없는 권력관계를 만들어낸다.

요약하면 사람들의 상호작용의 형태에 따라 권력이 움직인다는 것이다. 먼저 한 사람과 다른 한 사람 간의 일대일 대칭적 관계를 생각해 볼 수 있는데 이러한 형태는 서로의 권력이 대등한 상태라고 할 수 있다. 반면 외곽에 있는 여섯 명의 사람이 중앙의 한 사람에게만 연결된 상호작용 형태에서는 중앙의 한 사람이 준 정보만 공급받게 되므로 당연히 권력은 중앙의 한 사람에게 집중된다. 그러나 외곽에 있는 여섯 명의 사람들이 상호 네트워크로 연결되면 중앙에 집중되었던 권력은 분산되어 약화된다. 이것은 기업에게 매우 중요한 의미를 제공하는데 이처럼 연결고리가 많아질수록 외부로부터 주어지는 다양한 충격에 대한 정보를 수집할 촉수가 많아지므로 외부의 충격에 대한 적응과 대응이 보다 쉬워진다. 이처럼 소기업으로 구성된 네트워크는 순식간에 기존의 산업경계를 넘어뜨리고 역동적인 새로운 변화를 가져올 수 있다. 특히 유비쿼터스 기술은 기업 간 네트워크의 역동성을 최대로 구현할 수 있는 기반을 제공해주고 있고 순식간에 우리의 시야를 뛰어넘어 버리는 공간과 시간이동을 가능케 하고 있다.

그러나 만약 전체 네트워크에 거짓정보를 제공하면 전체 네트워크는 큰 혼돈에 빠져버리게 되고 상호 신뢰를 잃어버리게 되어 상호 협력보다는 불신으로 인한 사회적 비용만 크게 증가되게 될 것이다. 따라서 이를 방지하기 위한 소기업 네트워크의 신뢰에 대한 보증이 필요한데 이를 위해서는 제3자의 개입 특히 정부의 개인이 필요하다.

## 1.2.3 네트워크와 권력의 몰락사례

한국일보 김민정 기자의 2016년 8월 12일 "교육부가 평생교육단과대 사업 참여 압박"이라는 기사에 의하면 교육부는 사업설명회에 참여했거나 사업참여를 긍정 검토했던 대학들과 접촉해 추가 모집 참여 의향을 물었고 여기에는 이화여대도 포함되었다. 1차 사업자 모집에서 포기했던 이화여대에 정원감축 완화라는 당근을 제시하며 교육부가 압박을 가하는 이 한 통화로 이화여대는 미래라이프대학 사업을 진행할 수밖에 없었고 최경희 이화여대 총장은 이를 승인하고 사업추진을 결심하게 된다. 이를 통하여 대학재정의 안정화와 교육부와의 우호적 관계를 구축하기 위함이었다. 그러나 이화여대 학생회는 미래라이프대학 사업이 단순한 학위장사에 불과하고 엄격한 입학시험을 거쳐 선발되는 일반학생들과 달리 정규 대학에 진학하지 못한 여성 직장인들을 선발하여 2.5년 만에 정부보조금까지 지급하면서 이화여대의 학위를 제공하므로 교육의 질적 하락을 수반한다면서 격렬하게 반대하게 된다. 실제로 이화여대는 대부분의 서울시내 대학들이 지방의 캠퍼스를 설립할 때도 학생들의 반대로 지방캠퍼스를 보유하고 있지 않는 데 이화여대 학생회가 이와 유사하게 등록금 수입을 늘리는 방법으로 평생교육단과대 설립에 찬성할 가능성은 거의 없었던 것으로 보인다. 결국 이것은 격렬한 저항을 불러왔으니 최경희 총장은 오히려 저항을 교내불법시위로 규정하고 시위대를 해산할 것을 촉구했다. 이것은 학생들의 시위를 더욱 격렬하게 만들었고 결국 경찰병력이 진입하고 시위주동자를 처벌하는 지경에 이르게 된다. 그러나 학생들은 2주일 간 지속적으로 시위를 그치지 않았고 악화하는 이화여대 내 여론 속에서 결국 최경희 총장은 미래라이프대학 사업을 철회하는 발표를 하게 된다. 그럼에도 이화여대 학생회는 최경희 총장의 사퇴를 요구하며 집회와 시위를 계속하게 되었고 최경희 총장은 사퇴할 수 없다고 버티는 양상이 지속되었다. 9월 대학이 2학기 개학을 하면서 시위는 잦아들었고 이화여대 시위는 이대로 끝나고 최경희 총장체제는 지속되는 듯 했으나 학생회가 또 다른 이슈를 찾아내는데 이것이 '정유라'라는 학생의 학점에 관한 내용이었다. 교양과목의 담당교수가 '정유라'라는 학생의 학점을 부적절하게 올려주었다는 제보였다. '정유라'라는 학생이 수업에 참여도 하지 않고 시험도 치지 않아서 처음에는 학점이 1.5였는데 이후에 3.2로 정정되었다는 것이다. 이것은 '정유라'라는 학생의 입학부정 의혹으로 번졌는데 입학의혹의 내용은 이화여대의 체육특기종목으로 갑자기 승마가 추가되고 채점방식도 입상성적을 반영하여 선발하도록 변경되었다는 내용이었다. 이 변경으로 인하여 입학하게 된 학생이 '정유라'라는 것이었다. 이 소식이 언론에 보도되자 갑자기 그 토록 사퇴압력에도 끝까지 버티던 최경희 총장이 갑자기 스스로 사퇴한다고 발표한다. 그러나 불은 이화여대 사태의 끝인지 몰라도 또 다른 사회 네트워크로 옮겨 붙게 되었다. '정유라'라는 학생의 고교시절 출석일 수가 턱없이 모자라는데도 졸업이 되었고 고교입학에서도 갑자기 체육특기생 기준이 바뀌는 등 모든 변경이 정유라라는 학생에게 유리하도록 맞춰졌다는 의혹이었다. 다시 이 불은 그의 어머니인 최순실씨에게로 옮겨 붙게 되고 K-스포츠와 미르재단이라는 최순실씨 관련 기관의 비리로 확대되게 된다. 최순실씨는 이처럼 딸과 자신의 뉴스로 온 나라가 시끄러울 즈음에 한국에서 독일로 거주지를 옮기게 된다. 그러자 박근혜 대통령은 어수선한 사회분위기를 전환하고자 개헌 문제를 전면에 내세우고 개헌이라는 정치 네트워크를 적극적으로 활용하여 다른 잠재적인 문제들을 수면 아래로 내리고 정치 네트워크 안으로 국민들의 관심을 빨아들이고자 시도하였다. 그러나 JTBC라는 언론기관에서 단독으로 최순실씨의 태블릿PC라고 주장하는 컴퓨터를 입수하였고 그 안의 내용물로 박근혜 대통령의 연설문 등 청와대 관련 문건들이 발견되면서 이 사태는 정치적 이슈로 떠오르게 되었고 JTBC 특종보도 이후 3일 만에 박근혜 대통령은 대국민 사과를 단행하기에 이른다. 박근혜 대통령의 사과에도 최순실씨의 태블릿PC와 그녀의 미르재단과 K-스포츠 관련 비리와 독단 및 국정개입이 연일 언론에 보도되면서 기획재정부, 문화체육부, 청와대 비서실, 국회의원 등 정부부처로 전선이 확대되었다. 국민들은 국정농단에 대한 분노로 촛불시위에 들어가고 박근혜 대통령의 퇴진을 요구하였고 탄핵을 거쳐 대통령이 구속되었다.

교육부의 평생교육단과대 시험담당자의 전화 한 통화가 이화여대 총장 네트워크를 자극했고 총장 네트워크는 다시 이화여대 학생회 네트워크를 자극했으며 두 네트워크 간 충돌은 경찰 네트워크의 개입을 가져왔고 이에 피해를 입은 학생회 네트워크와 동문 네트워크는 정유라 학점비리를 폭로하게 만들었고 정유라의 학점파문은 그녀의 부정입학 의혹을 증폭시키게 만들었다. 이러한 정유라 관련 소식은 국민들의 시선을 자연스럽게 그녀의 어머니 최순실씨의 네트워크에 주목되었다. 최순실씨의 네트워크는 청와대 네트워크, 문화관광부 네트워크, 기획재정부 네트워크, 국회네트워크에 실질적인 영향력을 행사하고 있었기 때문에 최순실씨의 뉴스는 사적인 그녀의 경계망을 넘어 정치, 경제, 사회, 문화, 체육, 교육, 언론에 까지 영향을 미치게 되면서 결국 대통령이라는 이 시대 살아있는 권력의 정점까지 퇴진시키고 구속되게 만든다. 이화여대의 예시는 네트워크에 의해 기존의 경계망들이 얼마나 손쉽게 허물어지는지를 극명하게 보여주는 사건이다. 모든 분야는 네트워크를 적극적으로 활용하여야 하며 경계망을 보호하는 방법은 경계망 안의 네크워크를 적극적으로 활용해야만 한다.

# 소기업 네트워크의 이해

## 2.1 소기업 네트워크(Small-Firm Network)

기업이라는 조직은 자신의 고유 목적인 이윤(Margin)을 확보하기 위해 자신이 속한 환경 속에서 끊임없이 부가가치를 추구하면서 자신의 자원(Resource)을 확보하고 배분하며 활용하는 과정을 지속적으로 수행한다. 당연히 기업조직은 고부가가치를 창출하여 지속적인 초과이윤을 획득하기 위한 방편으로 자신에게 유리한 환경을 만들어 내고자 직접 환경을 통제하고 싶어 한다.

기업은 개방형(Open) 시스템의 대표적인 예로서 기업조직을 둘러싼 환경변화를 탐지해내고 대응하기 위해서 지속적인 경계태세(boundary scanning)가 필수적이다. 따라서 기업 간 네트워크는 이와 같은 환경변화를 굳이 자신이 직접 겪지 않고도 타 기업들을 통하여 감지하는 촉수로서의 기능을 수행한다. 또 자신의 경계 밖에 있는 타 기업의 자원(Resource)을 마치 자신의 것처럼 활용할 수 있는 통로가 되기도 한다(Pfeffer and Salancik, 1978). 따라서 경쟁이 치열하고 환경이 급변할수록 조직 간 네트워크는 더욱 더 빠르게 확산되며 소기업 일수록 더 환경에 민감하므로 이러한 기업 간 네트워크의 경계망보기나 자원공유의 특성이 소기업 네트워크의 필요성이 된다.

6.25, 4.19, 5.16, 12.12, 5.18이라는 정치적 격변을 겪으면서도 한국정부는 가장 빠른 가난의 탈출을 시도하였고 신속하고 효율적인 자본집약적 경

제성장을 위한 방편으로 대기업 중심의 경제개발계획을 추진하게 되었다. 정부정책에 의한 대기업 중심의 경제구조에 가려져서 상대적으로 소기업의 성장과 발전이 소외되었고 기술과 지식의 무형자산 위주의 경제발전 보다는 규모경제와 모방에 의한 경제발전으로 인해 소기업 중심의 경제발전이 크게 주목 받지 못했다.

그러나 일본, 오스트리아, 독일 등 압도적 경제선진국들은 일찍부터 가문(Family) 위주의 기술과 지식 집약적인 소기업 네트워크를 중심으로 기초산업이 육성되면서 국가경제가 발전해왔다. 이러한 한국과의 경제발전 방식의 차이는 결국 GDP 3만 불을 넘지 못하는 한국경제의 체력적 한계로 지적되고 있다. 따라서 한국도 기술 선진국들과 같이 소기업 네트워크를 전략적으로 육성할 필요가 있다.

소기업 네트워크의 세계적 성공사례는 이탈리아의 의류산업, 프랑스의 엔지니어링 산업, 독일의 섬유산업 등에서 쉽게 찾아낼 수 있다. 특별히 적절한 네트워크 내 위치(적소)에 자리함으로서 고도의 부가가치 성과를 보이는 뉴욕의 의류산업이나 일본의 독특한 하청 소기업 네트워크 구조는 소기업 네트워크의 효율성과 경제적 성과를 잘 보여주고 있다.

한국에서 소기업 네트워크의 효율성과 경제적 성과간의 관계를 입증한 기존연구는 일천하였는데 박기남·이문로(2008)에 의해 처음으로 기업 네트워크의 경제적 효과가 입증되었다.

한국의 경우, IT기술의 수준이 높기 때문에 e비즈니스를 통한 기업 간 협력 네트워크가 활성화되고 전략적 제휴를 통한 새로운 비즈니스 모형의 탄생이 이루어지면서 관련 산업들을 발전시키는 방식으로 진화되어왔다. 특별히 유통, 결제, 보안, 콘텐츠, 서버호스팅, 네트워크, 유지보수 등 여러 개의 관련 업체들이 서로의 전문서비스를 융합하여 하나의 웹 서비스를 제공하는 형태의 소기업 네트워크는 이미 인터넷에서는 매우 일상적인 장면이다.


## 2.2 소기업 네트워크의 지배구조


경제학의 신제도주의 학파에서는 네트워크에 대하여 '계약관계(contractual relations)를 관리하고 지배한다'는 의미로 해석한다(김용학, 2003). 즉 기업 간 네트워크를 통해서 개별 기업과 특정 기간 동안 관련 제품이나 서비스의 공급계약을 맺어서 해당 기업을 관리하고 생산구조를 지배할 수 있는 것으로 해석한다.

또 Johnston and Lawrence(1988)에 의하면 네트워크 지배란 "독립적 조직들이 서로 협동을 통해 부가가치를 창출하기 위해서 자원과 서비스를 교환하고 이를 상호관리 하는 특정한 방식"이라고 정의한다. 풀어서 말하면 기업 간 서로 협력을 통해 고부가가치를 누리려면 특별한 제품을 만들어야 하는데 그 제품의 특수성(asset specificity)이 높을수록 원자재나 부품업체의 무리한 공급요구에도 승낙할 수밖에 없는 거래비용이 높아지게 된다. 그럼에도 특수한 제품을 제조하여 고부가가치를 향유하려는 기업은 저부가가치의 일반제품을 취급하는 원자재 업체나 부품업체를 선택하기 보다는 차라리 무리한 요구를 하더라도 기존의 원자재나 부품업체와의 계층적 지배구조를 통해 고부가가치를 누리는 쪽을 더 선호하는 일련의 기업집단을 의미한다.

경제학과 사회학의 많은 연구자들은 기업의 부가가치 창출을 위한 선택옵션을 다음과 같은 세 가지 형태로 정의하고 있다. 첫째는 공급업체를 자유롭게 선택할 수 있는 시장(Market), 둘째는 다양한 기업 간의 협력 네트워크(Network), 셋째는 공급구조를 기업 내부화 하려는 계층구조(Hierarchy)로 설명하고 있다. 물론 본 저서의 관심은 협력 네트워크 구조이다.

　Williamson(1975)은 이러한 협력 네트워크(Network) 구조를 시장(Market)과 계층구조(Hierarchy)의 중간단계로 파악하는 반면, White(1988)는 시장도 계층구조도 하나의 네트워크라고 설명한다. Powell(1990)은 네트워크를 신뢰에 근거한 독립적인 지배구조로 정의하고 있다. 김용학(2003)은 Powell(1990)의 정의에 근거하여 시장과 계층구조가 중첩되는 부분을 맥도날드의 기업 내 팀제조직의 예로 설명하였다. 네트워크와 시장이 중첩되는 부분은 시장에서 빠르게 이합 집산하는 네트워크 조직이나 치고 빠지는 전략적 동맹의 경우로 설명할 수 있는데 e비즈니스 산업은 환경과 기술변화가 매우 빠르기 때문에 이해관계에 따라 이합집산이 빠르고 새로운 비즈니스 모형을 중심으로 한 전략적 제휴가 매우 용이한 특징을 가지고 있어서 네트워크(Network)와 시장(Market)이 중첩되는 분야를 설명하는데 매우 유리한 이론이라는 것을 알 수 있다.

　그렇다면 네트워크 구조가 기존에 알려져 있는 계층구조나 시장보다 우월한 근거가 있는가? 그 근거는 첫째, 네트워크 구조가 계층구조보다 낮은 감시비용(monitoring cost)이 든다는 점이다. 둘째, 네트워크 구조는 급변하는 환경에서 신속한 적응력을 가질 수 있다. 특히 소기업 네트워크는 조직관성(Organizational Inertia)이 적기 때문에 새로운 혁신을 쉽게 받아들이고 불확실한 환경변화에 신속히 적응할 수 있다. 셋째, 네트워크는 암묵적 지식을 전달하는데 매우 적절하다. 신기술이 점차 복잡화하고 비선형적으로 발전함에 따라 호혜적인 네트워크를 통해 상호지식과 정보를 주고받는 연결망 조직이 기술혁신에 더 유리하다. 넷째, 소기업 네트워크에서는 개인의 창의성을 발휘할 기회가 더 많다. 다섯째, 소기업 네트워크는 위험분담의 방법으로 활용되어 혁신을 위한 도전을 쉽게 한다. 여섯째, 네트워크는 신뢰에 근거한 지배구조이기 때문에 기업 간의 독특한 협력양식이 경쟁우위의 기초를 제공할 수 있다. 상호보완적 규범, 갈등조정 능력, 관계지향의 계약, 장기적 효율성 추구 등 서로의 고부가가치 향유를 위한 집합적 경쟁력을 구축할 수 있다(김용학, 2003).

따라서 e비즈니스 산업에서 기업 간 네트워크의 지배구조는 재벌과 같은 형태의 대규모 기업 내부화 구조에 비하여 다양한 장점을 가질 수 있으며 특히 자발적인 신뢰를 근간으로 신속한 환경적응력과 다양한 경쟁우위를 확보할 수 있는 이론적 근거가 충분하다.

## 2.3 여행산업에서 분석된 소기업 네트워크

기업 간 전략적 제휴에 관한 연구는 지금까지 사회학, 경제학, 경영학 등 다양한 분야에서 연구되어 왔지만 이러한 각 학문분야의 독특한 시각들을 바탕으로 한 연구였고 종합적인 제휴에 관한 연구는 매우 제한적이었다. 특히 경영학에서는 주로 전략적 제휴를 통한 개별기업의 성과에 초점을 맞추어 이루어져왔는데 예를 들면 신제품개발(Deeds & Hill, 1966; Shan, Walker & Kogut, 1944), 원가절감( Dyer, 1996; Florin, 1997; Hennart, 1991), 조직학습 (Inkpen, 1995; Mowery Oxley & Silverman, 1996), 새로운 시장 진출 (Beamish&Banks, 1987; Porter & Fuller, 1986), 시장점유율(Afuah, 2000), 생산성 (박종훈과 김광수, 2002) 등의 전략적 제휴 성과를 성과지표를 통하여 확인하는 연구로 진행되어 왔다.

전략적으로 제휴하는 목적은 위의 연구들에 의하면 제휴기업과의 공동 R&D, 공동제조, 공동구매, 상호보완적 자원공유 및 핵심역량의 공유 등인데 이를 통하여 범위경제 및 규모경제 효과를 얻을 수 있고 이를 통하여 생산성 제고가 이루어져 초과이익을 얻게 된다고 주장한다.

특히 인터넷 사업은 무어의 법칙으로 인하여 성능 대비 컴퓨터 비용이 갈수록 낮아지고 수확체증의 현상으로 비용대비 수익의 크기가 수확량의 증가에 비례하여 증대되며 네트워크 외부성(Network Externality)으로 인하여 기업의 가치가 가입자 수의 제곱에 비례하는 특성을 가지고 있다.

따라서 인터넷 기업들은 자본 및 기술 그리고 고객의 규모를 확장시켜 범위경제와 규모경제를 달성하고자 노력한다. 즉, 혼자서도 규모경제를 달성할 수 있는 대규모 인터넷 기업은 지속적 성장을 보장받지만 혼자서는 규모경제 달성이 불가능한 소규모 인터넷 기업들은 유망한 대규모의 기업과 전략적 제휴를 통하여 활로를 모색할 수밖에 없다. 즉, 지식 및 정보의 공유, 핵심역량의 공유, 경영자원의 공유 및 고객 공유 등을 통해 기업의 약점을 보완하면서 경쟁력을 극대화하고 빠른 시간 내에 규모와 범위의 경제를 갖추는 것이 유일한 생존전략이다.

그럼에도 소규모 인터넷 기업의 전략적 제휴문제는 그리 간단하지 않다. 먼저 전략적 제휴를 원하는 서로에게 정보를 제공할 수 있는 기관이 필요하며, 전략적 제휴의 대상과 매개체를 발견해야 한다. 따라서 저자들은 소기업 네트워크의 전략적 제휴를 위한 방안으로 비즈니스 모형을 통한 전략적 제휴를 제안한 바 있다.

가장 대표적인 사례가 여행업체들인데 여행업체들의 전략적 제휴를 모형화한 것이 〈그림 3〉이다. 저자들이 분석한 자료에 의하면 브랜드 네임만 제공하는 유명 카드회사인 BC카드는 BCtour라는 여행 비즈니스의 자회사를 설립하고 있는데 BCtour는 Touristclub으로부터 관광정보 및 여행상품을 제공받고 있으며 ㈜Daum의 자회사인 TourExpress로부터 실시간 항공 및 호텔예약 시스템 서비스를 제공받고 있다. 이러한 전략적 제휴를 바탕으로 한 소기업 네트워크를 분석하면 BC카드-BCtour-Touristclub-TourExpress의 네트워크가 발생한다.

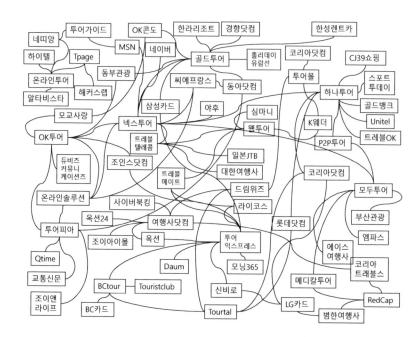

* 출처: 박기남·이문로(2009), e비즈니스 분야에서의 복잡계론 접목에 관한 연구, 정보시스템 연구

**〈그림 3〉 여행업체들의 전략적 제휴모형**

또한 유명 검색엔진인 (주)엠파스는 모두투어와 전략적 제휴를 맺고 각종 여행 및 관광정보를 제공받고 있다. 또한 모두투어는 P2Ptour, 메디컬투어와 같은 전문 온라인 여행사에 각종 여행 및 관광정보와 실시간 항공 및 호텔예약 시스템을 제공해주고 있으며, 부산관광 및 에이스여행사(대구)와 같은 지역 오프라인 여행사에게 각종 온라인 서비스를 제공해주고 있다. 이러한 연결을 분해하면 모두투어-(주)엠파스, 모두투어-P2Ptour, 모두투어-메디컬투어, 모두투어-부산관광, 모두투어-에이스여행사로 구성된다. 이렇게 모두투어와 같이 하나의 기업이 다양한 기업들과 연결되어 중심을 이루고 있는 기업을 허브(Hub)기업이라고 한다.

한편 메디칼투어는 범한여행사의 온라인 자회사인 RedCap과 전략적 제휴를 맺고 있으며 RedCap에 실시간 예약서비스를 제공해주는 기관은 코리아 트래블스라는 한국관광협회에서 운영하는 사이트이다. 여기서 다시 상호연결 관계를 분해하면 메디칼투어-범한여행사-RedCap-코리아 트래블스-한국관광협회로 이어진다. 또 넥스투어는 모두투어, 하나투어, OK투어, 트래블텔레콤, 씨에프랑스, MSN, 네이버와 각각 연결이 되어있는데 이때 넥스투어는 각 기업들을 중심에서 연결하는 허브기업이면서 모두투어나 하나투어와 같은 허브기업들을 상호 연결시켜주는 브로크(Broke)기업이다. 허브기업과 브로크기업은 기업 네트워크를 분석할 때 매우 많은 연결고리들을 제공하는 기업이므로 매우 중요한 분석단위이며 이들 기업이 제공하는 효익이나 기능은 다양한 비즈니스 모형의 진화와 소기업 네트워크 구조에도 매우 중요한 영향을 미치게 된다.

온라인 솔루션의 자회사인 Touronline은 ASP(Application Service Provider)업체로서 전국의 약 500여 기관에 호텔예약, 교통시설, 온라인 상품, 항공권예약, 역경매 등의 서비스를 제공해주고 있다. 또한 골드투어는 경향닷컴, 동아닷컴 등 다양한 언론기관과 전략적 제휴를 맺고 있으며 현지의 콘도, 리조트, 유람선과도 전략적 제휴를 맺고 있으며 현지 여행사와도 전략적 제휴를 맺고 있어서 다양한 관광 상품개발의 소재를 제공해주고 있다. 트레블 텔레콤은 외국인 관광객들에게 PDA를 대여해주고 PDA를 통하여 고객들에게 여러 가지 각종 관광정보와 숙박 및 여행정보를 제공해주고 있는데 이 업체에 콘텐츠 및 예약시스템을 제공해주는 업체는 대한여행사, 일본 JTB, 웹투어, 넥스투어 등이다.

여행 산업 내 기업의 네트워크 사례에서 알 수 있듯이 각 기업의 웹 사이트에는 마치 하나의 기업처럼 콘텐츠와 서비스가 제공되는 가상세계의 소기업 네트워크로서 이들의 전략적 제휴는 실세계 오프라인 기업들의 전략적 제휴와는 전혀 다른 양상을 띠고 있는데 이것을 요약하면 다음과 같다.

첫째 인터넷 기업들의 전략적 제휴는 e비즈니스모형, SCM 모형, 가치사슬 등 여러 가지 요인들에 의하여 각 기능을 복합적으로 연결할 수 있으며 연결이 매우 용이하다. 본 저서는 e비즈니스모형을 통해 전략적 제휴와 소기업 네트워크를 모형화한다.

즉, 〈그림 3〉에서 ㈜엠파스는 정보제공형 비즈니스 모형이며 모두투어는 중개형 비즈니스 모형이며 P2Ptour와 메디컬투어는 여행 전문점으로써 판매형 비즈니스 모형에 해당되고 부산관광 및 에이스여행사는 서비스직접제공의 판매형 비즈니스 모형에 해당된다.

둘째 인터넷 기업들의 전략적 제휴는 전통기업이 e비즈니스 기업으로 전환하기 위한 방식이 될 수도 있다. 실제로 〈그림 3〉에서 모두투어는 부산관광 및 에이스여행사(대구)와 같은 지역 오프라인 여행사에게 각종 온라인 서비스를 제공해주고 있다.

셋째 전략적 제휴가 오프라인의 제휴만큼 복잡하지 않은 경우가 많다. 단순한 링크만으로 서로를 연결할 수 있기 때문에 매우 간단하다. 최근에는 서로의 웹 페이지를 공유하여 제휴업체의 페이지를 마치 자신의 페이지인 것처럼 보일 수 있도록 자신의 페이지 안에 제휴업체의 페이지를 자리매김(embedded)하는 기관이 많이 나타나고 있다.

넷째 전략적 제휴에 참여하는 업체의 수가 오프라인 제휴에 비해 빠른 시간 내에 기하급수적으로 증가할 수 있다. 위 〈그림 3〉에서 Touronline의 경우 초기에는 제휴업체가 몇 개에 불과하였으나 네트워크가 커지면서 현재는 500여개의 제휴업체를 소유하고 있다.

다섯째 다자간의 네트워크로 연결된 복합적 전략적 제휴의 경우 큰 네트워크간의 경쟁으로 전환되기 때문에 자신이 속한 네트워크를 커뮤니티로 활용할 수 있으며 자사의 역량이외에 참여업체의 핵심역량이나 네트워크의 사회적 자본의 크기에 따라서 경영성과가 크게 차이가 날 수 있다는 점 등이다.

여섯째 제휴의 기법이 용이하기 때문에 전략적 제휴의 중단과 타 경쟁사와의 새로운 전략적 제휴의 연결도 용이하다. 따라서 오프라인의 전략적 제휴보다 빠른 속도로 제휴가 시작되고 해체된다.

일곱째 오프라인의 제휴보다는 제휴의 중단 시 받는 개별기업의 충격이 작다. 이것은 시스템적인 연결을 기반으로 하기 때문에 핵심역량이 모듈화되어 제공되고 해당 모듈을 분해하여 분석해보기 이전에는 그 역량의 기반이나 내용을 파악하기 어렵다. 또한 제휴 참여업체가 제공하는 핵심역량의 모듈은 타 기업체가 분해할 수 없도록 제공하는 경우가 대부분이다.

여덟째 오프라인의 제휴는 업체 간의 정보제공이 어렵지만 온라인 업체의 제휴는 제휴업체들을 연결하는 네트워크 리더들에 의해서 제안되고 정보가 제공되어 질 수 있다. 따라서 커뮤니티의 활성화가 온라인 쪽이 더 잘될 수 있다.

아홉째 기업 네트워크의 활용을 확장하기가 용이하다. 온라인의 전략적 제휴의 경우 마켓플레이스, C-Commerce, 산업별 Hub구축, 사이트 통합 등 갖가지로 활용의 확장이 용이하다.

열 번째 연결의 속도가 빠르다. 네트워크의 성과가 빠르게 나타날 수 있다. 초기 신뢰를 유지하는 것이 매우 중요하다. 공적 기관들의 개입의 여지가 많다. 각 산업 군별로 커뮤니티들이 활성화 되면 전자정부와의 연결이 용이하며 시너지효과가 매우 크게 나타날 수 있다.

# 비즈니스 모형과 소기업 네트워크의 활성화

국내 e비즈니스는 짧은 역사를 가짐에도 매우 많은 변화와 부침이 있었다. 이러한 부침 속에서도 다양한 비즈니스 모형이 국내에 등장하게 된 배경에는 지속되는 경기 침체에도 생존할 수 있는 새로운 수익원천을 탐색하여 전혀 다른 형태의 e비즈니스 모형을 창출하고자 하는 노력이 포함되어 있다. e비즈니스 모형의 선택은 기업의 성패를 좌우하는 중요한 의사결정이다.

## 3.1 e비즈니스 모형의 정의

e비즈니스 모형에 대한 문헌적 정의는 다양하며 아직까지 명확하게 정립된 정의는 없다. 그러나 보편적으로 비즈니스 모형은 기업이 비즈니스의 구체적인 방법과 수익창출 과정을 보여주는 그림으로서, 매우 단순한 모형부터 매우 복잡한 모형에 이르기까지 다양하게 존재한다. 양유석(2000)에 의하면 e비즈니스 모형은 인터넷을 이용하여 다양한 상품 및 서비스를 제공하고 그에 대한 보상을 받는 모든 거래 행위로 정의한다.

Timmers(1998)는 e비즈니스 모형에 대하여 (1) 거래에 관여한 당사자들과 각각의 역할을 포함해 상품, 서비스 및 정보의 흐름을 표현한 아키텍처, (2) 거래에 참가하는 당사자들에게 주어지는 잠재적 이익과 (3) 수입원에 대한 정확한 표현이 있어야 한다고 주장하였다.

비즈니스 모형을 정의하는 목적은 e비즈니스의 초기 해당 비즈니스 모형의 기술적 구현 가능성과 사업 타당성을 평가해 보기 위한 목적이었다. 그러나 최근에는 다양한 비즈니스 모형들이 출현함에 따라 이러한 모형들을 이용하여 기업 간 전략적 제휴나 기업 간 인수 및 합병의 기초분석 자료로 활용되고 있다. 이러한 현상은 e비즈니스 모형이 보다 복잡해지고, 비즈니스 모형을 기초로 기업 간 연계가 중요한 경영수단으로 사용되고 있음을 말해주고 있다(김희대·정재용, 2001).

## 3.2 e비즈니스 모형의 분류 기준

최근의 e비즈니스 모형은 매우 다양하고 복잡한 형태를 띠고 있다. 그 중에는 기존 모형들을 조금 변형시킨 것도 있고, 여러 모형들이 서로 결합되어 새로운 모형이 된 것도 있으며 물론 순수하게 처음 개발된 것도 있다. 이에 따라 비즈니스 모형의 분류 기준도 매우 다양하다. 각 기준을 통한 분류 방법을 문헌 조사를 토대로 요약하면 〈표 1〉과 같다. 〈표 1〉과 같이 다양한 비즈니스 모형의 분류 기준이 존재하는 이유는 e비즈니스의 특성과 밀접한 관계가 있다. e비즈니스는 그 특성상 고객의 욕구(needs)를 빠르게 파악하고 이를 기업 경영에 빠르게 반영하여 제품이나 서비스를 고객에게 빠르게 제공해야 하는 속도 경영이 생명이기 때문이다. 또 하나의 이유는 명확한 e비즈니스 모형에 대한 합의가 이루어지지 않았기 때문이기도 하다.

## 〈표 1〉 e비즈니스 모형의 분류 기준과 유형

| 분류기준 | 유 형 | 연구자 |
|---|---|---|
| 가치사슬에 의한 분류 | 상점형, 조달형, 경매형, 몰형, 가상커뮤니티형, 제3자 시장형, 가치사슬서비스형, 가치사슬통합형, 협력플렛폼형, 정보중개형, 보안서비스형 | Timmers (1998) |
| 상품 전달과정과 제품 근원지 기준 | 중개자형, 제조업자형, 경매형 | Jutla. et al.(1999) |
| 시장주도자 | 판매자통제, 구매자통제, 중립적 시장 | Berryman.et al.(1998) |
| 통합모형 | 판매자기반, 구매자기반, 중립적 시장, 촉발자 기반 | 이경전 (1999) |
| 사업운영 방식 | 중개형, 광고형, 정보중개형, 상인형, 제조업형, 제휴형, 커뮤니티형, 회원형, 과금형 | Rappa (1999) |
| 거래 쌍방의 주체, 수익원, 포지셔닝 | B2C(소매형, 경매사이버트레이드, 생산자직관, 역경매/공동구매) B2B(나비형, 구매자 직접구매, 피라미드형) | 안태일, 정부연 (2000) |
| 사업모형의 주 수입원 | 광고형, 수수료형, 이용료형, 회비형 | 양유석 (2000) |
| 인터넷 이식여부 | 인터넷에서만 가능한 모형, 기존사업 모형이 인터넷으로 이식된 모형 | 베리만 (1998) |
| 수익창출 방식 | 인터넷기반, 인터넷 어플리케이션, 인터넷 중개업, 인터넷 상거래 | UTA, CISCO (1999) |
| 수입원과 비즈니스형태 | 제품판매, 정보제공, 서비스커미션, 중개서비스, 기타 | ECOM (1998) |
| 제조업체 B2B모형 | 커뮤니티형, 연합거래형, 직접거래형, 중개거래형 | 현대경제연구원 (2000) |
| 콘텐츠 Value Chain에 따른 분류 | 콘텐츠/서비스창출, 콘텐츠/서비스수집, 부가가치서비스, 접속/연결, 네비게이션/인터페이스 | 유인출 (2000) |
| 유형별 특징에 따른 분류 | Buyer-Centric, Marketplace, Classifiers, Seller-Centric, Intergrated Value Chain, Buying Consortium, Packager, Vender Managed Inventory | Anderson Consulting (2000) |
| 가격결정 매커니즘 | 정찰제, 경매, 역경매, 시장교환, 온라인 카탈로그, 온라인분류광고 | 배문식 (2001) |

## 3.3 다양한 비즈니스 모형의 생성과 발전

　새로운 비즈니스 모형이 생성되고 변화되는 이유는 e비즈니스에 참여한 기업들이 유선시대에서 무선시대로 또 PC기반에서 스마트폰 기반으로 목표 집단 기반에서 개인 기반으로 기술 환경과 마케팅 환경이 변화하는 것과 무관하지 않다. 이러한 변화를 수용하는 정도에 따라서 개별 기업의 니즈는 매우 광범위한 스펙트럼을 띠고 있다.

　1차 전환점은 전통적인 굴뚝기업들이 e비즈니스 사업에 진출하면서 다양한 비즈니스 모형과 새로운 전략적 제휴형태가 나타나게 되었고 2차 전환점은 PC기반의 유선망 중심의 네트워크가 유비쿼터스 중심의 스마트 폰 중심의 네트워크로 변화되면서 활용 정보기술의 발전도 크게 진화하게 되었고 매우 다양한 형태의 비즈니스 모형이 개발되고 응용되게 되었다.

　특별히 전통기업이 e비즈니스 사업에 진출할 때 순수 온라인 기업에 비하여 다양한 강점을 보유하는데 이를 요약하면 다음과 같다.

　첫째, 전통기업의 경우 기존 사업의 운영경험으로부터 우수한 영업력, 기획력, 기술력 등 오프라인에서 이미 축적된 많은 무형자산이 e비즈니스에서도 충분히 활용할 수 있다.

　둘째 튼튼한 모기업으로부터 인적, 물적 자원뿐만 아니라 아이디어까지 지원되기 때문에 초기 진입비용을 최소화할 수 있다. 또 신뢰기반이 약한 온라인 업체의 경우 매출액의 대부분을 광고비용으로 투자해야 하고 신뢰할만한 브랜드 자산을 구축하는데 많은 비용을 지불해야 하지만, 전통기업은 상당한 브랜드 자산을 이미 구축해 놓았으니 곧 바로 e비즈니스에 활용할 수 있다. 더구나 판매채널, 거래선, 재정적 지원 등에 있어서도 순수 온라인 기업에 비하여 매우 유리한 위치에 있다.

이러한 이점이 알려지면서 수많은 전통기업이 다양한 변형된 비즈니스 모형을 개발하여 e비즈니스에 참여하는 계기가 되었고 AOL과 타임워너와 같은 대규모 온라인과 오프라인 기업의 합병과 전략적 제휴도 본격화 되었다. 전통기업이 e비즈니스 모형을 수행할 경우 얻을 수 있는 기대 효과는 다음과 같다(신현암, 2000). 첫째, 디지털 시대에 적합한 신사업과 신제품 및 새로운 서비스를 개발할 수 있다. 둘째, 정보, 콘텐츠 등 한 차원 더 높은 고객 서비스를 저렴한 비용으로 제공할 수 있다. 셋째, 조달비용을 비약적으로 절감하고 필요한 역량을 제휴를 통해 신속히 확보할 수 있다. 넷째, 첨단 정보기술을 활용한 가상조직화 등 미래 지향적인 경영 프로세스와 기업문화를 조성할 수 있다. 많은 전통기업들이 이러한 장점을 경쟁우위로 활용하기 위해 제조, 물류, 고객서비스 등 다양한 분야 등에서 전략적으로 정보시스템을 활용하려는 노력을 기울이고 있다.

순수 e비즈니스 기업들의 경우에도 자신의 장점을 활용하여 대표 배송업체를 선정하다든지 공동 배달시스템을 갖추는 등 온라인에서 오프라인으로 확장한 다양한 형태의 e비즈니스 모형들도 생겨나게 되었다.

또 각 기업이 보유한 콘텐츠와 서비스를 상호 교환하여 서비스 영역을 확장하거나 각기 보유한 고객들을 결합하여 통합적으로 마케팅을 수행하는 각기 자신의 강점들을 결합하여 새로운 e비즈니스 모형의 개발과 다양한 전략적 제휴기법들이 등장하게 되었다.

요약하면 e비즈니스 모형의 기본적인 발전방향은 결국 네트워크 경영, 고객주도 경영, 개성중시 경영, 인텔리전스 경영의 네 가지 방향으로 정리되고 전략적 제휴의 4대 부문으로는 제품, 조달, 고객관계, 경영체계로 정리된다. 이것을 신현암(2000)이 제시한 그림으로 변형하여 제시하면 〈그림 4〉와 같은 모형화가 가능하다.

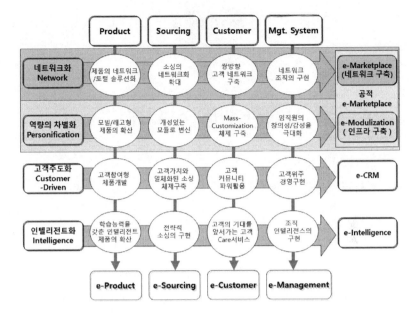

* 출처: 박기남·이문로(2009), e비즈니스 분야에서의 복잡계론 접목에 관한 연구, 정보시스템 연구

**〈그림 4〉 다양한 비즈니스 모형의 생성과 발전방향**

# 사회관계망 분석기법

## 4.1 사회관계망의 개념

망(network)이란 점과 점 사이를 연결하는 하나의 체계 혹은 패턴을 의미하며 이를 통하여 통합적인 하나의 네트워크를 구성하게 되는데 이러한 네트워크는 네트워크에 속한 개인들의 독특한 속성과 역할을 통하여 갖가지 다양한 패턴과 구조를 만들어낸다. Michell(1969)은 네트워크 이론을 일정한 사람들 사이의 특별한 연결과 전체적 특성으로 이해하고 이러한 네트워크에 포함된 사람들의 사회적 행동들을 관찰하고 설명하려는 노력으로 정의하였다. 이러한 배경 속에서 사회관계망(social network)은 복잡한 사회체계 내에 속해있는 개인 간의 대인관계를 표현하기 위하여 사용되어 왔다. 본 저서에서는 일반적인 사회학의 연구에서 사용하는 개인 수준의 네트워크 분석이 아니라 비즈니스 모형을 통한 전략적 제휴관계를 설명하기 위한 목적으로 사회관계망을 활용하는 만큼 분석의 단위는 기업이 된다.

## 4.2 사회관계망 분석을 이용한 전략적 제휴 모형의 설계 절차

본 저서는 다음과 같은 네 단계로 나누어 공동으로 e비즈니스에 참여하는 중소기업들의 전략적 제휴의 방향을 제시한다. 각 단계들의 내용을 간략히 살펴보면, 먼저 인터넷 관련 기업들을 대상으로 현재의 비즈니스 모형과 향후 진출할 비즈니스 모형을 파악하여 개별 기업과 비즈니스 모형 간의 관계를 추출하고, 사회관계망 분석을 통하여 비즈니스 모형을 매개로 한 개별 기업 간의 연결 상태를 분석한다. 또 개별 기업 간의 연결강도를 평가하여 연결강도가 큰 기업 간의 연결만으로 네트워크를 축소하여 네트워크 구조를 분석한다. 구체적인 각 단계들의 절차와 주요 내용은 박기남과 김종원(2003)의 연구를 기초로 하였다.

## ■ 1단계: 개별 기업과 그 기업의 현재 및 향후 비즈니스 모형 간의 관계 분석

공동 e비즈니스에 참여하는 기업들의 역량을 극대화하기 위해서는 개별 기업들의 현재의 비즈니스 모형뿐만 아니라 향후 확장하거나 전환할 비즈니스 모형을 파악할 필요가 있다. 향후에 비즈니스 모형을 전환하거나 확장하고 싶은 기업은 현재 그 비즈니스 모형을 이용하고 있는 기업과 전략적 제휴의 가능성이 높다고 할 수 있다. 따라서 개별 기업의 현재 및 향후 비즈니스 모형들에 대해서 일관된 분류 기준을 적용하여 개별 기업과 비즈니스 모형간의 관계를 표현한다. 이를 수식으로 설명하면, 유한 단위집합을 $U = \{X_1, X_2, ....., X_n\}$이라고 할 때, 단위집합들 사이의 관계는 $R_t \subseteq U \times U, t = 1,2,3,.....,r$과 같은 하나 이상의 이분적(binary) 관계로서 설명될 수 있다. 이때 네트워크는 $N = (U, R_1, R_2, ....., R_r)$로 표현될 수 있다. 예를 들어, 기업 집합 A와 비즈니스 모형집합 c의 관계를 표현하면 이러한 관계를 $X_A R X_c$로 표현할 수 있다.

## ■ 2단계: 개별 기업 간 네트워크 형태로 변환

이 단계에서는 1단계에서 산출한 2-Mode(affiliation) 네트워크의 결과물을 1-Mode(ordinary) 네트워크로 변환한다. 즉 〈그림 3〉의 2단계처럼 이 단계는 개별 기업과 비즈니스 모형을 양쪽으로 표현하던 2중 표현형식(bipartite graph)을 e-Marketplace에 참여하는 기업들만을 표현하는 네트워크로 전환하는 과정이다. 위 단계를 수식으로 설명하면, $X_A R X_c$를 변환시켜 $X_A = \{A_1, A_2, \ldots, A_n\}$와 같은 기업 간의 관계집합으로만 표현하든지 또는 $X_c = \{c_1, c_2, \ldots, c_n\}$와 같이 비즈니스 모형의 관계집합으로만 표현하는 것을 의미한다. 전이관계가 성립한다고 가정하면 $A_1$기업이 $c_1$의 비즈니스모형을 가지고 $A_2$기업이 또한 $c_1$의 비즈니스모형을 갖는다면 이것은 A1기업과 A2기업이 c1의 비즈니스 모형을 매개로 서로 연결될 수 있는데 이것을 $\forall A_1, c_1, A_2, \in U: ({}_{A_1}R_{c_1} \bigwedge {}_{c_1}R_{A_2} \Rightarrow {}_{A_1}R_{A_2})$와 같이 표현할 수 있다. 이때 두 단위 집합간의 관계 R에 관한 정보는 한 단위집합 내 edge정보로 표현될 수 있다. 예를 들면 개별 기업과 기업 간의 연결고리가 되는 비즈니스 모형의 개수는 기업 간의 연결선의 값(the value of line)으로 표현될 수 있는데, 이것을 모두 하나의 수식으로 표현하면 다음 수식과 같이 전환될 수 있다.

$$\forall A_1, c_1, A_2, \in U: ({}_{A_1}R_{c_1} \bigwedge {}_{c_1}R_{A_2} \Rightarrow {}_{A_1}R_{A_2}, edge = n)$$

## ■ 3단계: 연결 강도를 중심으로 기업 간 주요 네트워크의 도출과 e비즈니스 모형의 선택

이 단계는 2단계에서 산출한 기업 간 네트워크 중에서 지향하는 비즈니스 모형이 비슷하여 연결 강도가 큰 네트워크를 도출한다. 이때 연결강도의 절단점(cut-off point)은 임의로 정하지만, 기업 간 e비즈니스 모형을 중심으로 연결된 edge값의 절단점을 3으로 사용하였다. 이 단계를 통하여 각 기업 간의 edge 값이 절단점 3이하인 기업 간 연결은 제거된다. 이 단계는 앞에서 산출된 기업 간의 연결강도가 강한 주요 네트워크를 중심으로 개별 기업 간의 전략적 연결가능성을 분석한다. 전략적 제휴를 위해서는 개별 기업의 핵심 기능들이 모듈화 및 시스템화가 이루어져서 내부 및 외부 정보들을 서로 자유롭게 교환하고 사용할 수 있는 시스템 통합이 매우 중요하다.

## ■ 4단계: 주요 네트워크의 분석을 통한 전략적 제휴의 모형 설계

4단계에서는 3단계에서 산출된 기업 간 주요 네트워크와 비즈니스 모형에 관한 정보를 바탕으로 개별 컴포넌트들의 연결 상태를 분석한다. 개별 컴포넌트는 미래 비즈니스 모형을 기준으로 연결되므로 어떠한 컴포넌트들이 높은 강도로 결합되는지를 분석하면 비즈니스 모형의 진화방향과 전이방향을 분석할 수 있다. 이를 통해 비즈니스 모형의 확장 및 진화방향에 대한 예측이 가능하고 어떠한 기업이 네트워크에서 적소에 위치해 있는지를 분석할 수 있으며 적소에 있는 기업의 성과가 그렇지 않은 기업의 성과보다 우수한지를 파악할 수 있게 되는데 분석결과는 다음 2부에서 자세히 살펴보기로 한다.

# 사회적 자본으로서 정보시스템

　만약 e비즈니스학과 교수 중 한 사람이 강의를 듣는 학생에게 자신이 학교에서 지갑을 잃어버린 상황을 이야기하고 점심값 1만원의 돈을 빌려준다면 다음 날 빌린 돈과 함께 좋아하는 음료수를 사줄 것이라고 약속하는 경우 수강생은 교수에 대한 평소 신뢰성에 대해 고민을 하게 될 것이다. 만약 교수를 신뢰할 수 없다면 현재는 돈이 없다는 말로 거절할 가능성이 높다. 그러나 절대적으로 신뢰한다면 빌려줄 가능성이 높다. 더구나 돈을 빌리는 교수가 다음 날 꼭 갚고 음료수 대접과 같은 보상을 주니 이것은 서로에게 이익을 주는 계약일 가능성이 커진다. 만약 교수의 수업을 처음 수강하는 것이 아니고 교수를 자주 만났고 교수도 자신을 정확히 안다면 더 신뢰할 가능성이 높다. 반대로 돈을 갚지 않을 경우 교수에 대한 비난이 가능한 익명의 학교게시판이 존재한다면 해당 교수의 도의적 처벌이 가능하기 때문에 더욱 돈을 빌려줄 가능성이 높아진다.

　이처럼 신뢰를 필요로 하는 사람이나 신뢰를 제공하는 사람 간에 서로의 이익을 모두 증진시킬 수 있는 요인이 두 사람의 관계에 있다면 이러한 사회적 관계에서 비롯되는 생산적인 요인을 사회적 자본이라고 정의한다.

　오늘날 사회적 자본은 구인구직과 같은 개인문제에서부터 기업의 효율성, 국가경제발전에 이르기까지 많은 영역에서 사용하는 개념으로 등장하고 있다. 이러한 사회적 자본이 갖는 특성은 이것이 개인적 속성이 아니라 주어진 관계적 속성이라는 점이다. 사회적 자본에 관한 많은 논의에도 불구하고 본서에서는 신뢰, 연결망, 사회규범을 사회적 자본의 구성요소로 정의하고 사회적 자본의 개념에 관한 설명을 이어가도록 한다.

## 5.1 사회적 자본의 정의

사회적 자본에 대한 시각은 크게 두 가지이다. 경제학적 시각과 사회학적 시각인데 경제학자들은 토지, 자본, 인력이라는 전통적 생산요소에 인적자본을 추가시켰다. 여기서 초기 경제학에서는 인력을 인원수와 노동시간의 양적 개념으로 고려하였으나 현대 경제학에서는 개인이 가진 숙련도, 지식, 경험, 노하우 등과 같이 개인의 노력에 의해 체화된 생산요소로서 노동의 질적 개념을 인적자본(Human Capital)이라고 정의하고 있다. 따라서 경제학에서는 국민교육과 같은 사회적 인프라를 통해 개인들이 구축하는 역량을 의미한다. 반면 사회학에서는 서로에게 이익이 되는 방향으로 손쉽게 묶어줄 수 있는 네트워크나 규범 또는 신뢰와 같이 사회를 조직화하는데 필요한 특성으로 정의한다(Putnam, 1995). 즉 인적자본은 개인의 내부에 체화된 자본인 반면 사회적 자본은 개인 간의 관계에 딱 붙어서 관계와 뗄 수 없는 자본이다. 예를 들어서 내가 상대방을 신뢰한다고 할 때 이 신뢰라는 사회적 자본은 나의 자본도 상대방의 자본도 아니고 나와 상대방의 관계에 붙어있는 자본이라는 점에서 '사회적 자본'에 대한 경제적 개념과 사회적 개념 간에 차이가 존재한다. 사회의 규범도 마찬가지인데 패밀리레스토랑에서 혼자서 밥 먹는 것이 금지된 것이 아님에도 불구하고 패밀리 레스토랑에서는 함께 식사하는 것이 사회적 규범이기 때문에 이것을 어기는데 개인은 부담을 가질 수밖에 없다. 왜냐하면 인간관계라는 것이 상호의존성을 갖기 때문에 규범에 순응하고 말지 혼자만 남들과 다르게 행동하는 용기를 내

기는 쉽지 않기 때문에 사회적 규범도 다분히 인간관계에 붙어있는 독특한 자본이다.

또한 사회적 자본은 사회구조 속에서 발생하고 그 안에 존재하는 인간의 행동을 촉발한다. 사회구조란 인간관계, 개인 간 혹은 집단 간 사회적 거리 및 신분, 계급의 위계와 같은 여러 사회적 요소로 구성된 시스템이라고 정의할 수 있다. 즉 나와 상대방(조직)의 사회적 거리감, 지배구조, 신분제도 등의 사회구조가 결정되어 인간에게 주어진다면 당연히 특정 사회구조, 예를 들면 북한과 같은 공산주의, 배급제, 일인독재(一人獨裁), 공산당원 중심 사회에 의해 좌우되는 국가의 국민들이 나타내는 신뢰, 규범, 연결망에는 그들만의 공통적 요소들이 포함될 수밖에 없다. 또 북한의 신뢰, 규범, 연결망 등 사회적 자본은 북한사회에 속한 북한 동포들이 특정하게 행동하도록 규정한다. 이처럼 북한사회에는 북한의 사회적 자본이 있고 한국사회에는 한국의 사회적 자본이 있기 때문에 이것을 특수한 형태의 자원이라고 볼 수 있다. 두 사회가 갖는 서로 다른 사회적 자본으로 인하여 전혀 서로 다른 특정결과의 차이를 만들어내게 된다. 예를 들어서 같은 기업의 생산라인이라 할지라도 관계, 규범, 신뢰와 같은 사회적 자본의 크기가 큰 한국에서는 서로의 협력을 바탕으로 1000개를 생산하여 공정하게 이익을 나눠 갖는 반면 감시사회인 북한에서는 자기 것만 하고 끝내버려 500개미만을 생산해내는 결과를 가져올 수 있다.

이런 점에서 사회적 자본은 개인의 소유물이 아니라 오히려 개인이 동원할 수 있는 자원의 성격을 가지고 있기 때문에 사회구조로부터 유래되는 자원이라는 점을 알 수 있다.

## 5.2 사회적 자본의 핵심 구성요소

콜만(Coleman, 1998)은 사회구조로부터 비롯되는 사회적 자본으로서 사회규범, 신뢰, 연결망을 주요 형태로 정의하였는데 이것은 사회규범과 신뢰, 관계라는 결과물을 만들어내도록 작용(기능)하는 것이 사회적 자본이라는 것이다. 다시 말하면 사회적 자본이 잘 가꾸어진 사회라면 그 사회의 규범, 신뢰, 연결망은 강할 것이고 만약 사회적 자본을 자원으로 보는 관점에서는 일단 나와 연결되어야 내가 활용할 수 있는 자원이 된다는 점에서 신뢰, 규범, 연결망 중 가장 중요한 구성요소가 연결망이 된다.

이후 사회적 자본에 대한 가장 명확한 정의는 린(Lin, 2001)에 의해서 이루어졌는데 그는 "넓은 의미의 시장에서의 이익을 기대하고 사회적 관계에 투자되는 것"으로 정의하였다. 경제학에서는 자본이 투자되면 시장에서 이윤을 창출하고 지식이나 숙련에 투자하면 인적 자본으로 나타나는 것과 마찬가지로 시간과 돈을 사회적 관계에 투자하면 그 결과로서 관계를 통해서 획득할 수 있는 자원이 발생하는데 이것이 사회적 자본이라는 것이다. 린(Lin)에게는 사회적 자본이란 다른 자본과 마찬가지로 투자라는 관점에서 구축할 수 있는 결과물이 된다.

다양한 견해들을 종합하면 결국 사회적 자본이라는 것은 주어진 사회구조에 속한 사람들이 자신의 노력을 사회적 관계형성에 투자하여 얻어낸 신뢰, 사회적 규범, 연결망이라는 결과물이다.

그런데 이러한 사회적 자본의 핵심적 구성요소인 신뢰, 사회적 규범, 연결망은 각각 존재하기 보다는 서로 긴밀한 연관이 있다. 사회적 규범은 신뢰를 바탕으로 유지된다. 예를 들어서 한국사회에서 "거짓말해서는 안 된다"는 사회적 규범은 거짓말 했을 경우 확실히 처벌된다는 신뢰가 뒷받침되지 못하면 유지되기 어렵다. 최순실 사건의 경우에도 국회청문회의 무용

론이 대두되는 배경은 증인이 위증을 해도 확실히 처벌되지 않을 것이라는 믿음이 확실한 상황에서 누구도 사회적 비판과 불이익을 각오하고 정직하게 진술하지 않는다는 것을 쉽게 볼 수 있다. 사회적 규범이 제대로 지켜진다는 믿음과 어겼을 때의 처벌에 대한 믿음은 사회적 규범을 유지하는 근간이 된다는 것을 알 수 있다.

또 신뢰는 연결망과 밀접한 연관관계를 맺는다. 우리가 부여하는 신뢰는 그 때마다 변화될 가능성을 내포한다. 특히 부여했던 신뢰에 큰 결함이 발견되거나 모험확률이 높을 때는 위험을 인지하게 되고 부여했던 신뢰를 거두어들인다. 특별히 개인의 사적이득과 사회공익이 서로 충돌할 경우 그 위험은 걷잡을 수 없이 커지고 불신은 깊어질 수밖에 없다. 그러나 이러한 위험은 이미 검증된 사람이라는 정보가 연결망에서 빠르게 퍼지고 객관적인 입장의 제3자들이 지켜보고 있는 상황이라면 위험이 높아도 신뢰는 높아지게 된다. 결국 연결망은 신뢰의 크기에 영향을 미치고 신뢰는 다시 규범의 존립에 영향을 미치는 구조를 확인할 수 있고 사회적 자본의 핵심요소는 바로 연결망이라는 사실을 파악할 수 있다.

## 5.3 사회적 자본으로서 정보시스템

오늘날 수많은 사람들이 비즈니스를 관리하기 위한 목적으로 정보시스템을 활용하고 있다. 기업의 업무프로세스는 사실 직원의 업무조각들로 연결된 일련의 '작업(Task)의 네트워크'로 설명할 수 있을 것이다. 업무의 연결은 필연적으로 사회적 연결망을 수반할 수밖에 없고 기업의 중요한 사회적 자본으로서 기능할 수밖에 없다.

Woolcock(1998)은 사회적 자본을 연결시키는 네트워크의 유형으로 세 가지 유형을 제시하고 있는데 교량형 사회적 자본 네트워크, 결속형 사회적 자본 네트워크, 연결형 사회적 자본 네트워크로 구분한다. 먼저 결속형 사회적 자본 네트워크(Bonding social capital networks)는 조직 내부의 구성원 간 연결관계를 통하여 구축되는 동질적 경향의 긴밀한 유대관계를 의미하며 정체성, 소속감, 공유가치 등을 지원받는 사회적 자본구축 네트워크를 의미한다.

정보시스템은 실제로 기업의 업무용 기간시스템으로서 조직내부의 다양한 정보 및 지식자원을 상호 연결하고 제공하는 기능을 수행한다. 특히 기업의 경우 생존을 건 사투를 벌이는 경우가 많기 때문에 기업 내 구성원 간 연결 관계는 기업목적을 달성하기 위한 각자의 직무로 연결되는 거대한 네트워크의 형태를 띠게 된다. 기업 내 직원들은 오늘날 그룹웨어, 전사적자원관리, 지식경영시스템, 그룹의사결정지원시스템, SNS시스템 등 각종 정보시스템들로 복잡하게 연결되어 있으며 기업 내 공식적, 비공식적 네트워크를 통하여 긴밀하게 결속되어 있다. 오늘날 기업 내 결속정도는 정보시스템에서의 연결정도에 비례하는 경향이 있다. 공식적인 결제라인을 가지고 있는 경우 결제시스템을 통해 매일 접촉할 수밖에 없고 동문회, 동호회, 향우회 등 각종 비공식 네트워크의 경우에도 관계 관리를 위해서 이메일, SNS시스템, 전자게시판 등 각종 정보시스템을 이용하기 때문에 오늘날 정보시스템은 결속형 사회적 자본 네트워크의 핵심을 구성하고 있다고 할 수 있다.

반면 교량형 사회적 자본 네트워크(Bridging social capital networks)는 조직 외부의 구성원 간 연결 관계를 통하여 구축되는 이질적 경향의 사람들을 수용하고 융합하는 유대관계를 의미하며 새로운 정보와 지식에 접근할 기회를 얻을 수 있는 사회적 자본구축 네트워크를 의미한다.

교량형 사회적 자본 네트워크의 경우에는 오늘날 정보시스템의 위력이 실로 엄청난 영역이라고 할 수 있다. 인터넷을 통하여 전 세계의 어떤 사람과도 손쉽게 거래를 할 수 있을 뿐만 아니라 이질적 성향의 사람이나 심지어 적대적 관계에 있는 사람이라고 하더라도 검색을 통해 그 사람에 대한 수집정보를 바탕으로 상당부분 상대방을 이해하고 수용할 수 있게 될 것이다. 최근 각광을 받는 가상화폐 비트코인의 경우에도 서로 이질적인 사람들 간의 인터넷 망을 이용한 화폐교환 정보시스템 기술임을 감안하면 정보시스템의 도움이 없는 교량형 사회적 자본 네트워크는 상상하기 어려운 상황이다.

연결형 사회적 자본 네트워크(Linking social capital networks)는 공공기관 등 다른 외부의 조직과의 수직적 연결 관계를 통하여 구축되는 유대관계를 의미하며 다른 형태의 조직을 활용하여 새로운 자원에 접근할 수 있는 기회를 얻을 수 있는 사회적 자본구축 네트워크를 의미한다. 오늘날 기업 간 협업의 중심에는 EDI, B2B 전자상거래, 엑스트라넷, 확장형 ERP(Enterprise Resource Planning), SCM(Supply Chain Management)과 같은 정보시스템들이 있다. 즉 정보시스템을 근간으로 고객사나 공급사의 데이터베이스에 접근하고 필요한 정보자원과 지식자원을 획득하여 자사의 생산계획, 자재소요계획, 재고수량결정, 인력수급계획, 영업계획 등에 활용하는 것이 대표적인 경우라고 할 수 있다. 예를 들면 삼성전자와 애플의 관계에서 삼성전자는 iPhone에 들어가는 핵심 칩을 공급해주는 공급자이면서 동시에 갤럭시S시리즈를 판매하여 경쟁하는 경쟁기업이다. 따라서 특허분쟁이 진행 중이고 감정싸움이 격심하지만 이들 기업 간에 경쟁과 제휴가 수시로 반복해서 일어난다. 이때 제휴의 가장 근간이 되는 것이 자사가 가장 필요로 하는 자원을 어떤 기업이 보유하고 있느냐 이며 여기에 따라서 연결형 사회적 자본의 크기가 결정된다.

특히 지식경영시스템의 경우 기업이 필요로 하는 내·외부지식을 획득하는 도구로서 활용되는 정보시스템인데 기업과 어떠한 관계에 있는 기업에라도 접근하여 필요한 지식을 획득하고 공유하여 활용하려는 연결형 사회적 자본 네트워크의 상징물로 인정될 수 있다. 또한 기업이 보유한 기술지식이 매개물이 되어 서로 이질적 기업들이 상호 연결되고 협력하는 경우들도 많다. 구글(Google)이 보유한 '안드로이드 운영체제' 지식을 기반으로 삼성전자, 한글과 컴퓨터, 부산은행 등 업종이나 산업에서 매우 이질적 그룹에 속해있는 기업들이 상호 연결되어 각 부문별로 협력하는 상황이 그 예시이다.

따라서 '결속형', '교량형', '연결형' 사회적 자본 네트워크는 모두 정보시스템과 분리되어 설명하기가 어렵고 사회적 자본의 크기는 기업의 정보시스템 역량이나 활용수준과도 밀접한 관계가 있을 것이다.

또 정보시스템은 기업의 기준이나 방침 그리고 규정 등을 바탕으로 업무프로세스가 설계되기 때문에 표준화를 통한 상당한 효율화가 추구될 수밖에 없고 이 과정에서 다양한 이해관계자들의 역할조정을 통한 조직규범의 개편이 수반된다. 정보시스템이 갖는 통제기능으로 인하여 미리 고안된 특정한 절차나 방법을 준수하지 않을 경우 거부당하고 요구수준을 완비하면 승인되기 때문에 업무의 신뢰도를 높이는 매우 중요한 수단이라고 할 수 있다. 즉 정보시스템은 기업 내 공식적 연결망과 규범과 신뢰라는 핵심 사회적 자본의 구성요소를 집중적으로 투하하여 개발하는 사회적 자본의 결과물이라고 정의할 수 있다.

특별히 오늘날 기업에서 사용하는 그룹웨어에는 기존 문서작업이외에도 전자우편, 전자게시판, 전자결재, 데이터 공유, 전자회의 지원 등의 통신 기능을 추가하기 때문에 정보시스템의 공식적인 커뮤니케이션 기능과 함께 정보시스템을 활용한 기업의 비공식적 커뮤니케이션 비중도 매우 커지고 있고 개인 SNS의 발달과 함께 정보시스템을 기반으로 한 개인 간 보다 복잡하고 다양한 IT기반 커뮤니케이션이 확대되고 있다.

정보시스템은 기업의 사회적 자본을 근간으로 만들어지며 신뢰, 연결망, 사회규범과 같은 사회적 자본의 핵심 구성요소를 더욱 확대하고 견고하게 하여 안정화시키는 기능을 수행하게 된다.

또 기업의 경영정보시스템을 비롯한 각종 업무시스템은 공식적인 커뮤니케이션을 바탕으로 업무 관련 정보와 지식의 창출, 저장, 공유, 전이라는 일련의 과정을 거치면서 인적자본과 고객자본 그리고 기업의 사회적 자본을 구축하게 되며 그룹웨어의 전자게시판, 전자우편, SNS 등은 비공식적인 커뮤니케이션을 바탕으로 사회화와 관련된 인적자본을 사회적 자본으로 구축하게 된다. 정보시스템을 활용한 기능에 따른 서비스의 유형을 정리해 보면 다음 〈표 2〉와 같다.

**〈표 2〉 필요 기능과 지원시스템**

| 기능 | 서비스 유형 | 지원 시스템 |
|---|---|---|
| 커뮤니케이션 기능 | 홈페이지 | 웹 사이트 |
| | 기업블로그 | 블로그 시스템 |
| | 게시판 | 게시판 시스템 |
| | 이메일 | 이메일 시스템 |
| | 메시지전달 | SMS 시스템 |
| | 이벤트공지 | 알림이 서비스 |
| 협업기능 | 전자결제 | 전자결제시스템 |
| | 업무 프로세스 진행 | 워크플로우, BPM |
| | 커뮤니티 Q&A | 그룹웨어 |
| | 리뷰 & 오피니언 | GoP, SIG 시스템 |
| 공유기능 | 사진공유 | Multimedia DB |
| | 비디오 공유 | Multimedia DB |
| | 문서 공유 | 지식관리시스템 |
| | 음악공유 | Multimedia DB |

| 색인기능 | 직원정보 | 인사관리시스템 |
|---|---|---|
| | 업무정보 | 직무분류체계 |
| | 지식정보 | 기술지식지도 |
| | 기업정보 | 기업정보관리 |
| | 전문가정보 | 전문가관리시스템 |

또 현재는 기업 내 정보시스템을 넘어서서 기업 간 정보시스템으로 확대되는 추세에 있으며 차츰 기업차원에서 산업차원으로 확대되는 추세에 있다. 기업 간 정보시스템에서는 더 많은 사용자들의 연결망이 형성되고 보다 엄격한 규범이 적용되며 더 많은 상호신뢰를 바탕으로 개발되고 운영될 수밖에 없으며 산업 정보시스템의 경우에는 산업에 속한 수많은 기업 네트워크와 소비자의 가장 복잡한 형태의 연결망이 구성되고 그 만큼 더 높은 수준의 신뢰와 엄격한 규범이 요구될 수밖에 없다.

종합하면 기업 간 정보시스템의 구축은 기업 간 업무효율성을 제고하고 협업을 원활하게 이룰 수 있고 필요한 정보와 지식을 공유하거나 전이하는데 큰 도움을 줄 수 있는데 이러한 효율성과 지적자본의 축적은 결국 사회적 자본을 극대화하는데 큰 역할을 수행한다. 따라서 기업 간 정보시스템 구축 초기에 연결망 구축문제, 신뢰구축 문제, 규범의 제도화 문제 등 사회적 자본구축을 위한 많은 어려움이 존재하지만 일단 합의가 되어 기업 간 정보시스템이 구축되어 운영되면 상당한 사회적 자본으로 기능할 수 있고 이것은 많은 경영정보학과 e비즈니스학의 연구결과들이 실증적으로 성과를 입증하고 있다.

이러한 맥락에서 산업범위로까지 확장해보면 산업클러스터의 중심에는 그 산업의 신뢰구축과 규범구축과 연결망구축을 위한 사회적 자본이 필요한데 이러한 규모의 사회적 자본축적을 위한 합의는 매우 쉽지 않다. 그럼에도 불구하고 일단 산업클러스터를 위한 정보시스템이 구축되면 산업발전을 위한 정보 및 지식의 공유와 전이가 활성화되면서 사회적 자본은 매우 빠르게 축적될 것이다.

융합화, 세계화, 정보화가 주류를 이루는 시대 속에서 새로운 산업분야들이 속속 생겨나고 있고 생성된 산업을 선도해 나가기 위해서는 다양한 분야의 기업들과 소비자들로 구성된 연결망이 필요하며 각종 정보와 지식을 공유하고 전이하여 신규산업을 성장시키고 발전시켜야 할 필요성이 대두되고 있다. 그럼에도 아직까지 이를 위한 연결망, 신뢰, 규범과 같은 핵심 사회적 자본이 뒷받침되지 못하고 있어서 산업발전의 걸림돌이 되고 있다. 이제는 예전의 산업클러스터처럼 지리적인 집적보다는 시간과 공간을 초월한 정보와 지식의 시너지와 융합이 보다 중요한데 이것을 위해서는 산업정보시스템의 필요성이 절대적으로 중요하다.

따라서 현재의 산업클러스터는 곧 e-산업클러스터 정보시스템으로 대표될 수밖에 없다. 기업의 기초정보를 제공하여 서로를 연결하고 거래를 위한 기업 간 신뢰를 보장하고 공정경쟁의 규범을 제공하여 어느 정도의 표준화된 체계를 구축한다면 보다 빠른 산업의 성장을 통한 경쟁력 제고에 도움이 될 수 있는 사회적 자본으로서 기능할 수 있다. 그러나 문제는 e-산업클러스터 정보시스템의 구축을 위한 초기투자를 누가 할 것이며 운영의 주체는 누가될 것이며 참여기업과 소비자는 어떻게 모을 것인지 또 제공되는 정보와 지식 및 거래의 신뢰성은 누가 보장할 것인지 등에 관한 사회적 자본 구축을 위한 현실적 문제에 부딪힐 수밖에 없다.

그러나 이러한 현실적 초기 사회적 자본구축 문제는 가장 공신력이 있고 예산수반이 가능한 공공부문에서 시작해야 공정성과 신뢰성을 확보할 수 있다. 물론 어느 정도 e-산업클러스터 정보시스템의 운영이 안정화되면 이 것은 산업협회나 기업 간 네트워크로 역할과 책임을 넘겨주는 것이 좋다.

이러한 공공기관의 산업클러스터의 초기 사회적 자본구축의 이론적 배경에 대한 내용은 다음 제3부 강소기업 네트워크의 경제적 효과분석에서 실증적 분석결과를 통해 제시한다.

# 강소기업 네트워크의 경제적 효과분석*

PART 2

*  이 절은 (박기남 · 이문로, 2009)의

e비즈니스 분야에서의 복잡계론 접목에 관한 연구를 편집 및 보완한 것이다.

# 서론

통계청(www.nso.go.kr)의 발표 자료에 의하면 2015년 기준 세계의 전자상거래 규모는 2400조이고 국내 전자상거래 총 규모는 53조 9000억 원을 돌파하였으며 전자상거래 수출은 1조 2000억 원 수준으로 가파르게 증가하고 있다. 국내의 정보기술 경쟁력을 고려할 때 전자상거래 수출은 향후에도 크게 증가할 수 있을 것으로 판단된다.

그러나 거래주체에 따른 비즈니스 모형을 2007년 1사 분기를 기준으로 분석해 보면, B2B가 105조 7,000억 원으로 총 거래액의 91.1%를 차지하고, B2G는 5.7%인 6조 6,020억 원, B2C는 2.2%인 2조 5,590억 원, C2C는 1조 1,360억 원으로 전체 1.0% 수준이었다. 특히 B2B에서 구매자 중심형은 71조 6,100억 원으로 67.7%를 차지했고, 판매자 중심형은 28조 3,800억 원으로 전체의 26.8%였으며, 중개자 중심형의 경우 5조 7,100억 원으로 전체의 5.4%를 차지했다.

이 결과에서 e비즈니스 산업은 비즈니스 모형에 따라서 거래량과 매출액 및 수익규모에 차이가 발생하고 있으며 기업들도 이러한 내용을 매우 잘 인식하고 있었다. 따라서 e비즈니스 기업들은 수익창출이 가능한 새로운 비즈니스 모형을 시기적절하게 만들어 낼 수밖에 없다. 당연하지만 이를 실행하기 위한 기업 간 전략적 제휴도 다각도로 모색하여 기업을 변화하는 비즈니스 환경에 맞도록 진화 시켜나가는 모습을 보이고 있다. 이러한 진화의 모습을 우리는 다음 세 가지 증거에서 확인할 수 있다.

첫째 Open Market의 경우, B2B나 B2C, 혹은 C2C의 구분이 의미가 없어지고 소비자에게 고객가치를 실현시켜 줄 수 있으면 개인이든 기업이든 상관없이 판매기회가 제공되며 이를 구현하는 비즈니스 모형은 B2C2C 또는 B2B2C 등 다양한 제품의 조달, 판매 및 배송의 연결이 그 때마다 상황에 맞추어 이루어진다(이주량, 2007).

둘째, 옥션이 인터넷 경매사업에 진입한 후 G마켓, On-Ket, Daum, 인터파크, CJ Mall 등 기존의 대표적인 국내 B2C 기업들도 B2B사업에 진출하였고 Amazon.com조차도 Action 서비스를 도입하였다(이상윤 외, 2007). 이처럼 기업들이 비즈니스 모형을 변화시키는 원천은 B2C에서 B2B 중심으로 e비즈니스 산업이 진화되고 있는 현황과 정확히 방향이 일치하고 있다.

셋째, 인터넷 도매 여행사들의 경우에도 소비자 중심의 B2B기업과 B2C기업 간의 전략적 제휴가 나타나는가 하면 판매자 중심의 B2B2C형태의 비즈니스 모형이 나타나서 성공적인 성과를 거두고 있는 것으로 분석된다(박상환, 김정선, 변정우, 2007). 이러한 사례들은 e비즈니스 산업이 고객의 다양한 니즈와 시장의 흐름을 반영하여 지속적으로 변화하고 있다는 것을 의미하고 이러한 변화에 생존하기 위하여 e비즈니스 기업들이 환경에 맞는 다양한 비즈니스 모형을 창조하면서 진화하고 있음을 의미한다.

실제로 정보 및 생명공학 분야의 벤처기업들의 네트워크는 기업의 성과에 직접적인 영향을 미치고 있는 것으로 조사된바 있고(Hagedoorn, 1993) 실리콘 밸리의 성공을 설명할 때 가장 강조되는 부분이 조직 간 네트워크의 활성화라는 사실은 기업 네트워크가 열린 조직으로서 환경변화를 잘 관찰하면서 진화해간다는 중요한 증거라고 할 수 있다.

e비즈니스 분야도 환경의 변화 속에서 가장 유리한 기업의 생존위치를 차지하기 위해 기업 간 네트워크를 분석할 필요가 있으며 e비즈니스 기업들의 제휴가 실제로 기업의 생존가능성을 높여줄 수 있는지는 매우 중요한

분석이다.

오프라인 기업에 비하여 e비즈니스 기업의 경우 기업 간 네트워크를 보다 손쉽게 연결할 수 있고 서로 간 제휴가 소비자에게 노출되지 않고 하나의 사이트처럼 보여 질 수도 있으며 심지어 고객이나 시스템을 공유할 수도 있기 때문에 기업 간 제휴의 효과나 속도는 오프라인보다 더 크다고 할 수 있다. 따라서 e비즈니스 분야에서 기업 간 전략적 제휴는 실무적으로나 학문적으로 매우 중요한 연구 주제이다.

본 저서는 다음의 사항들을 집중적으로 분석하였다. 첫째 기업 간의 비즈니스 모형을 중심으로 기업 간 전략적 제휴의 현황을 사회연결망을 통하여 표현하고 사회연결망 속에서 상대적으로 유리한 위치(Structural Hole)를 차지하고 있는 e비즈니스 기업들의 성과가 더 높은지를 재무적 성과를 비교하여 분석하였다. 둘째 비즈니스 모형에 따라 경쟁의 정도가 차이가 있기 때문에 실제로 경쟁이 치열한 비즈니스 모형을 보유한 기업이 다른 비즈니스 모형으로의 전환을 통해 생존에 유리한 위치를 차지하기 위한 노력이 더 큰지를 분석하였다.

# 실증 분석

## 2.1 인터넷 기업들의 요구사항 분석방법과 절차

급변하는 환경 속에 기업의 적응력을 높이기 위하여 기업들은 자신들의 네트워크를 활용할 수밖에 없다. 비즈니스 모형의 진화를 통한 기업들의 전략적 제휴모형을 발굴하기 위하여 본 저서는 설문과 인터뷰를 병행하였다.

먼저 기업들의 비즈니스 모형에 대한 견해를 파악하기 위하여 전국의 상공회의소, 벤처기업협회, 전자상거래협회 등 관련기관으로부터 e비즈니스 관련 1500개 기업의 명단을 확보하고 이들을 대상으로 설문조사를 실시하였다. 기업에 대한 조사는 전문조사기관이 담당하였으며, 온라인 설문과 방문조사를 겸하여 수행하였다. 최종 분석에 사용된 기업의 수는 188개이었으며 사회관계망 분석을 위한 도구로는 Pajak124를 활용하였고 추가적인 통계분석은 S-Plus를 이용하였다.

## 2.2 사회관계망 분석의 적용 결과

본 저서는 현재 인터넷 기업들이 채택하고 있는 비즈니스 모형을 14가지 유형으로 구분하고, 각 유형에 대한 개별 기업의 정보를 이용하여 기업들 간의 관계를 분석하였다. 〈그림 5〉는 개별 기업들이 현재의 비즈니스 모형을 통하여 경쟁하고 있는 상황과 전략적 제휴를 필요로 하는 미래의 비즈니스 모형 간의 관계를 나타낸 것이다.

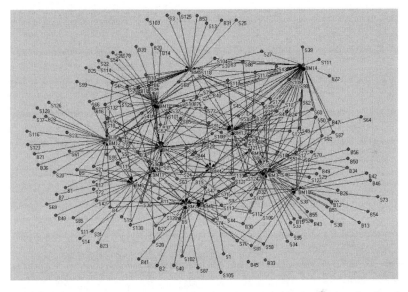

\* 출처: 박기남·이문로(2009), e비즈니스 분야에서의 복잡계론 접목에 관한 연구, 정보시스템
　　연구

**〈그림 5〉 기업의 현재와 미래 비즈니스 모형**

　예를 들어서 B14기업의 경우 현재 비즈니스 모형은 "BM1"으로서 판매형 비즈니스 모형 중 '전문점'에 해당되며 같은 비즈니스 모형을 보유한 B39 등의 기업과 경쟁하고 있으나 미래 비즈니스 모형인 "BM5"즉, 중개형 비즈니스 모형 중 서비스 중개형으로 전환하고자 한다는 것을 알 수 있다. 따라서 S103 등의 기업들이 현재 B14기업의 전략적 제휴대상 기업일 수 있으며 선호되는 비즈니스 모형들을 보유한 기업일수록 유리한 위치에 놓이게 된다. 네트워크 분석에서는 이를 허브(hub)라고 하며 특히 특정 노드가 연결된 다른 노드에게로 연결하는 경우를 out-degree라고 하고 특정 노드가

연결된 다른 노드로부터 연결되는 경우를 in-degree라고 하는데 여기서는 in-degree를 의미한다. 또 이러한 허브의 역할을 계량적으로 측정하기 위해서는 일반적으로 연결중앙성(Degree Centrality)를 사용하는데 이것은 특정노드와 연결된 링크의 수와 총 노드에서 자신을 뺀 노드 간의 비율을 의미하여 이를 수식으로 나타내면 다음 〈수식 1〉과 같다.

$$C(n_i) = \frac{\sum_{j}^{n} x_{ij}}{n-1}$$ ················································· 〈수식 1〉

C : 노드 I의 연결중앙성,  n: 총노드 수,  Xij = i와 j간의 연결 수

각 비즈니스 모형별로 연결중앙값을 비교해보면 다음 〈표 3〉과 같이 요약된다. 연결중앙값이 가장 높은 비즈니스 모형은 전문커뮤니티였는데 이것은 가장 많은 기업들이 미래의 비즈니스 모형으로 고려하고 있고 향후 커뮤니티 사이트와의 전략적 제휴 가능성이 높다는 것을 알 수 있다. 또 두 번째는 포털사이트로 나타났는데 많은 e비즈니스 기업들이 자신의 사이트를 포털사이트로 만들고자 하는 경향을 읽을 수 있으며 각종 포털사이트와의 전략적 제휴가 많이 빈번해질 가능성을 보여준다. 반면 연결중앙값이 가장 낮은 비즈니스 모형은 온라인 고객상담 및 조회로 나타났으며 신문, 잡지, 방송도 연결중앙값이 낮아 향후 비즈니스 모형으로의 전환이나 전략적 제휴의 가능성이 낮을 것임을 보여준다.

<표 3> 미래 비즈니스 모형과 연결중앙값

| 비즈니스 모형 | 연결중앙값 |
|---|---|
| 전문점 | 0.0995 |
| 종합쇼핑몰 | 0.0845 |
| 서비스 직접 제공(금융, 교육, 오락, 상담 등) | 0.0597 |
| 경매, 역경매 사이트 | 0.0547 |
| 서비스 중개(여행, 주식, 예약 등) | 0.0696 |
| 실물 중개 (구매입찰, 물물교환, 생활정보 등) | 0.0597 |
| 광고, 이벤트 | 0.0597 |
| 시장조사, 패널 | 0.0646 |
| 온라인 고객상담, 온라인 조회, 온라인 문의 | 0.0199 |
| 신문, 잡지, 방송 | 0.0248 |
| 검색엔진, 가격 비교, 상품추천 | 0.0398 |
| 기타 정보, 콘텐츠 | 0.0447 |
| 포털 사이트 | 0.1044 |
| 전문 커뮤니티 | 0.1691 |

　다음 〈그림 4〉는 미래 비즈니스 모형을 중심으로 한 기업 간 전략적 제휴 네트워크를 보여주고 있는데 이를 통하여 향후 비즈니스 모형의 진화방향을 분석할 수 있다. 이 그림을 분해하면 연결밀도에 따라 4개의 지역으로 구분이 가능한데 가장 높은 A지역, 두 번째로 연결밀도가 높은 B지역, 세 번째인 C지역 그리고 가장 밀도가 낮은 지역이 D지역이다. 연결밀도가 높다는 것은 네트워크 분석에서 연결중앙값이 높다는 것을 의미하는데 A지역의 연결중앙값 평균은 0.2497로 나타났고 B지역의 연결중앙값 평균은 0.1752로 나타났으며 C지역의 연결중앙값은 0.1281로, D지역의 연결중앙값은 0.067로 분석되었다.

　네트워크 분석에서 매개중앙값은 브로커의 특성을 측정하는 도구로서 어떤 노드가 다른 노드로 가기 위해서 반드시 특정 노드를 거쳐야 하는 정도로 표현될 수 있다. 이러한 매개중앙값이 높을수록 전체 네트워크에 대한 파급효과가 크다는 것을 의미하며 이를 수식으로 표현하면 다음 〈수식 2〉와 같다.

$$B(n_i) = \frac{\sum_{j<k}^{n} z_{jk}(n_i)/z_{jk}}{(n-1)(n-2)/2} \quad \text{〈수식 2〉}$$

B(ni)  : 노드 i의 매개중앙값

Zjk(ni) : j와 k를 최단경로로 연결할 때 노드 i를 거치는 경우의 수

Z      : 최단경로행렬

위 수식을 통한 매개중앙값 분석결과는 다음 〈표 4〉에 제시되어 있는데 A지역 평균이 0.007로 가장 높았고 B지역 평균이 0.005로 두 번째로 나타났으며 C지역과 D지역은 0.037정도로 분석되었다.

〈표 4〉 지역별 연결중앙값과 매개중앙값

| 지역구분 | 연결중앙값 | 매개중앙값 |
|---|---|---|
| A지역 | 0.2497524 | 0.00727064 |
| B지역 | 0.1752228 | 0.00547619 |
| C지역 | 0.128164 | 0.00378947 |
| D지역 | 0.0673059 | 0.00376999 |

연결중앙값과 매개중앙값 분석결과 B40과 S53이 가장 높은 값을 보였는데 이 기업들의 미래 비즈니스 모형은 전문 커뮤니티와 전문점으로 나타났다. 이것은 전문 커뮤니티와 전문점을 지향하는 e비즈니스 기업들이 가장 많음을 의미하며 비즈니스 진화방향으로 분석하면 역량의 차별화와 고객 커뮤니티 활용으로 요약할 수 있다. 또 두 번째로 연결중앙값과 매개중

앙값이 큰 S100, S127 등의 기업은 전문커뮤니티와 포털 사이트를 미래 비즈니스 모형으로 설정하였다. 이것은 고객 접점을 강화하면서 고객 커뮤니티 파워를 활용하는 비즈니스 모형으로의 진화방향을 보여주는 것이다. 따라서 많은 e비즈니스 기업들이 전문화를 통한 역량차별화, 고객 커뮤니티 파워의 전략적 활용, 고객 접점의 강화와 관련된 새로운 비즈니스 모형들이 등장하게 될 것으로 예상할 수 있으며 이를 위한 e비즈니스 기업 간의 전략적 제휴나 허브사이트 구축 및 Open마켓 등이 성행하게 될 것임을 알 수 있다.

실제로 모든 A지역 기업들의 미래 비즈니스 모형에 전문 커뮤니티를 포함하고 있기 때문에 e비즈니스 기업이 가상공간상에서 고객의 집객활동이 가장 어려운 문제이며 이를 해결하기 위한 노력이 향후에도 지속적으로 이

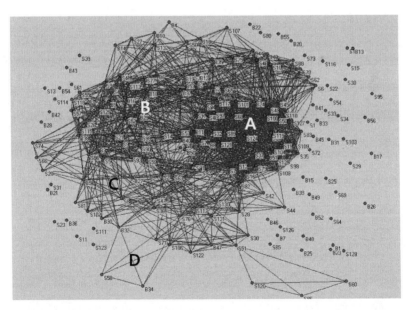

\* 출처: 박기남·이문로(2009), e비즈니스 분야에서의 복잡계론 접목에 관한 연구, 정보시스템 연구

**〈그림 6〉 미래 비즈니스 모형을 중심으로 한 기업 간 전략적 제휴 네트워크**

루어질 것이고 이것이 향후 비즈니스 모형의 변화에 큰 영향을 미칠 주요변수라는 것을 이해할 수 있다.

다음 〈그림 7〉은 현재의 비즈니스 모형을 확장하여 미래의 비즈니스 모형으로 전환할 경우 기업 간 네트워크 구조를 보여주고 있다. e비즈니스 기업들의 협력과 경쟁 네트워크를 보다 간결하고 의미 있는 분석을 위하여 노드 간의 연결강도에 절단값을 선정하여 뼈대가 되는 네트워크만을 분석하였다.

즉, 선분의 값이 2이상인 링크만을 분석대상으로 설정하여 네트워크의 구조와 분석을 용이하게 하였고 분석결과는 다음 〈그림 5〉에 제시되어 있다.

전체 네트워크 구조는 크게 A, B, C, D의 4개 컴포넌트로 구성되어 있고 각 컴포넌트를 이루는 기본 비즈니스 모형을 분석하면 A는 전문 커뮤니티 사이트와 포털사이트와 관련된 컴포넌트이고 B는 광고/이벤트와 신문/잡지/방송 비즈니스 모형과 관련된 컴포넌트이며 C와 D는 온라인 고객상담/조회/문의의 비즈니스 모형과 관련된 컴포넌트로 나타났다. 특히 컴포넌트 C는 온라인 고객상담/조회/문의의 비즈니스 모형에서 포털사이트로 비즈니스 모형을 확장시키거나 포털사이트에서 고객상담/조회/문의의 비즈니스 모형으로 전환하기를 원했으며 컴포넌트 D는 온라인 상담/조회/문의 비즈니스 모형에서 서비스 직접지원으로 비즈니스 모형을 확장하기 원하는 특성을 가지고 있다. 따라서 비즈니스 모형의 진화방향은 고객상담과 조회와 같은 고객접점 사이트들의 경우 금융, 오락, 교육과 같은 서비스를 직접 제공하거나 포털사이트로 확장하여 보다 고객접점을 강화하고 다양한 상품 및 서비스 네트워크를 확보하는 형태로 비즈니스 모형이 전이될 것임을 시사하고 있다. 또 온라인 광고 및 이벤트의 비즈니스 모형은 신문/잡지/방송의 비즈니스 모형으로의 확장을 지향하고 있는 것으로 나타났고 반대로 신문/잡지/방송의 비즈니스 모형은 광고/이벤트의 비즈니스 모형을 포함하고 싶어 하는 것으로 분석되어 향후 이러한 형태의 비즈니스 모형 확장이나 사이트 간의 전략적 제휴가 증가할 것으로 예상된다. 마지막으로 많은 사이트들이 포털사이트와 전문 커뮤니티 비즈니스 모형을 지향하고 있는 것으로 나타났으며 개별 기업이 보유한 비즈니스 모형을 전문 커뮤니티 사이트로 확장하거나 포털화 하고자 하는 경향을 보여주고 있어서 향후에도 소수의 거대 커뮤니티 및 포털사이트들과 이들과 전략적으로 제휴하거나 이러한 중소 e비즈니스 기업들의 약점을 보완시켜주는 Open마켓과 같은 새로운 형태의 비즈니스 모형들이 계속해서 등장해 갈 것을 예상할 수 있다. 이와 같은 분석을 통해서 전문 도매여행사 사이트가 온라인과 오프라인에서 여행상품을 판매하는 기업들과 전략적 제휴를 바탕으로 소비자에게 상품을 공급하는 B2B2C의 경향을 쉽게 추론할 수 있으며 Daum이

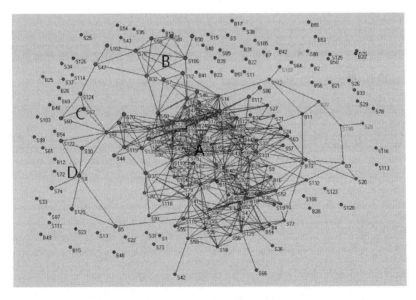

* 출처: 박기남·이문로(2009), e비즈니스 분야에서의 복잡계론 접목에 관한 연구, 정보시스템 연구

**〈그림 7〉 현재 및 미래의 비즈니스 모형을 이용한 기업 간 연관관계**

나 Yahoo와 같은 포털사이트들이 B2B Auction 전문 사이트에 도전하는 시대적 흐름이나 G마켓이나 Auction과 같은 사이트에서 보듯이 기존 전문점 영역이 파괴되면서 서비스 직접제공이나 실물중계를 통한 다양한 비즈니스 모형이 창조되는 현상 등을 본 분석기법을 통하여 설명할 수 있다.

## 2.3 e비즈니스 기업 간 네트워크의 성과 분석

개별 기업이 새로운 비즈니스 모형으로 전환하기 위해 필요한 비용이나 시간 및 노력을 고려해 볼 때 개별 사이트들은 같은 이해관계를 가진 타 사이트와의 전략적 제휴를 충분히 고려할 수 있고 이때 전체 네트워크에서 보다 유리한 비즈니스 모형을 보유한 e비즈니스 기업의 재무적 상태가 그렇지 못한 기업의 재무적 상태보다 더 좋을 것으로 기대할 수 있다. 따라서 현재 및 미래의 비즈니스 모형을 활용한 기업 간 연관관계 네트워크를 중심으로 이를 실증적으로 분석해보았다. 사회연결망에서 기업의 역할은 브로커로서의 역할과 허브로서의 역할로 구분할 수 있는데 먼저 브로커는 구성원 상호간의 상호작용을 원활하게 해주는 구성원의 의미를 가지며 본 저서에서는 기업 상호 간의 전략적 제휴를 보다 쉽고 원활하게 할 수 있는 형태의 비즈니스 모형을 보유한 기업으로 정의할 수 있는데 이것은 브로커 지수로서 측정이 가능하다. 브로커 지수는 네트워크에서 브로커의 역할정도를 측정하는 변수로서 사회관계망 분석에서는 주로 매개중앙값을 활용하며 구조적 공백, 인접중앙값 등도 활용하는데 본 저서에서는 가장 대표적인 매개중앙값을 측정하여 활용하였다〈수식 2〉. 반면 허브의 개념은 네트워크 내의 연결 수가 타 구성원에 비하여 높은 구성원을 의미하며 본 저서에서는 자신의 독특한 비즈니스 모형으로 인해 타 기업과의 연결이 많은 기업을 의미한다. 허브의 역할정도는 허브지수로서 표현되며 주로 연결중앙값(degree of centrality)이나 연결정도(degree)를 활용하는데 본 저서에서는 연결중앙값을 이용하였다〈수식 1〉. 또 네트워크 내의 이러한 기업특성이 기업의 재무적 성과에 미치는 영향을 살펴보기 위해서 본 저서는 인당매출액 변수를 활용하였다. 그 이유는 대부분의 기업성과를 표현할 때 가장 대표적으로 활용되는 회계적 지표이기 때문이며 다만 기업의 크기로 인한 편의(size effect)를 제거하고 기업 간 비교를 용이하게 하기 위하여 기업의 종업원 수로 나눈 인당매출액을 이용하였다.

〈표 6〉에서 볼 수 있듯이 네트워크 구성기업의 형태를 바탕으로 분석한 결과 허브지수만을 대상으로 인당매출액과의 관계를 살펴보면 결과분석에서는 통계적으로 유의한 관계를 발견하지 못하였다. 반면 브로커지수와 인당매출액 간에는 매우 유의한 관계를 발견하였다. 또 허브지수와 브로커지수를 함께 독립변수로 설정하고 인당매출액과의 관계를 분석한 결과에도 브로커지수는 긍정적인 유의한 관계를 보였으나 허브지수는 유의한 관계를 보이지 못하였으며 오히려 부정적인 관계를 보였다. 이러한 현상이 나타나는 것은 허브지수와 브로커지수의 상관관계가 높기 때문이다. 많은 기존의 네트워크 연구에서도 허브지수와 브로커지수의 상관관계는 높은 편으로 분석되나 본 저서에서는 상관계수가 0.617로 높은 편이었다. 따라서 VIF검증을 수행한 결과 1.128로 나타났고 공차한계는 0.886으로 분석되어 다중공선성은 문제가 되지는 않는 것으로 나타났다. 따라서 기존의 네트워크연구들에서 사용하는 허브지수, 브로커지수 그리고 상호작용 효과를 모두 고려한 모형을 사용하였는데 분석결과 허브지수와 브로커지수가 긍정적인 유의한 영향을 미치는 것으로 나타났고 상호작용은 부정적인 유의한 관계를 보였다. 또한 브로커지수와 허브지수의 네트워크에 대한 공헌도가 큰 차이를 보이고 있으므로 추가적인 독립변수간 계수차이를 검증하였다.

<표 5> 허브 및 브로커지수와 인당매출액 간의 회귀분석 결과

| 변수 | 계수값 | 표준오차 | T값 | Prob | 표준계수 | 설명력($R^2$) |
|---|---|---|---|---|---|---|
| 절편 | −1812 | 9037 | −0.2005 | 0.8413 | | 0.0023 |
| 허브지수 | 17561 | 26818 | 0.6548 | 0.6548 | 0.0480 | |

| 변수 | 계수값 | 표준오차 | T값 | Prob | 표준계수 | 설명력($R^2$) |
|---|---|---|---|---|---|---|
| 절편 | −30409 | 8899 | −3.4169 | 0.0008** | | 0.0843 |
| 브로커지수 | 5609293 | 1355202 | 4.1391 | 0.0001** | 0.2904 | |

| 변수 | 계수값 | 표준오차 | T값 | Prob | 표준계수 | 설명력($R^2$) |
|---|---|---|---|---|---|---|
| 절편 | −26245 | 10480 | −2.5041 | 0.0131* | | |
| 허브지수 | −20613 | 27319 | −0.7545 | 0.4515 | −0.0563 | 0.0871 |
| 브로커지수 | 5975688 | 1441056 | 4.1467 | 0.0001** | 0.3094 | |

| 변수 | 계수값 | 표준오차 | T값 | Prob | 표준계수 | 설명력($R^2$) |
|---|---|---|---|---|---|---|
| 절편 | 49909 | 15983 | 1.6945 | 0.0021** | | |
| 허브지수 | 51006 | 27800 | 1.8347 | 0.0682* | 0.1393 | |
| 브로커지수 | 32729659 | 4675262 | 7.0006 | 0.0000** | 1.6945 | 0.2351 |
| 상호작용 | −5473884 | 917483 | −5.9662 | 0.0000** | −1.5124 | |

**$p<0.01$, *$p<0.1$

<표 6> 독립변수간 계수차이 검증

| 귀무가설 | 계수값 | T값 | Prob |
|---|---|---|---|
| b1=b2 | 8.604 | 3.374 | 0.001 |

**$p<0.01$, *$p<0.1$, b2=브로커지수 계수, b2=허브지수 계수

계수차이 검증은 더미변수를 활용한 T검증 방법을 활용하였으며 분석결과 유의한 차이가 있는 것으로 나타나서 브로커지수가 허브지수에 비하여 더욱 중요한 공헌을 하고 있음을 보여주었다. 다시 말하면, 네트워크 내에서 반드시 자신의 비즈니스 모형을 통해야 원하는 비즈니스 모형구성이 가능한 유리한 위치에 있는 기업들이 단순히 타 기업과의 연결이 많은 기업보다 재무적 성과가 더 높다는 것을 의미한다.

분석결과에 의하면 브로커지수 0.001이 증가할 때 인당매출액은 32,000원이 증가하는 것으로 나타났고 허브지수 0.001이 증가할 때 인당매출액은 51원이 증가하는 것으로 나타났다. 따라서 미래지향적인 비즈니스 모형의 개발과 전환은 매우 큰 부가가치를 창출할 수 있는 중요한 수단이 되며 e비즈니스 기업들의 네트워크 구조 내에서 보다 부가가치가 높은 위치를 차지하게 됨을 실증적으로 보여주고 있다.

# 소 결

　지금까지 살펴본 바와 같이 연구의 결과는 e비즈니스 기업들이 구성하고 있는 네트워크 내에서 구성기업들이 보유한 비즈니스 모형을 중심으로 기업 간 전략적 제휴와 비즈니스 모형의 진화방향에 대하여 분석하고 네트워크 내에서 전략적으로 중요한 위치를 차지하고 있는 기업들의 재무적 성과를 분석하였다.

　이를 위하여 네트워크 구조분석을 통해 각 기업들이 네트워크 구조 속에서 갖는 특성을 허브와 브로커로서 나누어 분석하였으며 기존의 사회관계망 분석과는 달리 비즈니스 모형을 통한 기업 간 관계를 중심으로 전체 네트워크에서 차지하는 기업의 위치를 분석한 연구를 수행하였다. 또한 대부분 사회관계망 연구가 개인단위의 분석수준을 활용하고 있으나 기업 간 비즈니스 연관성과 활동이 중요한 e비즈니스 분야의 특성을 반영하여 기업단위의 분석수준을 견지하였다. 특히 e비즈니스 기업 네트워크에서 네트워크에 중심에 있는 기업과 네트워크에서 비즈니스 모형을 매개하는 기업의 역할을 네트워크 특성과 관련지어서 설명했다는 것은 지금까지 산업분석으로만 연구되던 각 산업의 진화와 발전과정을 기업 네트워크 연구에서 설명하고 분석할 수 있음을 보여주었다. 또 지금까지 문제점으로 지적되어 온 대기업 위주의 산업발전 패러다임을 e비즈니스를 활용한 소기업 네트워크 위주의 산업발전 패러다임으로 전환할 수 있는 가능성도 보여주었다. 즉, 본 저서에서 수행했던 분석과정을 전체 산업이라는 네트워크 속에서 각 기업들의 역할과 위치를 사회관계망 분석을 통하여 동태적으로 분석할 경우 소기업 네트워크를 활성화할 수 있는 산업 전략과 지원 정책이 도출될 수 있을 것으로 판단된다.

본 저서의 내용을 요약하면 다음과 같다. 첫째, 소기업 협력 네트워크를 제시하고 소기업 네트워크 지배구조의 장점에 관하여 언급하면서 여행업의 예를 들면서 e비즈니스 기업 간의 전략적 제휴의 필요성을 주장하였다. 둘째, 사회 관계망을 이용하여 14개 비즈니스 모형을 연결 고리로 하는 기업 간 네트워크를 분석함으로써 e비즈니스 기업의 네트워크 속에서 비즈니스 모형의 진화와 확장방향을 분석하고 새로운 비즈니스 모형의 개발과 전환이 기업 네트워크에서 미래의 경쟁과 협력을 결정하는 중요한 요인임을 보였다. 셋째, 개별 기업이 e비즈니스 네트워크 속에서 미래의 비즈니스 모형을 통하여 다른 기업들과 전략적 제휴를 통한 소기업 네트워크를 구성할 수 있음을 보이고 네트워크 내에서 개별 기업의 역할을 허브와 브로커로 구분하였으며 각 기업의 전략적 위치를 허브지수와 브로커지수를 통하여 분석하였다. 또한 미래의 비즈니스 모형을 구성하기 위한 네트워크 위치를 의미하는 허브지수 및 브로커지수와 재무적 성과간의 연관성을 분석한 결과 이들 변수들이 재무적 성과에 영향을 미치는 것으로 분석되었다. 따라서 향후 e비즈니스 산업은 환경에 적합한 새로운 비즈니스 모형을 창출하여 e비즈니스 소기업 네트워크를 이끌어 가는 위치에 있는 기업이 보다 큰 재무적 성과를 얻을 수 있을 것이다. 또한 기업 네트워크 내에 속해있는 허브와 브로커 기업들의 제휴와 경쟁을 포함한 동태적 상호 연결가능성의 확대가 우리나라의 소기업 네트워크를 활성화하고 중소기업 중심의 경제성장 모형으로 전환할 수 있는지를 가늠하는 잣대가 될 것이며 이를 위한 기업 간 연결 도구로서 인터넷이 활용될 수 있고 필요한 비즈니스 모형을 확보하는데 e비즈니스가 활용될 수 있으며 네트워크의 분석도구로서는 본 저서에서 제시한 사회관계망 분석이 사용될 수 있다.

본 저서의 한계점으로는 첫째, 기업 네트워크 내에서 비즈니스 모형을 통한 허브와 브로커로서의 유리한 전략적 위치를 차지한 기업의 재무적 성과를 분석한 것이지 전략적 제휴 이후 실제기업들의 성과를 측정한 것은 아니라는 것이다. 따라서 향후 전략적 제휴기업들의 재무적 성과를 직접적으로 측정하고 분석할 필요가 있다. 둘째, 기업의 실제 재무제표를 분석에 사용하지 못했다는 점이다. 증권시장에 상장된 기업이거나 외부감사에 관한 법률의 적용을 받는 기업들의 경우에는 재무제표가 공포되기 때문에 매출액 등 관련 회계자료를 쉽게 확보할 수 있으나 분석의 대다수를 차지하는 소기업의 경우 재무제표를 구할 수 없으므로 설문지에 의지할 수밖에 없었다. 그나마 설문응답을 거부하는 기업이 존재하므로 제시된 재무성과에 높은 신뢰성을 부여하기는 어려웠다.

그러나 이 연구결과는 소기업 네트워크 구성을 위한 다음의 시사점을 제시한다. 첫째, 기업의 전략적 제휴 목적 중 하나는 소기업 네트워크를 최대로 활용해서 환경변화를 감지할 촉수를 최대로 보유하고자 노력한다는 점이다. 둘째 전략적 제휴를 한다면 비즈니스 모형의 진화방향을 고려하여 그 기업과 가장 큰 시너지와 고부가가치의 창출이 가능하도록 최대한 네트워크의 유리한 고지에 위치해 있는 기업과 제휴해야 한다. 셋째, 제휴에 참여기업들은 오프라인 기업과 비교하여 원자재 조달, 제조, 유통, 마케팅, 판매, 서비스에 이르기까지 전체 비즈니스 전개과정을 자유롭게 변형하거나 통합할 수 있으며 심지어 매번 다른 비즈니스 모형을 창조해낼 수도 있다. 넷째, 각각의 소기업은 협상에서 대기업보다 불리한 위치에 있지만 여러 소기업이 네트워크를 형성하여 세력화 할 경우 참여 소기업 네트워크는 대기업과의 협상에서 대등한 목소리를 낼 수 있다. 마지막으로 본 저서의 결과는 인터넷 기업들의 정책에 관심이 있는 관련 기관에게 시사점을 줄 수 있다. 본 저서에서 제시한 사회관계망 방법론을 활용할 경우 국가의 공공기관이 e비즈니스 기업들에 대한 정부지원의 효율성을 높일 수 있으며, 상대적으로 거래 약자인 소기업들을 보호하고 육성할 수 있을 뿐 아니라 기업 간 자율적인 신뢰구축의 장을 제공할 수 있다. 인터넷을 활용한 소기업 네트워크를 통하여 전략적 제휴 대상을 찾고 이를 활용하여 C-Commerce와 같은 기업 간 협력 메커니즘이 활성화되면 정부로서는 고용창출의 효과와 경기부양의 효과 그리고 국가경쟁력의 강화에 큰 도움이 될 수 있을 것이다.

비즈니스모형을 기반으로 하는 소기업 간 전략적 제휴를 통해 완성하는 소기업 네트워크가 이처럼 다양한 이점을 가질 수 있다면 인터넷을 활용한 소기업 네트워크를 구체적으로 구현하는 방법론은 무엇인지 궁금하다. 다음 장에서는 소기업 네트워크를 e비즈니스를 활용하여 구체적으로 구현하는 방법론에 관하여 살펴보도록 하자.

[1]  10김용학, "사회 연결망 분석의 이론틀: 구조와 행위의 연결을 중심으로", 한국사회학, 21(여름), 1987, pp.31-68.

[2]  김희대·정재용, "국내 인터넷 비즈니스 모형의 유형별 문제점과 변천분석 연구", 한국경영정보학회, 추계국제학술대회 논문집, 2001, pp.221-234.

[3]  박기남·김종원, "전략적 제휴를 위한 공적 e-Hub 구축과 사회관계망의 활용에 관한 연구", 경영과학, 제20권, 제1호, 2003, pp.165-178.

[4]  박용찬, e-비즈니스 파워, SIGMAINSIGHT, 2000.

[5]  배문식, "E-Business Model의 종류", 한국소프트웨어진흥원, 2001

[6]  서창갑·김갑수, "e-Marketplace를 위한 결제시스템 구축 전략", 한국경영정보학회, 추계국제학술대회, 2001, pp.715-726.

[7]  신현암, "전통기업의 e-Trasformation 전략", 삼성경제연구소, 2000.

[8]  양유석, "전자상거래의 비즈니스 모델과 미국의 EC동향", 삼성경제연구소, 2000.

[9]  원효종, "도시 핵가족 주부의 사회관계망 유형연구", 박사학위논문, 서울대학교, 1997.

[10] 유인출, "디지털 미디어 산업의 Value Chain과 비즈니스 모델", 이비즈그룹, 2000.

[11] 이경전, "e비즈니스 모형의 발전방향", 한국경영정보학회 추계국제학술대회 논문집, 1999.

[12] 이경전·진동수, "지능형 에이전트가 인터넷 사업에 미치는 영향 : 사업 모형 관점에서의 분석", 한국지능정보시스템학회논문지, 제16권, 2호, 2000. pp.49-62.

[13] 이주호·김상우, 인터넷 비즈니스 골든 사이트 -19개 성공모델과 101개 사이트-, 매일경제신문사, 1999. pp.5-8.

[14] Berryman, Kenneth; L.Harrington; D. Layton-Todin, and v. Rerolle, "Electronic Commerce: Three Emerging Strategies," The Mckinsey Quarterly, 1998, No.1.

[15] Bott, E., Family and Social Network. New York: The Free Press, 1971.

[16] Broderick, C. B., Healing members and relationships in the intimate network. In R. M. Milardo(Ed.), Families and Social Networks(pp. 221-234). Beverly HILLS: Sage Publication, 1988.

[17] Clinton, J.W, Albert Gore, "A Framework of Global Electronic Commerce, Securitiew Law & The Internet : Doing Business in Rapidly Changing Marketplace," Practising Law Institute,1999.

[18] Cochran, M. M. & Brassard, J. A., "Child development and personal social networks," Child Development, Vol. 50, 1976, pp.601-616.

[19] Dick, W. and Carey, L., The Systematic Design of Instruction. IL: Scott, Foresman and Company, 1990.

[20] Gaudin, J. M. Fr. & Davis. K. B., "Social networks of black and white rural families : A research report," Journal of Marriage and the Family, 47. 1985, pp.1015-1021.

[21] Hirsch, B. J. Social networks and the coping process. In B. H. Gottlieb(Ed.), Social Networks and social Support(pp . 149−170). Beverly Hills: Sage Publication.1988.

[22] Jutla, D.N. , Bodorik p. , Hajnal C., Davis, D., "Making Business Sense of Electronic Commerce", IEEE Computer, March, Vol.32, No. 3, 1999, pp.67−75.

[23] Lesile, L. A. & Grady, K. "Change in mother's social networks and social support following divorce," Jaurnal of Marriage and the family, 47, 1985, pp.663−673.

[24] Marsden, P. V., "Core discussion networks of americans," American Sociological Review, 52, 1987, pp.122−131.

[25] Mitchell, J. C., The concept and use of social networks. In J. C. Mitchell (Ed), Social Networks in Urban Situations(pp. 1−50). Manchester: Manchester Univesity Press. 1969.

[26] Rands, M., Changes in social networks following marital segregation and divorce. In R. M. Milardo(Ed.), Families and Social Networks (pp. 127−146). Beverly Hills: Sage Publication, 1988.

[27] Rappa, Michael, "Business Models on the web" http://ecommerce. ncsu.edu/business_ models.html

[28] Surra, K. A. The influence of the interactive network on developing relations. In R. M. Milardo (Ed.), Families and Social Networks(pp. 48−82). Beverly Hills : Sage Publication, 1988.

[29] Timmers, Paul, "Business Models for electronic Markets," Electronic Markets, Vol. 8, No. 2, 1998.

[30] Wellman, B., Applying network analysis to the study of support. In B.

H. Gottlieb(Ed.), Social Networks and Social Support (pp. 171-200). Beverly Hills: Sage Publication, 1981.

[31] Wilcox, B. L., Social support in adjusting to marital disruption a network analysis. In B. H. Gottleb(Ed.) Social Networks and Social Support (pp. 97-115). Beverly Hills: Sage Publication, 1981.

[32] www.datanet.co.kr: http://www.datanet.co.kr/search /search_view. html ?cd=860&cate=trend&kw=마켓플레이스.

# 강소기업 네트워크
# 구축 방법론의 개발

**PART 3**

# 서 론

   확장된(Expanded) ERP, SCM, e-Marketplace는 모두 개별 기업의 한계를 뛰어 넘어서 기업 간 협력을 이루는 소기업 네트워크 구현 기술들이다. 이러한 정보기술들은 산업 내 각기 다른 비즈니스 모형과 수익모형을 보유한 기업들이 서로의 이해와 환경에 따라 경쟁 혹은 협력 네트워크를 형성하도록 지원할 기술적 인프라이다. 소기업들은 이러한 기술 인프라를 통하여 새로운 부가가치 창출의 동력을 찾는 시대로 빠르게 변화하고 있다.

   이러한 현상은 오프라인 기업에서도 동일하게 나타나는 변모인데 예를 든다면 조선 산업의 경우 대형 유조선 조립 독을 허브(hub)로 하여 각종 부품업체들이 거미줄처럼 연결(link)되어 있어서 자동차, 가전, 기계 등 장치산업에서 컨벤션, 콘텐츠 산업에 이르기까지 대부분 다국적 혹은 대기업의 경쟁이 아니라 대표 기업을 중심으로 한 허브 네트워크(hub-network) 간의 경쟁이라고 보는 것이 더 정확한 표현이다. 또한 허브 네트워크의 안에서는 소기업 간 협력 메커니즘이 각자의 비즈니스 위치에서 유기적으로 작동하면서 환경에 적합한 모습으로 진화한다.

   많은 오프라인 기업들이 e비즈니스를 다양하게 활용하고 있으므로 온라인 사업과 오프라인 사업 간의 경계가 약해지고 있다. 특별히 상호 이질적인 산업 간 융합 및 복합화를 정보기술이 연결하고 지원하는 형태의 비즈니스의 신규 모형들이 대두되면서 기업 변환(Transformation)의 동력으로 e비즈니스를 선택하려는 움직임이 확대되고 있다. 따라서 본 저서는 산업 내 복잡한 이해관계를 갖는 기업들을 이들이 보유한 비즈니스 모형을 중심으로 사회관계망 분석을 통하여 형상화하고 기업 간 전략적 제휴와 공정경쟁을 유도하기 위한 산업 내 클러스터링(Clustering)을 지원할 허브정보시스템의 분석과 설계 방법론을 사례를 통하여 제시하고자 한다.

본 저서에서는 제시하는 사례는 컨벤션 산업인데 이 산업은 매우 복잡한 이해관계를 지닌 기업들의 네트워크로 형성되어 산업 내 클러스터링 사례로 매우 의미가 크다. 또 지금까지 제조업 범위 내에서 기업 간 클러스터링의 경제적 성과나 구현방법은 많이 연구되었지만 컨벤션 산업과 같은 서비스 산업에서 기업 간 클러스터링의 효과나 구현방법에 관한 연구가 일천하였기 때문에 우리가 제시하는 컨벤션 산업의 사례는 매우 의미가 있는 연구이다.

컨벤션 산업의 환경적 구조적 특징을 설명하면 지금까지 이 산업은 협력과 이해를 바탕으로 한 공정경쟁보다는 은밀한 개인 네트워크를 활용한 불공정 경쟁이 주류를 이루고 있는 상황이었다. 개인이 보유한 정보의 기밀성이 중요하니 타 기업과 공유할 수 있는 정보가 없고 서로 자신이 보유한 정보를 공개하지 않으니 컨벤션 산업발전을 위한 기본적인 통계조차도 제대로 확보할 수 없는 상황에 빠지고 말았다. 특히 지방에 컨벤션센터가 건립되고 각 지방에 컨벤션을 유치하기 위한 전담조직으로 컨벤션뷰로가 등장하면서 지역 간 및 지역 내 컨벤션산업의 협력과 경쟁은 더욱 치열해졌다. 한국관광공사의 코리아 컨벤션 뷰로가 컨벤션 산업을 위한 기초통계를 마련하고자 문화관광부로부터 예산을 받아 컨벤션을 유치하고 개최하면 기념품이나 지원금을 제공하는 사업을 진행하면서 컨벤션업계로부터 진행된 컨벤션에 관한 기초자료를 수집하고 있으나 기업회의, 인센티브 관광 등에 관한 정보는 대부분 누락되고 있는 실정이다. 따라서 국가 차원의 컨벤션 산업의 발전을 위해서는 산업 내 참여기업들 간에 이해와 공감대가 필요하고 이들을 효율적으로 지원할 산업클러스터링과 이를 지원할 허브정보시스템이 필요하게 되었고 연구자들은 사회관계망 분석을 통하여 이러한 상황과 전반적 산업 환경에 관한 서로의 이해를 증진하고자 새로운 연구를 시도하게 되었다. 새로운 연구는 다음과 같은 내용을 주요 연구목적으로 하였다. 첫째 전통적인 산업클러스터의 개념과 특징을 살펴보면서 한국의 독창적인 클러스터링의 개념과 내용을 분석하고 정의하였다. 둘째 복잡한 관련 기관들의 제휴와 경쟁관계를 사회관계망을 통하여 분석하고 이들 간의 비즈니스 모형을 통한 상호관련성을 분석하였다. 셋째 분석된 결과를 바탕으로 기업 간 제휴부문과 경쟁규칙을 구체화하고 이를 UML로 모델링한 결과를 제시하였다. 넷째 모델링 결과를 클러스터링 허브정보시스템의 분석과 설계에 반영하고 그 결과를 제시하였다.

# e-산업클러스터(Electronic Industrial Cluster)

　Michael Porter가 최초로 주장한 클러스터의 개념은 특정 국가가 특정 산업에서 성공하게 된 원인을 파악하면서 등장하였다. 발견한 주요 원인은 다음과 같다. 특정 국가나 지역이 비교우위에 있는 국내 혹은 세계시장을 대상으로 경쟁우위에 있는 제품에 특화하여 대량 생산하게 되면서 보다 그 제품에 전문화되고 강한 관계에 있는 기업들이 같은 지역이나 인접한 지역에 입지하게 되면 주문비용, 물류비 등이 절감되고 생산 기반요소들과 정보 및 지식은 쉽게 공유되어 이익의 규모는 크게 확대되므로 그 이익을 공동으로 향유하려는 기업 네트워크가 자연발생적으로 만들어지는데 이것이 산업클러스터인 것으로 설명하였다.

　이러한 산업 내 근접성은 지식과 기술의 교환을 촉진시키고, 가치사슬을 공유하는 산업 간 근접입지는 지역 및 국가 경쟁력 우위의 원천으로 작용하는 것으로 알려져 있다. 그러나 부품 및 중간재 공급업체의 인접성이 경쟁력을 좌우하는 제조업과는 달리 서비스업이나 콘텐츠 산업의 경우에는 지리적 근접성보다는 정보 및 지식의 공유와 이를 활용한 부가가치 사슬의 창조가 핵심역량이 되는 특성을 보이고 있으며 이를 정책적으로 지원하기 위하여 이들 산업들에 정보기술을 접목시킨 것이 e-산업클러스터 정보시스템이라고 할 수 있다. 이러한 e-산업클러스터 정보시스템은 시간과 공간적 개념을 초월하여 기업 간 전략적 제휴를 지원하고 산업 내 투명하고 공정한 경쟁규칙을 설정하여 산업의 체계적이고 과학적인 발전을 도모하면서 산업의 국제경쟁력을 강화시켜 나간다는 점에서 기존의 산업클러스터 개념을 보완할 수 있다.

e-산업클러스터는 기업 간의 거래관계를 반드시 수반하지 않는 경우도 많다는 점과 수익이나 원가절감 측면의 거래비용과 관련되지 않을 수 있다는 점에서 e-Marketplace와는 차이가 있다. 또 기업 간 장기간의 공급사슬(Supply Chain)을 형성하지 않고 오히려 언제든 기업 간 제휴 네트워크의 단절과 변경이 가능하다는 점에서 장기적 계약을 기반으로 협력하는 SCM과도 차이가 있다. 그러나 기업 간 제휴를 통하여 산업의 부가가치 네트워크가 그 때마다 새롭게 창출된다는 점과 기업 간의 경쟁이 아니라 기업 군으로 형성된 부가가치 네트워크 간의 경쟁이 이루어지며 이러한 네트워크의 연결이 e-산업클러스터 중심으로 이루어진다는 특징이 있다. 이러한 e-산업클러스터는 각 산업들과 IT가 융합화하고 복합화하면서 나타나는 새로운 사회적 현상이라고 할 수 있다. 이러한 사례는 미국의 APEX(Accepted Practices Exchange) 프로그램에서 찾아 볼 수 있는데 이 기구는 미팅, 컨벤션, 전시산업을 대표하는 32개 조직의 연합체로 구성된 컨벤션산업협의회(Convention Industry Council)에 의해 추진되고 있으며, 협의회는 미팅, 컨벤션, 전시 산업에 있어서 업무프로세스와 상호간 협업의 효율성을 극대화하기 위해 산업에서 널리 인정되는 표준을 개발하고 구축하기 위한 프로그램이다(http://www.conventionindustry.org/apex/ apex.htm). 이 시스템의 주요 기능은 산업표준용어, 사후 이벤트 DB구축, 이벤트 스펙 가이드, 숙박과 등록표준, RFP, 계약, 미팅과 사이트 프로파일, 각종 관광관련 시스템과의 기술연계, 컴퓨터간 데이터 이관 및 연계, 파트너와의 공동작업, 기술표준의 채택, 인력 채용 및 구직, 교육도구 제공 등 사실상 컨벤션, 이벤트 산업에 관련된 필요한 대부분의 정보와 지식을 담고 있기 때문에 이 사이트를 중심으로 참여기업 간의 제휴와 협업이 신속하고 자유롭게 진행되며 필요한 인

력 조달뿐 아니라 표준에 관한 정보 및 진화된 지식의 공급이 이루어지기 때문에 컨벤션 산업의 실질적인 클러스터링 기능을 수행하고 있다. 본 저서의 대상이 되는 컨벤션 산업의 e-산업클러스터의 경우에도 산업 내의 복잡한 기업 간 이해관계와 다양한 비즈니스 모형 그리고 치열한 경쟁상황 속에서 각 참여자들 간의 접점을 파악하고 니즈를 분석하여 기업 간 제휴 네트워크를 통해 협업의 장을 만들어주고 사후 이벤트 정보에 대한 공개를 비롯한 공정한 경쟁규칙을 시스템에 반영하여 중장기적인 산업발전의 원동력을 제공하는 것을 목표로 하였다.

## 2.1 기업 네트워크의 지배구조로서 e-산업클러스터

전 절에서도 설명하였듯이 신제도주의 경제학파에 의하면 네트워크는 하나의 계약관계(contractual relations)를 관리하고 지배한다는 의미이고(김용학, 2003) 네트워크 지배란 "독립적인 조직들이 협동을 통하여 부가가치를 창출하기 위해서 자원과 서비스를 교환하고 이를 상호 관리하는 특정한 방식"(Johnston and Lawrence, 1988)으로 정의된다.

이러한 기업 네트워크의 우월성을 산업차원에서 보장해주고 지원해주는 기업 네트워크의 지배구조로서 e-산업클러스터가 하나의 해결책으로 의미를 갖게 된다. 기업 네트워크에서 e-산업클러스터 의 역할은 첫째 산업 내 표준과 공정한 경쟁규칙을 설정함으로써 감시비용의 절감을 지원하고 기업 간 신뢰도를 향상시킨다. 둘째 기업 네트워크 간의 자유로운 제휴와 경쟁을 위한 정보와 지식을 제공함으로써 기업의 기술혁신과 새로운 비즈니스 모형의 창출을 용이하게 한다. 셋째 산업에 필요한 인력의 모집, 교육, 채용을 지원함으로써 지속가능한 산업의 성장을 도모하게 한다. 넷째 기업 네트워크 간의 경쟁이 지나치게 단기 효율성을 추구하여 장기적 산업의 부가가치를 저해할 경우 상보적 갈등조정에 나설 수 있고 새로운 부가가치 창출을 위한 다양한 아이디어를 제공할 수 있는 산업기반의 역할을 수행한다. 전통적인 경제학 관점에서 산업클러스터는 특정 산업의 공간적 근접성과 부가가치의 함수로 표현되지만 e-산업클러스터는 사이버공간의 근접성(특정 산업의 허브시스템)과 부가가치의 함수로 표현된 것이다. 실제로 전종근(2002)은 오프라인의 기업만이 거리, 시간, 규모 등을 통한 고객흡인력을 보유하는 것이 아니라 온라인 상점도 링크, 스폰서 사이트, 인터페이스 등을 통한 고객흡입력이 존재한다는 것을 실증적으로 증명한 바 있다.

## 2.2 e비즈니스 모형의 고찰

최근 e비즈니스 모형은 상당히 다양하다. 이 중에는 순수하게 개발된 것도 있으며, 기존 모형들이 조금씩 변형된 것도 있고, 여러 모형들이 서로 결합되어 새로운 모형이 된 것도 있다. 이에 따라 비즈니스 모형의 분류 기준도 매우 다양하다. 각 기준을 통한 분류 방법을 문헌 조사를 토대로 요약하면 〈표 7〉과 같다. 〈표 7〉과 같이 다양한 비즈니스 모형의 분류 기준이 존재하는 이유는 e비즈니스의 특성과 밀접한 관계가 있다. e비즈니스는 그 특성상 고객의 욕구(needs)를 빠르게 파악하고 이를 기업 경영에 빠르게 반영하여 제품이나 서비스를 고객에게 빠르게 제공해야 하는 속도 경영이 생명이기 때문이다. 또 하나의 이유는 명확한 e비즈니스 모형에 대한 합의가 이루어지지 않았기 때문이기도 하다.

<표 7> e비즈니스 모형의 분류 기준과 유형

| 분류기준 | | 유 형 | 연구자 |
|---|---|---|---|
| 거래별 유형에 따른 분류 | 거래상대의 구분 | B2B, B2C, B2G, C2C | 박용찬 (2000) |
| | 거래상품의 구분 | 물리적 상품, 디지털 상품 | |
| | 제공가치의 구분 | 가격 지향형, 편의/신속 지향형, 맞춤 지향형 | |
| | 판매방식의 구분 | 판매형, 마케팅형, 중계형, 정보제공형, 커뮤니티형 | |
| 판매방식에 따른 분류 | 판매형 비즈니스 모형 | 전문점 | 이주호 · 김상우 (1999) |
| | | 종합쇼핑몰 | |
| | | 서비스 직접 제공 (금융, 교육, 오락, 상담 등) | |
| | 중개형 비즈니스 모형 | 경매, 역경매 사이트 | |
| | | 서비스 중개(여행, 주식, 예약 등) | |
| | | 실물 중개 (구매입찰, 물물교환, 생활정보 등) | |
| | 마케팅형 비즈니스 모형 | 광고, 이벤트 | |
| | | 시장조사, 패널 | |
| | | 온라인 고객상담, 온라인 조회, 온라인 문의 | |
| | 정보제공형 비즈니스 모형 | 신문, 잡지, 방송 | |
| | | 검색엔진, 가격 비교, 상품추천 | |
| | | 기타 정보, 콘텐츠 | |
| | 커뮤니티형 비즈니스 모형 | 포털 사이트 | |
| | | 전문 커뮤니티 | |

  현재 보편적으로 사용되는 비즈니스 모형의 분류 기준은 박용찬(2000)이 제시한 거래 상대, 상품의 유형, 제공 가치, 판매 방식에 따른 구분이다. 본 저서는 박용찬의 분류 기준 중에서 판매 방식의 구분을 이용하였으며 이주호와 김상우(1999)가 제시한 세부 분류기준을 컨벤션 산업에 맞추어 〈표 8〉과 같이 11가지의 세부 비즈니스 모형을 중/소분류로 구성하였다. 저자들

은 〈표 8〉에서 제시된 중소분류 11가지 비즈니스모형을 기반으로 전략적 제휴모형을 분석하고 제안한다.

〈표 8〉 판매 방식을 기준으로 세분화된 e-비즈니스 모형의 분류

| 대분류 | 소분류 | 기호* |
|---|---|---|
| 공적비즈니스모형 | 정책지원 서비스 | BM1 |
| | 공적 서비스 중개 | BM2 |
| 판매형 비즈니스모형 | 전문점 | BM3 |
| | 서비스 직접제공 | BM4 |
| 중개형 비즈니스모형 | 서비스 중개 | BM5 |
| | 실물 중개 | BM6 |
| 마케팅형 비즈니스모형 | 시장조사, 패널 | BM7 |
| | 온라인 고객상담, 온라인 조회 | BM8 |
| 정보제공형 비즈니스모형 | 신문, 잡지, 방송 | BM9 |
| | 정책보고서, 컨설팅 | BM10 |
| 커뮤니티형 비즈니스모형 | 협회, 전문 커뮤니티 | BM11 |

* 기호는 사회관계망 분석에서 사용한 소분류 비즈니스 모형의 구분을 위함

# 강소기업 네트워크 정보화 사례분석

## 3.1 컨벤션 e-산업클러스터 참여기업들의 분석과 설계절차

컨벤션 산업은 한 기업이 컨벤션과 관련된 모든 과정을 수행하기가 어려운 특징을 보유하고 있다. 따라서 여러 개 기업들이 각자의 비즈니스 모형을 중심으로 상호 연결함으로써 네트워크의 부가가치를 창출하는 전형적인 기업 간 네트워크 산업이다. 예를 들면 컨벤션 뷰로(Convention Bureau)는 각 지역자치단체를 중심으로 해당지역에 국제회의를 보다 더 많이 유치하려는 목적으로 만들어진 조직이기 때문에 컨벤션 유치와 관련된 비즈니스 모형을 보유하고 있다. 또 컨벤션 센터는 컨벤션의 개최지로서 설립되었기 때문에 각 지역에 유치된 컨벤션이 성공적으로 개최될 수 있도록 지원하는 비즈니스 모형을 보유하고 있다. professional는 전문컨벤션 기획사로서 컨벤션의 기획과 진행을 중심으로 한 비즈니스 모형을 보유하고 있다. 호텔은 컨벤션 참여자들의 숙박과 식사를 중심으로 하는 비즈니스 모형을 소유하고 있고 한국관광공사의 코리아 컨벤션 뷰로는 국내 컨벤션산업의 현황조사와 분석을 총괄하면서 국제 컨벤션의 국내유치를 위하여 지원하는 비즈니스 모형을 가지고 있다.

여행사는 컨벤션에 참여하는 관광객들에게 다양한 볼거리, 먹거리, 놀거리 등을 제공하는 비즈니스 모형을 보유하고 있다. 그 밖에도 항공사는 국제컨벤션 참여자들의 항공운송을 맡고 있고 운송회사는 컨벤션 참여자들의 이동을 지원하는 비즈니스 모형을 가지고 있으며 컨벤션 개최 및 진행과 관련된 광고대행사, 인쇄 및 출판업자, 웹 사이트 개발업체, 컨벤션 관련 시설 임대업체 등 수 많은 기업들이 다양한 비즈니스 모형을 서로 연결시키면서 컨벤션 산업을 발전시키고 있다. 더욱이 한 기업이 하나의 비즈니스 모형을 가지고 있는 것이 아니라 여러 개의 비즈니스 모형을 보유하고 있기 때문에 매우 이해관계가 복잡하고 정보에 민감하며 상호 신뢰감이 결여되어 있어서 공동의 이익을 추구하기 어려운 상황이다. 본 저서는 이러한 산업계의 바람직하지 못한 특성을 오히려 기업 네트워크 간의 공정한 경쟁규칙을 만들고 참여기업의 중복투자를 최소화하면서 자유롭게 상호 간의 비즈니스 모형을 중심으로 제휴할 수 있는 e-컨벤션 산업클러스터 허브시스템의 분석과 설계를 진행하고자 한다. 이러한 e-컨벤션 산업클러스터 허브시스템에서는 가장 중요한 분석이 각자의 비즈니스 모형을 중심으로 한 기업 간 네트워크에 관한 분석이며 이를 위해서 본 저서는 사회관계망을 활용하였다.

컨벤션 e-산업클러스터 정보시스템의 구축에 참여한 대표 기업은 모두 75개 업체였으며 참여업체의 수와 분류는 다음 〈표 9〉와 같다. 본 저서와 관련하여 인터뷰에 참여한 참여업체 대표자들은 주로 사장 등 주로 임원진이었으며 최소한 과장급 이상으로 컨벤션 산업의 경력이 5년 이상인 전문가들로 구성되어 있다.

| 구 분 | 업체 수 | 구 분 | 업체 수 |
|---|---|---|---|
| 정부(G*) | 1 | 호텔(H) | 6 |
| 컨벤션 센터(C) | 8 | 컨벤션 뷰로(CV) | 7 |
| 여행사(T) | 4 | 지역관광공사(RT) | 3 |
| 지자체(RG) | 6 | PCO(PC) | 21 |
| 관광/컨벤션 학계(R) | 7 | 코리아 컨벤션 뷰로(KCV) | 1 |
| 항공사(AR) | 2 | 연구원(R) | 3 |
| 각종 민간협회(TA) | 5 | 합계 | 75 |

*️ 괄호 안은 사회관계망 분석에서 사용한 참여업체 구분을 위한 영문약자임

## 3.2 사회관계망 분석의 적용

우리는 e-컨벤션 산업클러스터 허브시스템 구축에 참여하고 있는 기업들의 비즈니스 모형을 11가지 유형으로 구분하고, 각 유형에 대한 개별 기업의 정보를 이용하여 기업들 간의 관계를 분석하였다. 〈그림 8〉은 개별 기업들이 현재 비즈니스 모형을 통하여 제휴하고 경쟁하고 있는 상황을 나타낸 것이다. 이 그림에서 주의 깊게 분석해보아야 할 내용은 비즈니스 모형을 중심으로 한 기업 간 네트워크의 구조이다. 〈그림 8〉의 네트워크에서 가장 중심을 차지하고 있는 기관은 코리아 컨벤션 뷰로이고 이 기관이 보유한 BM2 즉, 공적 서비스 중개라는 비즈니스 모형을 중심으로 각 지역자체단체와 각 지역 컨벤션 뷰로 및 지역관광공사들이 연결되어 있다. 또 역시 BM2의 비즈니스 모형을 보유한 각 지역 컨벤션 뷰로를 중심으로 BM5(서비스 중개)의 비즈니스 모형을 보유한 각 지역의 컨벤션 센터와 연결되어 있고 다시 이들 기업은 BM4(서비스 직접제공)의 비즈니스 모형을 가진 PCO와 연결되어 있으며 이들 기업은 BM6(실물중개) 비즈니스 모형을 보유한 여

행사, 호텔, 항공사와 연결되어 있다. 한편 코리아컨벤션 뷰로는 BM9(신문/잡지)의 비즈니스 모형을 통하여 BM7(시장조사/패널)의 비즈니스 모형과 BM10(정책보고서/컨설팅)의 비즈니스 모형을 보유한 학계 및 각종 연구소와 연결되어 있고 BM11(전문 커뮤니티)의 비즈니스 모형을 보유한 각종 관광/컨벤션 협회와 연결되어 있다. 이 그림에 의하면 각 참여기업들은 타 기업들과 상호 중첩되는 비즈니스 모형을 보유하면서 다른 비즈니스 모형을 통해 제휴하고 있는 것으로 나타나서 완전한 협력이 아닌 때에 따라서는 상호 경쟁관계로 변화할 가능성이 상시적으로 존재한다는 것을 확인할 수 있다.

어쨌든 컨벤션 산업에 참여하고 있는 기업들은 매우 복잡한 상호 제휴 네트워크를 통해 컨벤션을 유치하고, 기획하고, 개최하고, 진행하고, 수익을 창출하는 부가가치 네트워크의 형태라는 것을 알 수 있다.

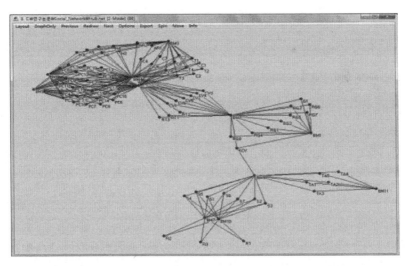

〈그림 8〉 현재 및 향후의 비즈니스 모형을 이용한 기업 간 연관관계

다음 〈그림 9〉와 〈그림 10〉은 기업 간 상호 제휴 및 경쟁의 네트워크를 보여주고 있다. 매우 많은 기업들이 매우 복잡한 이해관계로 연결되어 있다

는 것을 확인할 수 있으며 특히 민간부문에 속하는 PCO, 컨벤션 센터, 여행사의 비즈니스 모형과 관련하여 상호관계가 매우 복잡하다는 것을 알 수 있다. 여기서 재미있는 것은 기업 간 협력 네트워크를 살펴보면 T4-TA2-R1-S1-RG1-PC7- C3-CV4-H4, 혹은 T1-H6-CV2-C2 등으로 연결되어 있는 것을 볼 수 있다. 즉 여행사-관광/컨벤션 협회-연구원-학계-지자체-PCO-컨벤션센터-컨벤션 뷰로-호텔 등으로 연결이 된다는 것이다. 협력 네트워크는 결국 컨벤션 유치부터 개최, 진행기획, 관광연계, 숙박, 수송 등의 연결로 이루어진 부가가치 네트워크인 것이다. 따라서 e-컨벤션 산업클러스터 허브시스템을 통한 컨벤션 산업 경쟁력 강화전략은 이처럼 자율적으로 형성되는 기업 간 제휴 네트워크들 이 상호 공정한 경쟁이 이루어질 수 있도록 규칙을 만들고 기업 간 제휴 네트워크가 긴밀하게 부가가치를 창출할 수 있도록 필요한 공동의 프로세스 지원기능과 산업 통계정보, 제휴기업 정보, 인력정보, 기업 간 거래기능을 지원하면서 각종 산업지식 및 산업표준을 제공하는 기능 등이 중점 전략과제로 선정되어야 한다. 특히 산업 내 참여기업의 유형 별로 정보화 수준의 격차가 매우 큰 것으로 나타났기 때문에 이를 반영한 시스템의 구축이 매우 중요하다고 할 수 있다.

컨벤션 e-산업클러스터 정보시스템에 있어서 또 다른 중요 문제는 컨벤션 e-산업클러스터 정보시스템의 구축과 운영의 주체를 설정하는 것인데 이렇게 복잡한 상호 이해관계는 서로의 기득권과 주도권이 걸려있는 문제이며 이미 각종 협회와 전문기업 및 연구원의 경우 상당한 수준의 정보시스템 수준을 보이고 있기 때문에 상호 양보할 수 없는 의사결정이다. 따라서 컨벤션 e-산업클러스터 정보시스템 구축사업에 참여하는 기업들이 합리적으로 수긍하고 인정할 수 있는 구축과 운영주체의 선정이 중요하였다. 이를 위하여 본 저서는 〈그림 9〉와 같은 복잡한 기업의 협력 네트워크에서 기업 간 허브(Hub)와 브로커(Broke)의 역할을 수행하는 기업이 구축 및 운영의 주도권을 갖는 것이 합리적이라고 판단하고 연결중앙값과 매개중앙값을 조사하였다.

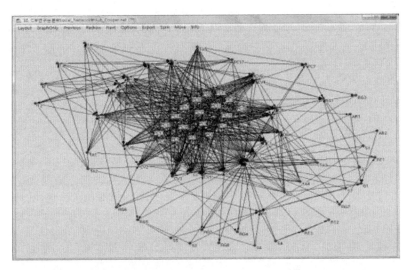

〈그림 9〉 컨벤션 e-산업클러스터 정보시스템 구축 참여기업 간 협력 네트워크

네트워크 분석에서 허브의 능력은 연결중앙성으로 측정하는데 이것은 특정노드와 연결된 링크의 수와 총 노드에서 자신을 뺀 노드 간의 비율을 의미하며 자신과 연결된 노드의 수가 많을수록 연결중앙값이 높아지는데 이를 수식으로 나타내면 이미 이전에 설명했듯이 〈수식 1〉과 같다.

$$C(n_i) = \frac{\sum_{j}^{n} x_{ij}}{n-1} \dotsc\dotsc\dotsc\dotsc\dotsc\dotsc\dotsc〈수식 1〉$$

C : 노드 i의 연결중앙성,  n: 총노드 수,  Xij = i와 j간의 연결 수

컨벤션 e-산업클러스터 정보시스템 구축에 참여하는 기업의 유형 별

로 협력 네트워크의 연결중앙값을 비교해보면 다음 〈표 1〉과 같이 요약된다. 연결중앙값이 가장 높은 참여기업은 관광공사의 코리아 컨벤션 뷰로로 0.88로 나타났는데 이것은 코리아 컨벤션 뷰로가 지금까지 컨벤션산업의 통계조사, 자료발간, 사업지원, 해외컨벤션 유치정보 제공 등과 같은 중요한 역할을 수행해왔기 때문인 것으로 보인다. 다음으로 연결중앙값이 높은 기업유형은 컨벤션 센터로 0.6으로 나타났고 그 다음은 PCO로 0.58로 나타났다. 컨벤션 산업의 주요 참여기관인 세 기관이 기업 협력 네트워크에서 주요 허브기능을 수행하고 있는 것으로 파악되었다.

다음으로 기업 협력 네트워크에서 브로커(broke)로서의 역할정도를 파악하기 위하여 매개중앙값을 평가하였는데 매개중앙값은 어떤 노드가 다른 노드로 가기 위해서 반드시 특정 노드를 거쳐야 하는 정도로 정의할 수 있다. 이러한 매개중앙값이 높을수록 전체 네트워크에 대한 파급효과가 크다는 것을 의미하며 이를 수식으로 표현하면 다음 〈수식 2〉와 같다.

$$B(n_i) = \frac{\sum_{j<k}^{n} z_{jk}(n_i)/z_{jk}}{(n-1)(n-2)/2} \qquad \text{〈수식 2〉}$$

B(ni) : 노드 i의 매개중앙값,

Zjk(ni) : j와 k를 최단경로로 연결할 때 노드 i를 거치는 경우

Z: 최단경로행렬

위 수식을 통한 매개중앙값 분석결과는 다음 〈표 10〉에 제시되어 있으며 매개중앙값이 가장 높은 기업은 관광공사의 코리아 컨벤션 뷰로로 0.7로 나타났고 다음은 관광/컨벤션 관련 협회로서 0.06으로 나타났으며 다음은 호텔로서 0.01로 나타났다. 코리아 컨벤션 뷰로와 다른 기업들의 매개중앙값 차이는 압도적인 것으로 나타나서 컨벤션 산업 네트워크 내에서 다

른 기업과 협력하고자 한다면 코리아 컨벤션 뷰로를 통하는 것이 가장 빠른 지름길이라는 것을 알 수 있다. 이러한 네트워크 위치를 전략적으로 활용하기 위해서는 코리아 컨벤션 뷰로가 기업 간 제휴 네트워크를 형성할 수 있는 정보를 제공하고 컨벤션 산업의 부가가치 네트워크를 형성할 수 있도록 지원하는 기능과 역할이 꼭 필요하다고 할 수 있다. 따라서 본 저서는 연결중앙값과 매개중앙값을 고려할 때 e-컨벤션 산업클러스터 허브시스템의 구축과 운영은 코리아 컨벤션 뷰로가 맡는 것이 기업 간 협력 네트워크를 고려할 때 가장 합리적이라는 것을 알 수 있었다.

〈표 10〉 컨벤션 e-산업클러스터 참여기업 유형별 협력 네트워크 연결중앙값과 매개중앙값

| 참여기업 유형 | 연결중앙값 | 매개중앙값 |
|---|---|---|
| 문화관광부 | 0.48366 | 0.0003 |
| 컨벤션센터 | 0.599029 | 0.0089 |
| 여행사 | 0.432749 | 0.0041 |
| 연구원 | 0.506225 | 0.0003 |
| 지자체 | 0.486763 | 0.0010 |
| 학계 | 0.479191 | 0.0000 |
| 항공사 | 0.485502 | 0.0034 |
| 협회 | 0.530029 | 0.0632 |
| 호텔 | 0.521223 | 0.0140 |
| 컨벤션 뷰로 | 0.588441 | 0.0093 |
| 코리아 컨벤션 뷰로 | 0.880952 | 0.6967 |
| 지역관광공사 | 0.477419 | 0.0000 |
| PCO | 0.580555 | 0.0008 |
| 평균 | 0.54000 | 0.0600 |

다음 〈그림 10〉은 컨벤션 e-산업클러스터 정보시스템 구축에 참여한 기업 간의 경쟁 네트워크를 보여주고 있다. 경쟁은 PCO, 호텔, 컨벤션센터,

여행사, 연구소 등 기본적으로는 각 참여기업의 유형별로 일어나고 있다는 것을 알 수 있다. 그러나 자세히 살펴보면 경쟁이 이들 동종업계만이 아니라 타 유형에 속하는 기업과도 어느 정도의 경쟁이 이루어지고 있다는 것을 알 수 있다. 예를 들면, 호텔의 경우 그 규모가 클 경우 자체적으로 컨벤션을 개최할 수 있는 시설을 보유하고 있어서 실제로 컨벤션 센터와 경쟁이 가능하고 또 호텔 내에 컨벤션 기획사를 두어 컨벤션 진행과 기획을 하기도 하여 PCO와도 경쟁이 가능하다. 또 서울지역 호텔들의 경우 정기적으로 기업회의를 유치하고 개최하는 경우도 많아서 타 유형의 기업 네트워크만을 고려했을 때는 가장 경쟁이 치열한 기업유형이다. 그 외에도 컨벤션 센터 중에는 자체 PCO기업을 보유하고 있는 경우도 있고 컨벤션 뷰로 중에도 공공부문이 아닌 민영기관이 운영하며 컨벤션 센터의 운영과 함께 수익성을 추구하는 경우도 있었으며 여행사 중에 PCO를 겸하고 있는 기업도 있었다. 그러나 이러한 참여 기업의 유형 간 경쟁은 동종 기업 간 경쟁에는 비교할 바가 아니다. 또 사회관계망 분석에서 파악될 수 있는 것은 지역 간 경쟁이 치열하다는 점이다. 서울, 부산, 대구, 대전, 광주, 제주, 일산 등 컨벤션 센터를 중심으로 각 지역의 기업 간 제휴 네트워크들이 서로 경쟁하고 있다는 것을 확인할 수 있다. 예를 들면 H6, H2, H4는 호텔을 의미하는데 이들은 서로 경쟁하지 않고 H1, H5, H3는 모두 서울에 있는 호텔들이기 때문에 서로 경쟁하게 된다. 앞서 지적하였듯이 각 지역별로 컨벤션 뷰로를 중심으로 한 기업 간 네트워크들 끼리 해외 컨벤션의 국내유치를 놓고 서로 경쟁하는 구도로 전개가 된다. 그런데 이러한 네트워크 간 경쟁의 프로세스를 분석해보면 컨벤션 유치, 개최, 진행 프로세스가 매우 유사하고 수행되는 업무도 매우 유사하며 필요로 하는 정보나 지식도 유사할 뿐만 아니라 심지어 의사결정의 과정도 유사한 것을 확인할 수 있었다. 그러나 경쟁이 치열하고 혼탁하여 상호 정보의 교류나 업무 프로세스의 공유 및 지식의 공개는 매우 어려운 특징을 가지고 있으며 정보화 수준이 매우 낮아서 국가적 컨벤션 산업의 경쟁력을 강화하기 위해서는 신속한 피드백구조와 의사결정구조의 지원을 위한 정보화 투자가 불가피한 상황이다.

〈그림 10〉에서도 알 수 있듯이 PCO 간, 지역정부 간, 컨벤션 뷰로 간, 컨벤션 센터 간, 여행사 간 경쟁은 매우 치열한 상황인 것을 확인할 수 있다. 따라서 본 저서는 기업 간 경쟁 네트워크를 확인하고 참여기업 유형 별로 연결중앙값과 매개중앙값을 측정하여 어떠한 기업 유형의 경쟁이 가장 치열한지를 파악하고 공정경쟁을 유도할 수 있는 정보시스템의 지원 기능이나 정보 및 지식이 무엇인지를 파악해보기로 하였다.

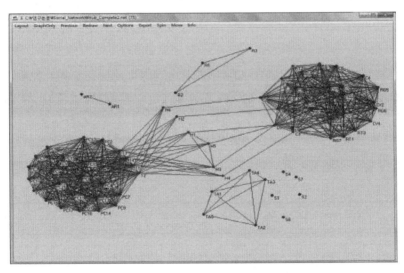

〈그림 10〉 전략적 위치, 경쟁 상황, 기업 성과에 관한 분석결과

컨벤션 e-산업클러스터 정보시스템 구축에 참여하는 기업의 유형 별로 경쟁 네트워크의 연결중앙값을 비교해보면 다음 〈표 11〉과 같이 요약된다. 연결중앙값이 가장 높은 참여기업은 여행사로 0.366으로 나타났는데 이것은 컨벤션 산업의 가치사슬 중 가장 하위에 위치하고 있기 때문이며 또 영

업이 전적으로 기업이 보유한 인적 네트워크에 의존하기 때문이기도 하다.
두 번째로 연결중앙값이 높은 기업유형은 PCO로 0.29로 나타났으며 역시
컨벤션 산업의 가치사슬 중 하위 부분에 위치하고 있고 진입장벽이 낮아 쉽
게 진퇴가 용이하며 수많은 인적 네트워크에 의존하는 바가 크기 때문이다.
세 번째로 연결중앙값이 높은 기업유형은 호텔로 0.253으로 나타났다. 호
텔의 경우 위 〈그림 10〉에서도 알 수 있듯이 동종 기업 간의 경쟁보다는 이
종 기업 간 경쟁 네트워크가 매우 발달되어 있다는 것을 알 수 있다.

매개중앙값이 가장 높은 기업도 여행사로 0.03으로 나타났고 다음은 호
텔로서 0.013으로 나타났으며 다음은 컨벤션 센터로서 0.01로 나타났다.
여기서 연결중앙값에 0인 기업은 경쟁관계가 없는 기관을 의미하고 매개중
앙값이 0인 기업은 직접적인 경쟁이외에 다른 기업을 통한 간접적인 경쟁

〈표 11〉 컨벤션 e-산업클러스터 기업 유형별 경쟁 네트워크의 연결중앙값과 매개중앙값

| 참여기업 유형 | 연결중앙값 | 매개중앙값 |
|---|---|---|
| 문화관광부 | 0 | 0 |
| 컨벤션센터 | 0.165766 | 0.011524 |
| 여행사 | 0.365926 | 0.030544 |
| 연구원 | 0.04 | 0 |
| 지자체 | 0.12 | 0 |
| 학계 | 0 | 0 |
| 항공사 | 0.026667 | 0 |
| 협회 | 0.066667 | 0 |
| 호텔 | 0.253416 | 0.013822 |
| 컨벤션 뷰로 | 0.08 | 0 |
| 코리아 컨벤션 뷰로 | 0 | 0 |
| 지역관광공사 | 0.057778 | 0 |
| PCO | 0.290588 | 0 |
| 평균 | 0.1128 | 0.004 |

쟁관계가 단절되는 기업들을 의미한다. e-컨벤션 산업클러스터 허브시스템 구축에서 직접경쟁에서는 여행사, PCO, 호텔의 부가가치 증대를 위한 공정한 경쟁규칙을 유도하고 이를 지원할 필요가 있고 간접경쟁에서는 컨벤션 센터를 중심으로 한 기업 네트워크 간 경쟁이 효율적으로 진행될 수 있도록 컨벤션 유치, 개최, 진행, 결과보고에 이르는 전체 프로세스를 개선하고 관리할 수 있는 시스템 기능이 필요하겠다.

## 3.3 사회관계망 분석을 활용한 시스템 분석

지금까지 본 저서에서는 사회관계망 분석결과 나타난 비즈니스 모형을 통한 기업 간 연관관계, 기업 간 협력 네트워크, 기업 간 경쟁 네트워크를 분석하였다. 분석을 통하여 얻은 정보를 요약하면 첫째, 매우 다양한 비즈니스 모형을 보유한 기업 간 이해관계가 매우 첨예하고 복잡하기 때문에 참여기업 간 이해관계의 파악이 매우 중요하다. 둘째, 비즈니스 모형을 중심으로 한 기업 간 네트워크를 분석한 결과 허브(Hub)와 브로커(Broke)로서의 역할을 가장 잘 할 수 있는 코리아 컨벤션 뷰로가 컨벤션 e-산업클러스터의 구축과 운영을 맡는 것이 합리적이다. 셋째, 기업 간 협력 네트워크는 가치사슬의 방향과 일치하고 있으며 기업 간 협력 네트워크의 형성이 부가가치 네트워크를 형성하고 있고 제휴는 언제든 자유롭게 구축되고 소멸될 수 있다. 넷째 기업 간 경쟁 네트워크는 이종 기업 간의 경쟁도 있지만 가장 큰 부분은 동종 기업 간 경쟁이며 특히 여행사, PCO, 호텔의 경쟁이 격심하고 컨벤션 센터를 중심으로 한 지역 간 기업 네트워크의 경쟁도 심하다는 것을 알 수 있었다.

이러한 극심한 경쟁 속에서 기업들의 무임승차를 막고 합리적이고 공정한 구도로 전환하기 위해서 컨벤션 e-산업클러스터에 참여하는 기업들이 활용할 수 있는 당근을 제시해야 하는데 각 기업들이 경쟁을 위해서 필요로 하는 정보를 얻기 위해서는 협력을 위한 정보를 제공하도록 비즈니스 모형을 설정하는 것이 중요하다. 일단 참여 기업유형별 필요로 하는 정보(받는 쪽)와 제공할 수 있는 정보(주는 쪽)을 분석한 결과가 다음 〈표 12〉에 제시되어 있다. 필요정보와 제공가능 정보를 살펴보면 한쪽의 입력이 다른 쪽의 입력과 연결되어 있다는 것을 알 수 있어서 정확한 정보를 받기 위해서는 참여기업의 협력이 절실하다는 것을 보여주고 있으며 제공 정보의 양과 질에 따라서 얻을 수 있는 정보의 양과 질을 제한하는 것도 좋은 방법일 것으로 생각된다. 특히 호텔의 경우 정확한 인센티브 관광이나 기업회의 관련 자료를 보유하고 있으나 이런 정보를 거의 제공하고 있지 않기 때문에 이에 대한 유인책으로서 필요로 하는 컨벤션 정보가 활용될 수 있을 것이다.

다음 〈그림 11〉은 컨벤션 개최과정에 관한 프로세스를 그린 것인데 기업 간 경쟁 네트워크 구조에서 보았듯이 각 지방에 각 컨벤션 센터가 건립되면

### 〈표 12〉 컨벤션 e-산업클러스터 기업 유형별 필요정보와 제공가능 정보

| 주는 쪽 / 받는 쪽 | PCO | CVB | 컨벤션센터 | KCVB | 호텔 | 다국적 기업 | 학회 | 학술재단 |
|---|---|---|---|---|---|---|---|---|
| PCO | | ·컨벤션행사진행 우선순위 제공 | ·행사진행 우선순위 부여 | ·컨벤션 실적정보 위 부여 / ·컨벤션 통계 | ·과실정보 / ·요금할인혜택 | ·컨벤션제안요청 정보 / ·과거개최지 정보 | ·컨벤션제안요청 정보 / ·과거개최지 정보 | ·학술지원컨벤션재 정보 / ·컨벤션 계획정보 |
| CVB | ·경제적 파급효과정 보 | | ·컨벤션 실적 | ·컨벤션 통계 / ·컨벤션 유치정보 / ·경제파급효과정 보 | ·컨벤션 실적 / ·경제파급효과정 보 / ·숙박관련정보 | ·제안요청정보 / ·개최희망정보 / ·행사예정정보 / ·학회정보 | ·제안요청정보 / ·개최희망정보 / ·행사예정정보 | ·학술지원컨벤션재 정보 / ·컨벤션 계획정보 |
| 컨벤션센터 | ·컨벤션 개최정보 | ·개최장소 우선순 위제공 / ·컨벤션 유치정보 | | ·컨벤션 유치정보 / ·컨벤션 통계 | ·호텔정보제공 | ·행사예정정보 / ·컨벤션 규모정보 | ·행사예정정보 / ·컨벤션 규모정보 | ·학술지원컨벤션재 정보 / ·컨벤션 계획정보 |
| KCVB | ·컨벤션 개최정보 | ·컨벤션 실적 / ·지역관광정보 | ·컨벤션 실적 / ·센터관련 정보 | | ·경제파급효과정보 / ·컨벤션 실적 | ·개최실적정보 / ·유치희망정보 / ·컨벤션지원사업 정보 | ·개최실적정보 / ·유치희망정보 / ·컨벤션지원사업 정보 | ·학술지원컨벤션재 정보 / ·컨벤션 계획정보 |
| 호텔 | ·예상투숙객 수 / ·예상투숙기간 | ·개최숙박우선순 위 / ·컨벤션 유치정보 | ·개최숙박우선순 위 / ·컨벤션 개최정보 | ·컨벤션 통계 | | ·기업의 행사예정 정보 / ·컨벤션규모정보 / ·기업정보 | ·컨벤션행사예정 정보 / ·컨벤션규모정보 / ·학회정보 | - |
| 다국적 기업 | ·PCO 정보 / ·컨벤션 개최실적 / ·컨벤션 제안서 | ·지역관광정보 / ·지역컨벤션 인프 라정보 | ·센터관련 정보 / ·컨벤션센터 실 적 | ·기업의지원정보 / ·한국관광정보 | ·호텔정보제공 / ·기업회의 관련정 보 | | - | - |
| 학회 | ·PCO 정보 / ·컨벤션 개최실적 / ·컨벤션 제안서 | ·지역관광정보 / ·지역컨벤션 인프 라정보 | ·센터관련 정보 / ·컨벤션센터 실적 | ·기업지원정보 / ·한국관광정보 | ·호텔정보 / ·컨벤션개최정보 | - | | - |
| 학술재단 | ·정부지원 컨벤션계 획확인정보 | ·컨벤션보조금정보 / ·정부지원 컨벤션 개최확인정보 | ·정부지원 컨벤션 계획확인정보 | ·정부지원 컨벤션 계획확인정보 | ·호텔개최정보지 원확인정보 | - | ·정부지원컨벤션 개최확인정보 | |

서 컨벤션 센터를 중심으로 각 지역 간 컨벤션 유치를 위한 컨벤션 뷰로 간의 경쟁이 매우 치열해지고 있어서 컨벤션 유치를 위한 빠른 업무처리 위한 시스템 구축의 필요성을 많이 느끼고 있었다. 그러나 컨벤션 뷰로의 업무 프로세스는 거의 동일한 것으로 분석되어 중복구축으로 인한 지방정부 예산낭비가 우려되는 상황이었다. 또한 컨벤션 뷰로가 국내 컨벤션 유치 및

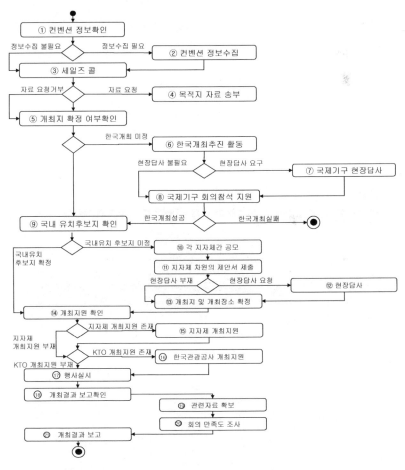

* 출처: 본 Activity Diagram의 목적은 개념적 이해를 위한 것이므로 추가적 활동이나 산출물의 표기를 생략함

<그림 11> 컨벤션 뷰로의 컨벤션 유치 프로세스

개최정보를 집계하여 보고하고 있고 지역 간 컨벤션 유치경쟁의 과열로 인하여 실적을 과장하기도 하고 축소하기도 하기 때문에 정확한 컨벤션 유치 및 개최정보의 확보를 위해서도 컨벤션 유치 프로세스 관리를 위한 워크플로우(Workflow) 시스템을 제공할 필요가 있다.

또한 지역 자치단체 별로 특화된 축제와 문화제를 육성하고 있고 컨벤션 유치, 개최, 진행을 위하여 구성할 수 있는 기업 간 네트워크의 규모에 차이가 있기 때문에 워크플로우를 자유롭게 확장 및 변경시키고 새롭게 추가할 수 있는 유연성이 필요하다. 다음 〈그림 12〉는 각 컨벤션 뷰로의 업무처리 프로세스를 보여주는 것으로 컨벤션 유치 프로세스를 구성하는 각 개별 하위 프로세스(sub-process)를 담당하고 있는 담당자별로 업무진행상황을 관리하는 그림을 보여주고 있다.

〈그림 12〉 합리적 경쟁유도를 위한 컨벤션 유치 워크플로우 시스템

정보의 공개를 극도로 꺼리는 분위기 때문에 공정경쟁을 유도하기 위하여 준비 중인 컨벤션 유치정보와 개최정보는 지속적으로 보안 상태를 유지시키되 유효기간이 지난 정보에 대해서는 적정 기간이후에 자동으로 공시되는 형태의 시스템 구축이 필요하다. 다음 〈그림 13〉은 진척도별로 워크플로우를 관리하면서 보안상황을 실시간으로 점검하는 장면을 보여주고 있다. 특히 시스템시간이 표기되어 업무처리 프로세스와 담당자와 같은 기업정보나 개인정보 이외에 행사관련 정보는 유효기간이 지나면 다른 컨벤션 뷰로를 비롯한 컨벤션 관련 기업들이 검색하고 이용할 수 있게 되며 컨벤션 관련 각종 통계자료는 자동으로 집계되어 시스템에 탑재된다.

〈그림 13〉 공정한 경쟁규칙을 위한 워크플로우 시스템의 보안작용과 공시제도

다음 〈그림 14〉는 코리아 컨벤션 뷰로와 컨벤션 기업 간 네트워크 간의 컨벤션 유치지원 및 실적인증 프로세스를 결합한 새로운 프로세스를 표현

한 Activity Diagram이다. 현재 기업 간 과열된 경쟁으로 인하여 상호 협력을 통해 질 높은 유치신청서를 작성하고 부가가치가 높은 해외컨벤션을 유치하려는 노력보다는 질 낮은 유치신청서로 보다 많은 유치신청을 하고 서로에게 주는 마진을 깎아서 자신의 마진으로 삼으려는 제 살 깎기 경쟁이 횡행하고 있는 상황이다. 따라서 이러한 문제를 해결하기 위해서는 사회관계망 분석에서 고찰한 기업 네트워크 간의 경쟁으로 전환할 필요가 있었다. 따라서 기업 간 협력 네트워크 구성을 효율화시키기 위한 방안으로서 현재 진행되고 있는 컨벤션 유치지원 신청 프로세스와 기업 네트워크의 실적인

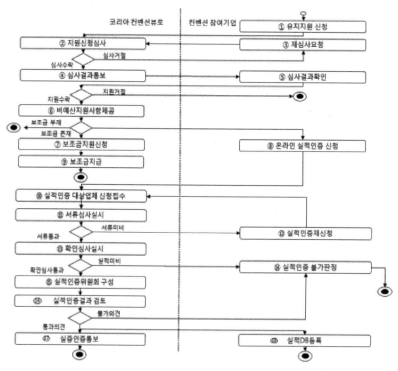

\* 출처: 본 Activity Diagram의 목적은 개념적 이해를 위한 것이므로 추가적 활동이나 산출물의 표기를 생략함

〈그림 14〉 기업 간 부가가치 네트워크 형성을 지원하기 위한 새로운 프로세스 설계

증 프로세스를 결합시키는 아이디어를 생각하게 되었다. 이것은 조기에 기업간 컨벤션 유치, 개최, 진행에 이르는 기업 간 협력 네트워크의 구축을 촉진할 수 있고 이로 인하여 해외 컨벤션 유치를 위한 준비기간을 증가시키고 한국개최를 위한 전략계획수립, 마케팅, 홍보 등 역량을 집중시킬 수 있는 사회적 자본을 축적하는 계기를 제공해주기 때문에 매우 중요하다. 또 컨벤션 유치를 위한 노력의 질적 제고를 가져옴으로써 실질적인 국가보조금의 효용성을 증대시킬 수 있다. 또한 컨벤션 유치와 개최, 진행을 위하여 최선을 다한 기업 네트워크에게 적절한 실적인증을 제공해 주고 성공적인 유치. 개최, 진행, 여행, 숙박에 대해서는 추천제도나 보너스(Bonus) 제도를 도입하여 이들 기업이 다음 기업 간 네트워크 형성에 혜택을 받을 수 있도록 하는 선순환 구조를 지원하도록 시스템 구축이 이루어져야 한다.

다음 〈그림 15〉는 〈그림 14〉에서 설명한 컨벤션 e-산업클러스터 정보시

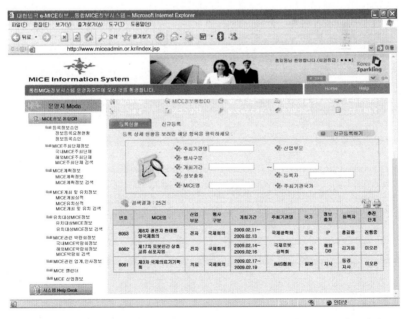

〈그림 15〉 기업 간 부가가치 네트워크 형성을 지원하기 위한 새로운 프로세스 설계

스템 상에서 컨벤션 유치지원 신청 프로세스와 인증프로세스를 수행하는 화면을 보여주고 있다. 단순히 컨벤션 뷰로나 컨벤션 센터, PCO와 같은 개별 기업보다는 미리 기업 간 네트워크를 형성하여 신청하는 기업 네트워크에 지원규모를 증가시키고 지원의 우선순위도 높이는 등의 인센티브가 필요하다. 왜냐하면 기업 네트워크의 경쟁으로 진행되어야 참여하는 기업들에 관한 통계가 보다 구체적으로 확인할 수 있고 부가가치도 높아질 수 있으며 유치과정에도 보다 깊게 관여되고 유치지원 신청서도 차별화된 고품질의 신청서 및 프레젠테이션이 이루어질 수 있을 것이기 때문이다.

# 소 결

　본 저서는 지금까지 사회관계망 분석결과 나타난 비즈니스 모형을 통한 기업 간 연관관계, 기업 간 협력 네트워크, 기업 간 경쟁 네트워크를 분석하였는데 그 요약하면 다음의 네 가지로 요약된다. 첫째, 다양한 비즈니스 모형을 보유한 기업 간 이해관계가 매우 첨예하고 복잡하기 때문에 참여기업 간 이해관계의 파악이 매우 중요하다는 것을 발견하였다. 둘째, 비즈니스 모형을 중심으로 한 기업 간 네트워크를 분석한 결과 허브와 브로커로서의 역할을 가장 잘 할 수 있는 코리아 컨벤션 뷰로가 컨벤션 e-산업클러스터의 구축과 운영을 맡는 것이 합리적이라는 사실을 발견하였다. 셋째, 기업 간 협력 네트워크는 가치사슬의 방향과 일치하고 있으며 기업 간 협력 네트워크의 형성이 부가가치 네트워크를 형성하고 있고 제휴는 언제든 자유롭게 구축되고 소멸될 수 있는 구조라는 것을 알 수 있었다. 넷째 기업 간 경쟁 네트워크는 이종 기업 간의 경쟁도 있지만 가장 큰 부분은 동종 기업 간 경쟁이며 특히 여행사, PCO, 호텔의 경쟁이 격심하고 컨벤션 센터를 중심으로 한 지역 간 기업 네트워크의 경쟁도 심하다는 것을 알 수 있었다. 이러한 분석결과를 바탕으로 다음 세 가지의 컨벤션 e-산업클러스터 정보시스템의 구축방향을 제시하였다. 첫째 극심한 경쟁 속에서 기업들의 무임승차를 막고 합리적이고 공정한 구도로 전환하기 위해서 각 기업들이 경쟁을 위해서 필요로 하는 정보를 얻기 위해서는 협력을 위한 정보를 제공하도록 비즈니스 모형을 설정하였다. 둘째는 컨벤션 e-산업클러스터 정보시스템의 구축 및 운영주체로 한국관광공사의 코리아 컨벤션 뷰로를 설정하였다. 셋째 컨벤션 센터를 중심으로 각 지역 간 컨벤션 유치를 위한 기업 네트워크 간 효율적 경쟁을 지원하기 위한 컨벤션 유치 프로세스 관리를 위한 워크플로우 (Workflow) 시스템을 제공하였다. 넷째 기업 간 협력 네트워크 구성을 효율화시키기 위한 방안으로서 기업 네트워크의 컨벤션 유치지원 신청 프로세스와 실적인증 프로세스를 결합시켰다. 이로서 기업 간 협력 네트워크는 부가가치가 높은 해외 컨벤션 유치를 위한 역량을 강화시킬 수 있게 된다.

본 저서의 결과는 아직까지 선진화되지 못하여 역량의 결집이 필요한 산업분야에 다음과 같은 시사점을 제공한다. 첫째, 각 산업과 IT의 융합화 및 복합화가 가속화 되면 실제 공간개념의 산업클러스터 만큼 가상공간의 e-산업클러스터가 큰 위력을 발휘하게 될 수도 있다는 점이다. 산업표준을 설정하고 기업 간 제휴 네트워크를 형성하고 산업 내 기업 네트워크 간 경쟁이 치열해지면 부가가치를 창출하기 위한 기업 네트워크 간 창조와 혁신이 일어나게 되고 이것이 e-산업클러스터를 통하여 보급되고 공유되고 학습된다면 각 산업의 성장 동력이 될 수 있다. 둘째 산업 내 개별기업의 비즈니스 모형의 발전 및 진화방향을 고려하여 그 산업에 가장 알맞은 비즈니스 모형과 부가가치 창출이 가능한 기업들과 전략적 제휴를 해야 하고 최대한 유리한 지점에 위치한 기업들과 부가가치 네트워크를 형성해야 성공할 수 있다는 점을 알 수 있다. 마지막으로 본 저서의 결과는 국내 각 산업 발전에 관한 정책을 입안하는 기관들에게 시사점을 줄 수 있다. 본 저서에서 제시한 사회관계망 방법론을 활용할 경우 각 산업 내 기업들의 협력 및 경쟁 네트워크를 분석함으로써 정부정책의 효과성과 지원의 효율성을 높일 수 있으며, 상대적으로 약한 산업에 자본집약적 성장이 필요할 경우 기업 간 협력과 경쟁을 통해 자생력을 확보하고 기업 네트워크 간 경쟁을 부가가치 경쟁으로 승화시킬 수 있을 뿐만 아니라 기업 간의 자율적 신뢰구축의 장으로 e-산업클러스터를 활용할 수 있다.

[1] 김용학, "사회 연결망 분석의 이론틀: 구조와 행위의 연결을 중심으로", 한국사회학, 21(여름), 1987, pp.31-68.

[2] 김희대·정재용, "국내 인터넷 비즈니스 모형의 유형별 문제점과 변천분석 연구", 한국경영정보학회, 추계국제학술대회 논문집, 2001, pp.221-234.

[3] 박용찬, e-비즈니스 파워, SIGMAINSIGHT, 2000.

[4] 배문식, "E-Business Model의 종류", 한국소프트웨어진흥원, 2001

[5] 서창갑·김갑수, "e-Marketplace를 위한 결제시스템 구축 전략", 한국경영정보학회, 추계국제학술대회, 2001, pp.715-726.

[6] 양유석, "전자상거래의 비즈니스 모델과 미국의 EC동향", 삼성경제연구소, 2000

[7] 원효종, "도시 핵가족 주부의 사회관계망 유형연구", 박사학위논문, 서울대학교, 1997.

[8] 유인출, "디지털 미디어 산업의 Value Chain과 비즈니스 모델", 이비즈그룹, 2000

[9] 이경전, "e비즈니스 모형의 발전방향", 한국경영정보학회 추계국제학술대회 논문집, 1999.

[10] 이경전·진동수, "지능형 에이전트가 인터넷 사업에 미치는 영향 : 사업 모형 관점에서의 분석", 한국지능정보시스템학회논문지, 제16권,

2호, 2000. pp.49-62.

[11] 이주호 · 김상우, 인터넷 비즈니스 골든 사이트 -19개 성공모델과 101개 사이트-, 매일경제신문사, 1999. pp.5-8.

[12] Berryman, Kenneth; L.Harrington; D. Layton-Todin, and v. Rerolle, "Electronic Commerce: Three Emerging Strategies," The Mckinsey Quarterly, 1998, No.1.

[13] Bott, E., Family and Social Network. New York: The Free Press, 1971.

[14] Broderick, C. B., Healing members and relationships in the intimate network. In R. M. Milardo(Ed.), Families and Social Networks(pp. 221-234). Beverly HILLS: Sage Publication, 1988.

[15] Clinton, J.W, Albert Gore, "A Framework of Global Electronic Commerce, Securitiew Law & The Internet : Doing Business in Rapidly Changing Marketplace," Practising Law Institute,1999.

[16] Cochran, M. M. & Brassard, J. A., "Child development and personal social networks," Child Development, Vol. 50, 1976, pp.601-616.

[17] Dick, W. and Carey, L., The Systematic Design of Instruction. IL: Scott, Foresman and Company, 1990.

[18] Gaudin, J. M. Fr. & Davis. K. B., "Social networks of black and white rural families : A research report," Journal of Marriage and the Family, 47. 1985, pp.1015-1021.

[19] Hirsch, B. J. Social networks and the coping process. In B. H. Gottlieb(Ed.), Social Networks and social Support(pp . 149-170). Beverly Hills: Sage Publication.1988.

[20] Jutla, D.N. , Bodorik p. , Hajnal C., Davis, D., "Making Business

Sense of Electronic Commerce", IEEE Computer, March, Vol.32, No. 3, 1999, pp.67-75.

[21] Lesile, L. A. & Grady, K. "Change in mother's social networks and social support following divorce," Jaurnal of Marriage and the family, 47, 1985, pp.663-673.

[22] Marsden, P. V., "Core discussion networks of americans," American Sociological Review, 52, 1987, pp.122-131.

[23] Mitchell, J. C., The concept and use of social networks. In J. C. Mitchell (Ed), Social Networks in Urban Situations(pp. 1-50). Manchester: Manchester Univesity Press. 1969.

[24] Rands, M., Changes in social networks following marital segregation and divorce. In R. M. Milardo(Ed.), Families and Social Networks (pp. 127-146). Beverly Hills: Sage Publication, 1988.

[25] Rappa, Michael, "Business Models on the web", http://ecommerce. ncsu.edu/business_ models.html

[26] Surra, K. A. The influence of the interactive network on developing relations. In R. M. Milardo (Ed.), Families and Social Networks(pp. 48-82). Beverly Hills : Sage Publication, 1988.

[27] Timmers, Paul, "Business Models for electronic Markets," Electronic Markets, Vol. 8, No. 2, 1998.

[28] Wellman, B., Applying network analysis to the study of support. In B. H. Gottlieb(Ed.), Social Networks and Social Support (pp. 171-200). Beverly Hills: Sage Publication, 1981.

[29] Wilcox, B. L., Social support in adjusting to marital disruption a network analysis. In B. H. Gottleb(Ed.) Social Networks and Social

Support (pp. 97−115). Beverly Hills: Sage Publication, 1981.

[30] www.datanet.co.kr : http://www.datanet.co.kr/search/search_view. html?cd=860&cate=trend&kw=마켓플레이스.

# UML을 활용한 컨벤션산업의 네트워크 시스템 구축의 핵심 기능 분석 및 설계에 관한 연구

**PART 4**

\* 이 절은 (박기남, 2010)의 UML을 활용한 컨벤션 허브 네트워크 시스템 구축의

핵심기능 분석 및 설계에 관한 연구(지식경영연구, 11권1호)를 편집 및 보완한 것이다.

# 서 론

    컨벤션 산업은 수많은 전방 및 후방의 개별 산업들이 거미줄처럼 연결된 서비스 산업의 허브로서 그 역할과 중요성이 강조되고 있다. 이에 따라 국내 지자체들은 앞 다투어 컨벤션 센터의 건립을 추진했고 이것이 우리나라 컨벤션 산업을 공급과잉, 만성적자로 이끌어가고 있다. 그러나 이러한 공급과잉의 위협이 컨벤션 유치증가로 연결되기만 한다면 국내 컨벤션 산업의 활성화를 앞당기는 기회가 될 수도 있다. 먼저 이를 위해서는 컨벤션 유치 프로세스를 포함한 국내 컨벤션 산업의 복잡한 프로세스의 연결 구조가 정보기술의 전략적 활용을 통하여 보다 신속하고 체계적으로 관리되어야 할 필요성이 있다. 따라서 본 연구는 컨벤션 산업에서 Hub-Network 시스템의 구축 필요성과 중요성을 강조하면서 주요 기능을 설명하고 그 중에서도 핵심적인 컨벤션 유치기능의 프로세스를 UML을 활용하여 설계하였다. 컨벤션 유치기능의 설계는 향후 컨벤션 산업성장의 핵심역량이지만 현실적으로는 아직 공식적으로 논의조차 되지 못하고 있는 핵심기능이다. 본 연구는 지금까지 한 번도 제시되지 못한 국내·외 기관 간 컨벤션유치 협업 프로세스를 참여자의 역할을 중심으로 UML로 표현하고 시스템 프로토타이핑 화면으로 제시하였다. 또 지금까지 컨벤션 산업발전의 큰 장애요인이었던 컨벤션 투자효과분석을 위한 관광연계 프로세스를 UML로 표현하고 시스템 프로토타이핑 화면을 제시하였다. 본 연구에서 제시하는 핵심기능의 설계가 정책적 시사점을 제공하여 컨벤션 허브 네트워크 시스템 구축을 통한 컨벤션 산업 선진화에 도움이 되기를 희망한다.

컨벤션 산업은 수많은 전방 및 후방의 산업들이 거미줄처럼 연결된 산업 간의 허브로서 그 역할과 중요성이 강조되고 있으며 지금까지 지속적인 성장을 계속하고 있다. 그러나 중국이나 인도와 같은 신생 경제성장국들이 컨벤션 산업이 가진 고부가가치와 생산유발 및 고용창출 효과에 눈을 뜨게 되면서 컨벤션 산업에 대한 대규모 투자와 함께 국제 컨벤션 유치를 위한 총력전을 펼치고 있다. 우리나라의 경우에도 2000년 COEX가 서울에 건립된 이후 국제회의 유치 실적은 해마다 증가하여 2008년에는 185건으로 세계 19위로 조사되었다. 이러한 컨벤션 유치실적의 증가추세를 반영하여 컨벤션 산업의 육성과 국토의 균형발전이라는 취지아래 2001년 대구의 EXCO, 부산의 BEXCO, 2003년 제주도의 ICC 등이 첨단시설을 갖추고 개관하였으며 2009년 현재까지 총 12여개의 컨벤션 센터 및 전시관이 건립되었다. 그러나 지방의 컨벤션 센터는 서울과는 다른 유치역량, 기술 및 인력 인프라, 숙박, 교통, 공항의 위치 등 지역적 특색이 크게 고려되지 못한 채 한꺼번에 많은 컨벤션 센터들이 건립되다보니 이제는 컨벤션 센터간의 차별화와 함께 훨씬 더 많은 국제회의와 국제박람회 유치를 위하여 체계적이고 조직적으로 유치활동을 수행해야 할 필요가 제기되고 있다(오길창 등, 2005). 따라서 자체 컨벤션 센터를 보유하고 있는 각 지역자치 단체들은 컨벤션 유치를 위한 전담조직으로 별도의 컨벤션 뷰로를 두고 있을 뿐만 아니라 해외 컨벤션 유치를 위해 상호 치열한 경쟁이 벌어지고 있다(김홍길·윤병국, 2002).

실제로 2009년 국정감사 자료에 따르면 올해 가동률 64%를 보인 창원컨벤션센터와 60%를 기록한 농수산물유통공사의 aT Center만 흑자를 냈으며 일산에 있는 킨텍스가 5년간 294억 원(가동률 54%)의 적자를 낸 것을 비롯해 제주 국제컨벤션센터 263억 원(가동률 40%), 광주 김대중 컨벤션센터

185억 원(가동률 54%), 대구 엑스코 106억 원(가동률 45%) 등의 손해를 본 것으로 나타났다. 또 현재 제2전시관을 건설하거나 기존 건물을 증축하고 있는 3곳(킨텍스, 벡스코, 대구엑스코)의 경우, 공사비에 투입되는 재정 규모만도 총 6천533억 원이고 내년도 예산으로 편성된 금액은 2천77억 원인 것으로 조사되었다.

그러나 적자의 해소를 위해 지역 간의 지나친 견제와 경쟁은 컨벤션 산업으로 인한 부가가치를 상호 저해하는 공멸의 상황으로 몰아가고 컨벤션 산업 내의 업체 간 불신을 조장할 수 있으며 공정한 경쟁을 저해하고 장기적으로는 산업의 발전을 가로막는 폐해가 예상된다. 따라서 이렇게 복잡하고 민감한 산업의 체계적이고 과학적인 발전을 위해서는 산업 내 정보와 지식을 교류하면서 컨벤션 산업 내 이해관계자들이 상호 공조하고 진화시켜 나갈 수 있는 큰 틀로서 컨벤션 산업의 허브 네트워크 사이트가 필요하다. 본 연구는 컨벤션의 과정을 크게 해외 컨벤션 유치, 개최, 관광연계 단계로 구분하고 각 과정 별로 컨벤션 허브 네트워크에서 포함되어야 할 주요 내용과 전제조건을 분석하고자 한다.

먼저 컨벤션의 유치가 컨벤션의 성공으로 이어지기 위해서는 컨벤션 행사진행을 지원하는 산업 인프라가 확충되어야 한다. 컨벤션 개최의 성공여부는 사실 이러한 산업 인프라의 역량에 달려있다고 해도 과언이 아니다. 일단 이러한 인프라를 적극적으로 이용하여 해외 컨벤션을 적극적으로 국내에 유치하려는 노력이 필요하고 이러한 프로세스를 관리하기 위한 기능이 필요하다.

두 번째로 유치된 컨벤션은 성공적 개최를 위해 체계적으로 기획하고, 조직화하고, 지휘하고, 통제하는 관리능력이 요구된다. 또한 완벽한 행사의 진행을 위한 전문 PCO의 양성과 인접 산업들과의 긴밀한 협조는 필수적인 전제조건이며 이러한 관리능력과 협조는 하나의 지식체계로 축적되어야 하고 성공사례를 중심으로 산업표준이 마련되어야 한다.

세 번째는 컨벤션 개최의 실질적 부가가치는 컨벤션뿐만 아니라 이와 연계된 관광상품의 판매나 참관, 견학, 체험 등 관광산업과의 연계능력이 필요하다. 특히 해외에서 온 컨벤션 참가자는 국내 관광상품의 매우 매력적인 잠재고객일 뿐만 아니라 향후 한국관광을 세계로 알릴 수 있는 구전마케터이기도 하다. 외국인 참가자의 경우 국내 참가자에 비해서 구매력이 매우 큰 편이고  이들을 잠재고객으로 하는 산업들의 경우 컨벤션 특수를 누릴 수 있다.

본 연구는 컨벤션의 전체과정을 컨벤션 유치단계, 컨벤션 개최단계, 행사 전·후의 관광상품 연계단계의 세 단계로 나누고 각 단계별로 다음과 같은 연구 과제를 제시한다. 첫째 각 단계별 핵심역량과 핵심 기능이 무엇인가를 살펴본다. 둘째 각 단계별 핵심역량에 연관되는 업종에는 어떤 것들이 있는지 산업의 관점에서 살펴보고 셋째 이를 포괄적으로 지원하기 위한 정보기술로서 컨벤션 Hub-Network 시스템의 기능별 구조를 분석한다. 넷째 본 연구가 제안한 컨벤션 Hub-Network 시스템의 기능 중 컨벤션 유치지원 프로세스와 컨벤션 투자효과분석 프로세스를 UML로 설계하여 제시한다. 그리고 마지막으로 컨벤션 유치지원 프로세스와 컨벤션 투자효과분석 프로세스의 이해를 돕기 위하여 시스템 프로토타이핑 화면을 실제화면으로 구성하여 제시한다.

# 컨벤션 산업의 이론적 고찰

## 2.1. 컨벤션 산업의 개념

국제회의 산업육성에 관한 법률 제2조에 컨벤션 산업에 관해서 언급을 하고 있는데, 국제회의산업을 "국제회의 유치 및 개최에 필요한 국제회의 시설, 서비스 등과 관련되는 산업"으로 정의하고 있다. 이장춘은 Berkman(1978)의 개념을 바탕으로 컨벤션산업을 전시박람회, 학술세미나, 제반 문화예술행사, 스포츠행사, 외국기업체들의 인센티브관광 등과 관련된 산업으로 개념을 설정하고 있으며 한국관광공사(1998)는 컨벤션산업을 컨벤션의 유치 및 개최에 필요한 컨벤션 평의시설, 서비스 등과 관련되는 산업이라 정의하고 있다. 그리고 아시아 지역의 국가들은 광의의 의미에서 컨벤션산업을 국제회의업산업(MICE : Meeting, Incentive Travels, Convention, Expositions)이라 하여 같은 범주에 속하는 각 국의 단체나 외국기업들의 해외개최회의, 인센티브 관광, 전시회, 박람회 등을 포함시키고 있다. 국제회의산업은 1998년까지는 국제회의용역업(PCO : Professional Convention Organizer)만을 관광 사업으로 지정하여 운영해 왔는데, 1999년부터 관광 진흥법을 개정하여 국제회의 시설업까지 포함하여 국제회의업으로 그 영역을 확장하였다. 따라서 수많은 회의와 부수적으로 생겨난 각종 세미나, 워크숍, 학술대회와 같은 전문행사와 이벤트, 관광과 같은 부대행사 및 소규모의 전시회, 쇼(show)와 같은 부대 산업이 동반되어 개최되는 것이 컨벤션 산업이다. 현실적으로 컨벤션 개념에는 국제회의 이외에 전시의 개념을 포함하는 경우가 많으므로 본 연구는 컨벤션산업을 광의적인 개념으로 확장시켜 국제회의 및 협의의 전시(exhibition, exposition) 기능을 포함시켜서 유치, 기획, 개최와 진행에 필요한 인력, 컨벤션 시설 및 서비스 제공과 관련된 전 산업으로 정의한다.


## 2.2. 컨벤션 산업의 핵심역량

서울에 2000년 COEX가 건립된 후 국제회의 유치 실적은 점차로 증가하여 왔고 그 후 2001년 대구의 EXCO, 부산의 BEXCO, 2003년 제주도의 ICC 등이 첨단시설을 갖추고 개관하였으며 총 12개의 컨벤션 센터가 건립되었다(김홍길·윤병국, 2002). 이러한 컨벤션 센터의 무분별한 건립은 필히 국내 지자체의 컨벤션 유치를 위한 과열경쟁으로 이어졌고 이것은 컨벤션 센터의 적자를 심화시키면서 지역 이기주의와 산업의 불투명성과 불공정성을 부추기는 결과를 가져왔다.

이를 해결하기 위해서는 첫째 수요의 창출이 급선무이다. 즉, 우리나라에서 개최되는 국제회의 및 전시회의 횟수가 큰 폭으로 증가해야 한다. 이를 위해서 정부 및 코리아 컨벤션 뷰로가 앞장서고 지자체, 컨벤션 센터 및 PCO 등이 해외 마케팅에 협력해야 할 것이다. 또 입체적인 마케팅 전략이 되기 위해서는 정부의 해외공관, 관광공사의 해외지사, KOTRA의 해외지사, 산업은행 등 국책은행의 해외지사와 같은 공적 네트워크는 물론이고 NGO, 국내은행의 해외지사, 외국계 금융기관의 본사, 국제기구의 한국지부와 같은 사적 네트워크에 이르기까지 해외 네트워크를 총동원하여 컨벤션 개최지 결정권한을 가진 인물과 연결될 수 있도록 인적 네트워크망을 관리해야 할 것이다. 물론 이들의 의사결정이 쉽도록 여러 가지 인센티브를 제공하고 한국의 컨벤션개최 이점에 관한 체계적 설득자료도 개인의 취향에 맞추어 미리 준비해야 할 것이다.

또한 모든 컨벤션 유치 관련 커뮤니케이션 채널을 하나로 일원화하여 대면 접촉이 난발되는 역효과를 방지해야 한다. 이렇게 개인화된 커뮤니케이션 전략과 마케팅 전략수립이 한사람이 수행하는 것처럼 치밀하게 계획되지 않으면 실패확률이 높아지고 오히려 국가 이미지에 큰 손상을 초래할 수도 있다.

둘째 국제회의나 전시의 특성 및 지자체의 특성을 적절히 고려하여 각 컨벤션 센터에 적절히 배분하고 첨예한 서로 간의 이해관계를 조정하면서 컨벤션 센터 상호간에 정보나 노하우를 공유할 수 있도록 지휘하는 조정력 및 리더쉽이 필요하다.

셋째 각 지역의 컨벤션 관련 업체들을 이끌면서 컨벤션 환경을 차별화하고 세계시장에 체계적으로 홍보 및 마케팅할 수 있는 지역별 컨벤션 뷰로의 설립이 필요하다. 그러나 컨벤션의 유치가 성공적 개최로 이어지기 위해서는 컨벤션 진행을 지원하는 산업 인프라가 확충되어야 한다. 컨벤션 개최의 성공여부는 사실 이러한 산업 인프라의 역량에 달려있다. 컨벤션 개최 지원 업종으로는 기획기능의 PCO를 비롯하여 광고/홍보업, 신문/방송과 같은 매스미디어, 인터넷·전산 등 소프트웨어 기업, 정보처리 및 정보제공업, 디스플레이업, 통역 및 번역업, 인쇄 및 출판업, 기계 및 건축설비업, 장비임대업, 통신 및 교통산업, 항공업, 호텔업, 식·음료업, 경비업, 경호업, 인력파견업 등이 있으며 이와 같은 다양한 업종들이 직·간접적으로 컨벤션 개최의 성공을 지원하고 있다. 그러나 아직 국내 컨벤션 산업은 컨벤션 지원 산업에 대한 체계적 관리와 컨벤션 개최 프로세스 및 정보 공유가 전혀 이루어지지 않음으로 인하여 보다 효율적인 행사의 진행과 비용절감 및 부가가치 창출에 모두 실패하고 있다. 이러한 결과는 컨벤션 비용의 증가와 유치경쟁의 심화를 가져오고 이것은 컨벤션 기업들의 경제적 부담으로 돌아가고 있으며 결국 컨벤션 참가자의 불만요인을 키워 컨벤션 기업으로서는 적자의 폭을 키우고 컨벤션 참여자의 재방문율도 떨어뜨리는 결과로 이어지고 있다.

따라서 컨벤션 개최가 컨벤션 산업의 부가가치 창출과 이어져야 하는데 컨벤션 의 꽃은 역시 관광수입이다. 실질적 부가가치가 대부분 관광관련 산업에서 일어나기 때문이다. 이것 때문에 미국의 라스베가스의 경우 호텔로부터 매년 수천억 원을 거두어서 컨벤션 산업을 지원한다. 외국에서 온 컨벤션 참가자는 구매력이 매우 큰 잠재고객이다. 그러나 이들로부터 거두어들이는 수익이 적다는 점은 매우 큰 국가적 낭패가 아닐 수 없다. 부산의 컨벤션센터의 마케팅 전략을 연구한 김은희(2002)의 논문에 의하면 컨벤션 참가자들의 연계상품 서비스의 만족도는 '미흡'이나 '보통'이 74.9%로 나타났고 '관광상품의 만족도'에 대해서도 70.9%가 '미흡'이나 '보통'으로 응답하여 크게 매력적이지 못한 것으로 조사되었다. 이것은 컨벤션개최로 인한 부가가치의 창출이 제대로 이루어지고 있지 못하다는 것을 시사하며 경제적 파급효과나 고용창출효과도 기대에 못 미치고 있는 것으로 보인다.

따라서 컨벤션과 연계된 매력적인 관광상품의 개발이 절실하고 컨벤션 개최기간 동안 적극적으로 연계된 상품에 대하여 홍보 및 광고함으로써 보다 많은 참가자들이 한국을 쉽게 못 떠나도록 해야 할 것이다. 결국 컨벤션 산업의 핵심역량은 세 가지 역량으로 귀결된다. 첫째 컨벤션 유치역량, 둘째 컨벤션 개최역량, 셋째 관광상품 연계 역량이 그것이다. 해외에서는 한 사람이라도 더 참가할 수 있도록 유치역량을 최대화하고 국내에서는 유치된 컨벤션은 최고의 개최가 되도록 모든 지원을 아끼지 말아야 하며 차별화된 五거리(먹거리, 잘거리, 놀거리, 볼거리, 할거리)를 통하여 하루라도 더 머

물게 하여야한다. 이를 통하여 수익창출에 성공한 관광관련 업체들이 다시 컨벤션 행사의 자발적 후원에 앞장서야만 한국의 컨벤션 산업이 성공할 수 있다.

# 컨벤션 산업의 역량강화 방향

## 3.1. 컨벤션 유치역량 강화방향

전술했듯이 컨벤션 산업의 핵심역량은 컨벤션 유치역량, 컨벤션 개최역량, 관광상품 연계역량으로 구성된다. 그런데 각각의 역량은 서로 개별적인 역량이 아니라 하나의 프로세스로 연결되고 통합되어 관리되어야 하는 역량이다. 예를 들어서 유치할 컨벤션 행사의 종류에 따라서 개최지가 달라질 수 있고 개최지에 따라서 개최 역량이 결정되며 개최지에 따라서 제시할 수 있는 연계 관광상품이 달라진다. 따라서 컨벤션 산업의 세 가지 핵심역량을 다시 한 단어로 표현한다면 프로세스 관리로 요약할 수 있다. 이것을 그림으로 나타내면 다음 〈그림 16〉과 같다.

컨벤션 유치역량은 해외 마케팅 기능에 달려있고 이것은 컨벤션의 수요를 창출하여 보다 많은 국내개최를 촉진한다(Crouch & Ritchie, 1998; 임상택 · 김지은, 2006). 컨벤션 유치기능은 지역자치단체에 속해있는 컨벤션 뷰로들이 직접 해외를 다니면서 유치를 위한 업무를 수행하는데는 한계가 많을 뿐만 아니라 조직력 및 비용의 측면에서도 결코 합리적이지 않고 더구나 컨벤션 뷰로들 간 과당경쟁으로 인해 부가가치가 거의 기대할 수 없는 컨벤션 개최로 이어질 수 있다. 따라서 해외 컨벤션 유치촉진 및 새로운 해외컨벤션 발굴 기능은 한국관광공사의 코리아 컨벤션 뷰로가 담당하는 것이 합리적이다. 그 이유는 첫째 코리아 컨벤션 뷰로는 해외관광 거점에 해외지사

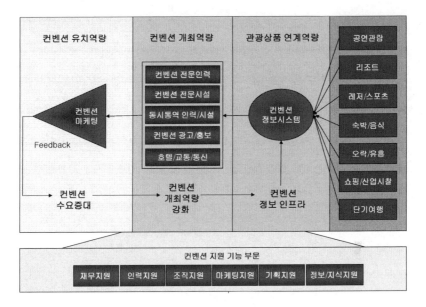

**〈그림 16〉 컨벤션 산업의 핵심역량**

를 보유하고 있고 인바운드 관광과 관련된 각종 행사들에 참여하고 있으며 현지의 정보를 보다 손쉽게 얻을 수 있는 장점이 있다(이희승·김기홍, 2007). 둘째 코리아 컨벤션 뷰로는 문화관광부의 산하기관으로 준정부기관이기 때문에 각 지역자치단체의 이해관계나 민간부분 참여자들의 이해관계로부터 자유로울 수 있다. 따라서 다양한 유치촉진 행사와 활동을 위한 허브역할을 수행하기에 적합하다. 셋째 코리아 컨벤션 뷰로의 가장 중요한 업무중 하나가 국내에 개최되는 컨벤션 관련 통계를 작성하고 유치 및 개최를 지원하는 일인 만큼 해외컨벤션 정보를 가장 많이 보유하고 있고 정부 관련 컨벤션의 유치와 개최에 직접적인 이해관계자이기 때문에 정부관련 정보도 가장 많을 수밖에 없다.

지금까지 관광공사의 현실을 살펴보면 코리아 컨벤션 뷰로의 역할은 해외 컨벤션 유치에 매우 소극적으로 대응해왔으며 전체 해외지사 업무 중 컨벤션 유치관련 업무는 없거나 매우 작은 부분에 지나지 않았다. 특히 지금까지 코리아 컨벤션 뷰로의 조직규모도 국가적 차원의 컨벤션 유치역량을 강화하고 적극적인 마케팅을 수행하기에는 매우 제한적이었다.

그러나 최근에는 국가이미지나 국가브랜드 전략의 일환으로 컨벤션을 활용하고자 하는 시도가 증가하고 있고(Oppermann, 1996; 김철원 등, 2007) 이에 따라 컨벤션 유치를 위한 국가 간 경쟁이 심화되고 있으며 정부도 컨벤션 산업의 중요성을 인식하고 컨벤션의 유치와 개최에 큰 관심을 가지게 되었다. 이에 따라 관광공사도 팀 수준의 코리아 컨벤션 뷰로를 컨벤션 본부로 격상시키고 조직의 규모도 증가시켜 본격적인 컨벤션 유치와 개최 지원기능을 강화시키고 있다. 따라서 컨벤션 유치와 개최 그리고 관광 연계 부분을 어떻게 연결시키고 각 컨벤션 산업의 각 이해관계자들과 어떻게 협조해야 하는지에 관한 기능 및 프로세스 분석이 필요하며 컨벤션 산업의 진화단계에 맞는 전략적 방향설정과 각 이해관계자들의 R&R(role and responsibility)을 명확하게 정의할 필요가 있다.

특히 지금까지 컨벤션 유치와 관련된 기능과 프로세스에 관한 분석은 이루어진 바가 없었다. 특히 코리아 컨벤션 뷰로와 해외지사 그리고 이해관계자들과의 R&R을 고려한 협업 비즈니스 모델을 제시하는 것은 첫 번째 시도이다. 이러한 협업 프로세스를 컨벤션 허브 네트워크 시스템에 반영하기 위한 설계안을 제시하는 것은 해외 컨벤션 유치역량을 강화시켜 컨벤션 산업발전을 가속화시키기 위해서 매우 중요한 부분이다.

## 3.2. 컨벤션 개최 및 관광상품 연계 역량강화 방향

컨벤션의 개최역량은 유치확정 된 국내행사를 성공적으로 진행할 수 있는 역량을 의미하는데 이것은 컨벤션 전문인력, 전문시설, 통·번역, 광고 · 홍보능력, 호텔, 교통, 통신 등 관련 인적, 물적, 재무적 인프라에 달려 있다(Oberoi & Hales, 1990). 또 관광상품 연계역량은 각종 공연, 오락, 음식, 리조트, 쇼핑, 산업단지 시찰 등을 엮어서 개인화된 매력적인 관광상품으로 제시하고 만족도를 높여서 한국에 대한 재방문의도를 강화하도록 제공되어야 하며 컨벤션과 관광분야의 원활한 연계를 위한 스폰스십의 개발도 매우 중요하다(성은희, 2007). 관광상품의 부가가치가 보장되도록 격심한 원가경쟁을 미연에 방지해야 한다. 또 핵심역량간의 원활한 업무처리 협조와 정보 · 지식의 공유 및 신속한 의사결정이 이루어지기 위해서는 정보기술의 전략적 활용이 절실하다. 따라서 본 연구에서는 컨벤션에 특화되어 핵심기능간의 프로세스를 지원할 수 있는 컨벤션 Hub-Network 시스템을 제시한다.

〈그림 17〉을 통하여 알 수 있듯이 컨벤션 Hub-Network 시스템은 수많은 산업분야와의 연결(link)이 이루어지며 이러한 연결을 통하여 경제적 부가가치 창출이 가능한 제휴 네트워크가 구성된다. 컨벤션 산업이 제휴 네트워크를 활성화시킬 경우 수도 및 지역 산업경제 발전에 큰 영향을 미칠 것으로 기대된다. 또 이를 위해서는 외부기관들이 서로 컨벤션 업무를 원활하게 처리하기 위해서 재무적, 사회적, 정보적, 조직적 협업(collaboration) 네트워크 시스템이 필요하며 이를 통하여 각 핵심기능별로 서로 간의 자율적인 연결과 공동 업무수행 및 정보 · 지식의 공유가 이루어져야 한다. 업종별 연계 구조를 다시 컨벤션 참가자의 관점으로 재정립하여 고객 프로세스의 관점으로 Hub-Network 시스템을 분석하면 〈그림 18〉과 같이 나타낼 수 있다. 컨벤션산업의 경우 컨벤션 참가자는 Hub-Network 시스템과 세 번의 접점 (contact point)이 있으며 따라서 세 차례에 걸쳐서 만족을 경험할 수 있다.

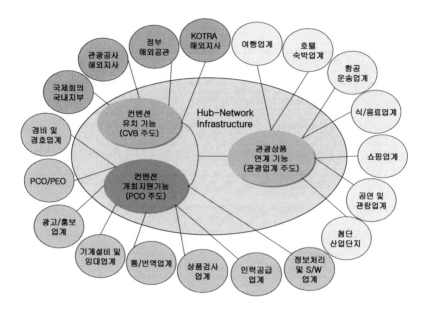

〈그림 17〉 컨벤션 Hub-Network 시스템의 기관별 연계

컨벤션 참가자의 첫 경험은 한국의 컨벤션 안내정보를 e메일이나 Hub-Network 시스템의 웹 사이트에 접속하면서 시작된다. 실제로 인터넷을 통해 컨벤션에 참가하게 된 경우가 신문, 잡지, TV보다 더 많은 것으로 나타났으며(김은희, 2002; 김길래 · 김충영, 2007). 이것은 차별화된 웹 경험이 얼마나 중요한 접점인지를 말해준다. 두 번째 경험은 컨벤션 행사를 통해서이다. 즉, Hub-Network 시스템의 참가자들은 컨벤션 행사관련 각종 정보와 컨텐츠 및 행사진행에 관한 e-서비스를 통하여 만난다. 또 이들에게 제공되는 팜플렛, 전시관, 배치된 인력, 각종 이벤트, 통신시설, 각종 설비를 통하여 간접적으로 만나게 된다. 왜냐하면 컨벤션 개최지원 인프라의 종합적 계획수립과 조직화, 지휘 및 통제가 Hub-Network 시스템을 통하여 이루어지기 때문이다.

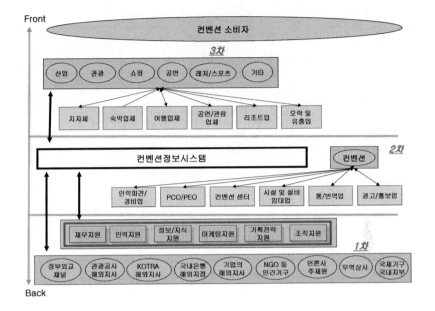

Front

Back

**〈그림 18〉 컨벤션 Hub-Network 시스템의 고객과 3가지 접점**

세 번째 경험은 관광연계 상품의 제공을 통해서이다(김미경·윤세목, 2007). 컨벤션 Hub-Network 시스템은 행사 전·후로 다양한 관광상품과 산업정보, 레저/스포츠정보, 호텔 및 숙박정보, 지리 및 날씨정보 등을 제공하여 보다 다양한 상품을 보다 많은 참가자들이 경험할 수 있도록 정보 및 지식을 제공한다.

다음 4장에서는 이처럼 주요한 접점을 제공하는 Hub-Network 시스템의 구체적인 구조와 프로세스에 초점을 두어 살펴보도록 한다.

# UML기반의 컨벤션 Hub-Network 시스템의 기능설계

## 4.1. 컨벤션 Hub-Network 시스템의 기능분석

본 연구는 컨벤션 산업에서 각기 다른 참여자들이 Hub-Network 시스템을 통하여 서로간의 주요 업무처리를 수행하는 과정을 분석하여 〈그림 19〉와 같이 Use Case Diagram을 작성하였다. 참여 행위자로는 PCO, 컨벤션 지원업체, 관광업체, IP, 컨벤션 뷰로, 컨벤션 참가자들이며 본 연구는 이들을 대상으로 한 인터뷰를 통하여 Hub-Network 시스템의 개념과 의의를 설명하고 필요한 주요 프로세스와 기능을 분석하고 설계하였다. 이해관계자들의 시스템 니즈는 다음과 같이 크게 세 개의 기능으로 구분될 수 있다.

첫째 컨벤션 유치기능을 담당하는 컨벤션 뷰로는 참여하고 있는 IP들의 제공정보를 바탕으로 유치 가능한 컨벤션들을 파악하고 적극적인 설득용 자료를 제작하여 컨벤션 관련 주요 인사들에게 e메일발송을 시작으로 유치활동을 시작한다. 둘째 컨벤션 진행기능을 맡은 PCO는 컨벤션 개최를 위하여 컨벤션 지원업체들과 서로 정보를 주고받으며 최종참여 업체를 선정하고 계약하는 과정을 수행한다. 셋째 컨벤션 후원기능을 맡고 있는 관광업체들은 컨벤션 참가자들의 개인 및 단체여행을 비롯한 컨벤션 관련 관광상품의 예약 및 상품판매의 기능을 수행한다.

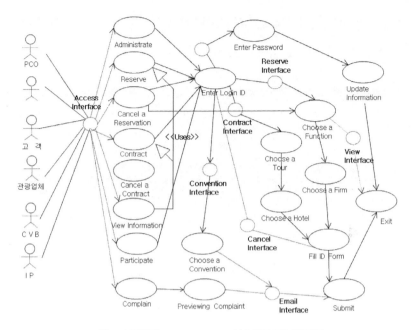

<그림 19> 컨벤션 Hub-Network 시스템의 기능별 구조

각 기능별 특징을 비즈니스 모형을 중심으로 살펴보면 컨벤션 Hub-Network 시스템의 기능 중에서 컨벤션 개최관련 기능에서의 협력은 이와 같은 실질적인 공급업체와 수요업체간의 B2B의 성격을 가지기 때문에 충성도가 매우 중요한 요인으로 작용할 것이며(Weber, 2001; Weber, K. & Chon, 2002) 보다 높은 충성도를 확보하기 위하여 적극적으로 컨벤션 산업의 Hub-Network 시스템을 통한 협업의 프로세스가 적극적으로 이루어질 것으로 예상된다.

다음 <그림 20>은 컨벤션 Hub-Network 시스템의 참여자들을 각 역할별로 구분하고 필요한 모듈을 선택할 수 있도록 제공하여 참여자들의 목적에 맞도록 시스템을 활용할 수 있도록 지원하는 내용을 표현한 시스템 프로토타이핑의 예이다. 화면을 살펴보면 PCO, 컨벤션 센터, 컨벤션 뷰로가 요구하는 모듈이 각기 다르고 소속기관이 다른 것을 알 수 있다. 이와 같이

다양한 컨벤션 산업의 이해관계자들이 자신의 역할을 등록하고 필요한 모
듈과 정보를 요청할 수 있어야 한다.

〈그림 20〉 컨벤션 Hub-Network 시스템의 참여자 역할구분과 기능 요청

## 4.2. 컨벤션 진행 및 관광연계 기능설계

관광관련 기능의 경우에 협력적 마케팅과 같은 느슨한 형태의 업무제휴
형태를 갖게 되며(홍성화, 2003). 컨벤션 행사를 기반으로 여러 관광관련 업
체들이 제휴하여 적극적인 관광마케팅을 수행하는 가상공간으로서 Hub-
Network 시스템을 활용하게 된다. 다음 〈그림 21〉은 컨벤션 Hub-Network
시스템을 활용한 관광업체의 관광상품 예약 및 판매에 관한 순차도와 PCO
가 컨벤션 진행을 위하여 관련 기능과 업체들의 정보를 수집하여 관리 및
계약을 수행하는 순차도를 나타낸 것이다.

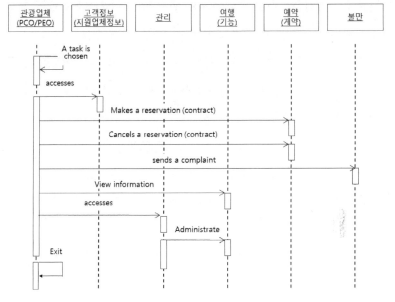

<그림 21> 컨벤션 진행 및 관광연계 기능의 순차도

〈그림 21〉의 프로세스는 관광업체가 PCO로부터 고객정보를 받아서 관리하고 국제회의 이후의 다양한 여행상품과 연계시키고 예약을 관리하며 고객의 불만을 파악하여 처리하는 것은 컨벤션의 부가가치를 높이는 프로세스로서 매우 중요하다. 그러나 이 프로세스가 중요한 다른 이유가 존재한다. 그것은 컨벤션 진행과 관광연계 프로세스를 통하여 컨벤션 행사별 투자수익률을 분석하고 그 결과가 통계로 파악되어 집계되고 보고되는 것이다. 이것은 매우 중요한 과업인데 지금까지 한국 컨벤션 산업의 가장 큰 문제점은 컨벤션의 투자수익에 관한 정확한 통계자료가 거의 없다는 점이다. 따라서 컨벤션을 유치하고 개최한 이후에도 이로 인한 수익의 규모를 가늠할 수 없기 때문에 컨벤션의 부가가치를 직관적으로 추정할 수밖에 없고 따라서 산업발전을 위한 다양한 지원정책 개발이나 마케팅전략을 도입하는데 한계가 클 수밖에 없다.

이러한 한계점을 극복하기 위해서는 관광업체와 PCO가 파악된 고객
정보를 바탕으로 수입규모를 산정하는 프로세스가 필요하고 이를 투자규
모와 상계시켜서 투자수익률이 파악될 수 있는 프로세스가 컨벤션 Hub-
Network 시스템의 설계에 반영되어야 한다. 또 지역 컨벤션 뷰로는 각 지
역별 컨벤션 투자수익률을 파악하여 컨벤션 투자효과분석 보고서를 제출
하도록 해야 하며 코리아 컨벤션 뷰로는 지역 컨벤션 뷰로의 자료를 취합
하여 우리나라 컨벤션 산업의 투자효과분석 보고서를 작성하여 체계적이고
과학적인 산업정책과 마케팅 전략이 개발될 수 있도록 지원해야 할 것이다.

**〈그림 22〉 컨벤션 행사별 투자효과분석 보고**

　　〈그림 22〉는 각 컨벤션 행사별 예산계획서가 첨부되어 있고 컨벤션 행사
가 끝날 경우 결산보고서가 첨부되어 행사별 컨벤션 ROI가 보고되는 과정

을 보여주는 시스템 프로토타이핑 화면이다. 화면 내용은 PCO, 컨설팅 회사, 관광회사 등 다양한 기업들이 컨벤션 행사의 내용과 예산을 첨부 하고 있고 기관 간에는 상호 보안으로 관리되고 있는 것을 보여주고 있다.

## 4.3. 컨벤션 유치 지원기능의 설계

컨벤션의 유치관련 기능은 Hub-Network 시스템의 가장 핵심적인 기능이지만 제대로 작동되기는 가장 어렵다. 주로 해외거주기관의 종사자들로부터 입수한 정보나 인터넷 에이전트를 통하여 파악한 컨벤션 유치관련 정보를 바탕으로 목표를 설정하고 계획을 수립한 후 집중적인 컨벤션 유치를 위한 마케팅 활동을 수행하고 그 성과를 평가하여 차후에 반영하는 일련의 마케팅 지원기능이기 때문이다. 따라서 인위적으로 자발적인 컨벤션 유치정보 제공자들로부터 컨벤션 Hub-Network 시스템이 정보의 공급을 받아야 하며 컨벤션 유치관련 기능의 핵심은 정보 제공자들과의 관계관리(relationship management)와 이들로부터 수집한 컨벤션 유치정보 및 인적 네트워크의 관리에 있다. 본 연구는 지금까지 연구되지 않았고 일반화하기 어려운 컨벤션 유치관련 기능의 구조설계에 초점을 둔다. 이를 위해서 먼저 컨벤션 유치 정보의 흐름과 관리방법을 분석한다.

다음 〈그림 23〉은 코리아 컨벤션 뷰로를 중심으로 컨벤션 뷰로의 컨벤션 유치정보의 수집과 처리 및 사용에 관한 프로세스를 설계한 객체모델이다. 컨벤션 유치지원 프로세스 관리에 우선적으로 필요한 것은 컨벤션 유치관련 정보수집이다. 고급 유치정보의 수집에는 비용도 많이 들며 대부분 인적(human) 네트워크를 통하여 얻어지기 때문에 이러한 정보원(information provider: IP)을 확보하는 것이 첫 번째 과제라고 할 수 있다.

그러나 정보원이 될 수 있는 사람의 수는 매우 제한적이며 상당한 지위에 있는 사람일 확률이 높다. 이러한 정보원의 종류는 크게 세 가지 기준으로 나눌 수 있는데 먼저 한국인이냐 외국인이냐의 국적에 따라서 구분되고 소속이 민간부문이냐 공공기관이냐의 소속기관의 종류에 따라서 구분이 가능하다. 또 컨벤션 개최지 결정에 직접적인 영향력을 행사할 수 있는 의사결정 직접 관련자와 그렇지 못한 간접 관련자로 구분이 가능하다.

공공 정보원에는 정부의 다양한 외교채널이 있고, 관광공사와 KOTRA가 보유한 해외지사 및 국책은행의 해외지점 등이 있다. 또 민간 정보원에는 NGO, 국내 시중은행의 해외지점, 대기업의 해외지사, 해외진출 기업임원, 신문사 및 방송사의 특파원과 국제기구의 국내지부 등이 해당된다. 이러한 정보원으로부터 컨벤션 유치관련 정보를 입수하면 각 컨벤션 뷰로는 이를 컨벤션 Hub−Network 시스템에 등재하고 컨벤션 유치경쟁에 돌입한

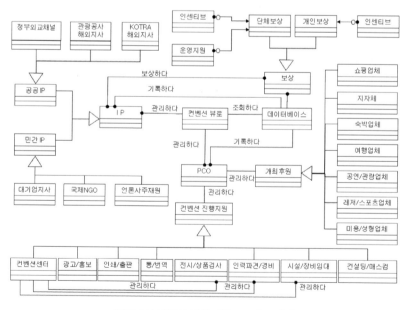

〈그림 23〉 컨벤션 유치 지원 프로세스 설계

다. 이처럼 컨벤션 유치관련 정보를 입수하고 컨벤션을 실제로 유치하기 위해서는 컨벤션 개최지 결정에 영향력을 행사할 수 있는 주요 인사들에 대한 데이터베이스 구축과 지속적인 관계관리가 필요하고 컨벤션 유치 설득을 위한 자료제공 및 인센티브 지급과 같은 지원이 필수적이다. 이를 위해서 컨벤션 허브 네트워크 시스템에는 컨벤션 고객관계관리 시스템(convention customer relationship management system)기능이 필수적으로 포함되어야 한다.

다음 〈그림 24〉는 컨벤션 유치를 위한 고객정보와 설득에 필요한 컨텐츠를 보여주는 시스템 프로토타이핑 화면이다. 왼쪽 위의 점선 동그라미는 고객 프로파일, 이벤트 내용, 고객접촉 기록 등 고객관계관리를 위한 내용을 담고 있고 오른쪽 아래의 점선 동그라미는 각 이해관계자들이 업로드한 대 고객 설득용 컨텐츠들을 보여주고 있다. 설득에 필요한 컨텐츠는 주요 컨벤션 개최지 결정에 영향을 미치는 주요 고객들과의 커뮤니케이션에

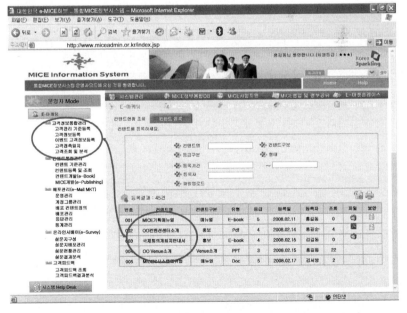

〈그림 24〉 컨벤션 고객관계관리 및 설득용 컨텐츠 관리

활용이 된다.

다음 단계로 일단 컨벤션 유치경쟁이 시작되면 국제회의의 경우 국내의 각 지역별 PCO들에게 제안서 작성을 요청한다. PCO는 최신의 개최역량에 관한 정보를 컨벤션 Hub-Network 시스템을 통하여 컨벤션 개최지원 인프라 기업들에게 요청하고 또한 가장 최근에 입수한 개최 후보지의 관광 매력 정보와 독특한 컨텐츠를 활용하여 제안서를 만든 후 컨벤션 Hub-Network 시스템을 통하여 코리아 컨벤션 뷰로에 제공한다.

코리아 컨벤션 뷰로는 개최예정 컨벤션의 특성과 개최지 결정사례를 분석하여 개최지 결정요인과 제공할 수 있는 인센티브를 파악한 후 가장 경쟁력 있는 추천 후보지를 결정한다. 추천된 후보지의 제안서를 설득자료로 활용하고 유망한 인적 네트워크를 통하여 적극적인 설득에 나서야한다. 일단 개최지가 결정되면 컨벤션 뷰로는 각 사례별로 성공과 실패의 이유를 분석하고 파악하여 Hub-Network 시스템을 통해 참여자들에게 정확히 피드백 해야 한다. 이러한 사례들은 철저히 사례기반추론시스템의 사례베이스에 축적시켜서 향후 개최지 선정 및 홍보 전략수립에 적극적으로 활용해야 한다.

한편, 정보원에 대해서도 적절하게 보상하고 정보원 그룹에 대한 관리를 수행해야 한다. 정보원의 보상 및 정보원 단체의 관리비용은 엄격하게 회계처리 되어서 투명한 집행이 이루어지도록 컨벤션 Hub-Network 시스템의 회계모듈에서 관리되어야 할 것이다.

이처럼 컨벤션 유치를 위해서는 다양한 이해관계자들의 참여와 협조가 긴밀하게 이루어져야 하고 설득을 위한 자료제공과 정보원의 관리가 중요하다. 해외 컨벤션 유치를 위한 업무협조는 국내와 해외, 공공부문과 민간부문, 외국인과 내국인, 각 기관별 및 지역별 이해관계를 초월하여 상호협조가 이루어져야 하는 긴박한 일이기 때문에 다음 〈그림 25〉와 같이 이를 시스템으로 지원할 수 있는 협업시스템(collaborative system) 기능이 필수적이다.

〈그림 25〉의 시스템 프로토타이핑 화면내용은 컨벤션 유치를 위하여 각 프로젝트를 등록하고 이를 관리하기 위한 국내외 기관들과 인력들을 할당하고 수행해야 할 작업을 분할하여 배정함으로써 회의기획, 추진준비 등의 실질적인 업무들이 원활하게 관리될 수 있도록 유도하고 있다.

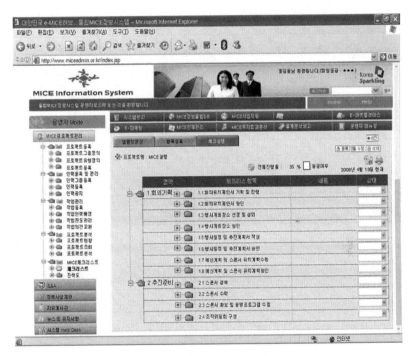

〈그림 25〉 컨벤션 유치지원을 위한 국내외 협업 프로세스

# 소 결

　세계의 여러 개발도상국들이 컨벤션 산업의 중요성을 인식하고 컨벤션 유치를 위한 경쟁에 뛰어들면서 갈수록 유치전이 치열해지고 있고 국내에서도 현재까지 12개의 컨벤션 센터가 건립되면서 컨벤션 유치를 위한 지역 자치단체 간 상호 유치경쟁은 산업의 성숙기에 접어들고 있는 한국의 컨벤션 환경을 더욱 어렵게 하고 있다.

　이러한 무분별한 지자체의 컨벤션 센터공급은 자칫 우리나라 컨벤션 산업을 공급과잉, 만성적자로 이끌 가능성에 대한 우려가 많이 지적되어 왔고 현실화 되고 있다. 그러나 항상 기회와 위협은 동전의 앞면과 뒷면이 듯이 오히려 컨벤션 시설의 증가가 컨벤션의 수요증대로 연결될 수 있다면 컨벤션 산업의 선진화를 위한 결정적 계기가 될 수도 있다. 그러나 현실적으로 컨벤션 수요의 증대를 위해서는 국내 컨벤션 산업의 경쟁우위가 무엇인지를 파악해야 하고 핵심기능의 주요 프로세스가 무엇인지를 파악해야 한다.

　본 연구는 지금까지 거미줄같이 얽혀있는 핵심기능의 연결 프로세스를 보다 신속하고 체계적으로 관리하기 위해서 Hub-Network 시스템 구축과 같은 정보기술을 적극적으로 활용할 필요가 있다. 한국이 가진 정보기술 역량은 세계적으로 인정받기 때문에 외국의 컨벤션 참가자들에게도 한국개최 컨벤션의 매력도를 증가시킬 수 있다.

　또 컨벤션 Hub-Network 시스템은 컨벤션에 참여하는 이해관계자의 입장이 다양하고 컨벤션 산업의 표준화된 업무 프로세스나 표준양식도 미흡한 한국의 상황에서 각 지역별 컨벤션 산업의 특화전략을 지원하고 이를 통해 한국에서 개최되는 컨벤션의 다양성이 확보될 수 있도록 지원할 수 있으며 컨벤션 산업의 과학화와 공정한 경쟁규칙을 유도하는 표준화를 지원할 수 있다.

본 연구의 가장 큰 공헌은 지금까지 한 번도 제시하지 못한 컨벤션 유치를 위한 프로세스와 전략체계를 비즈니스 모델을 중심으로 UML로 표현한 것이며 두 번째는 한국의 실정에 맞는 컨벤션 개최와 관광에 필요한 주요 프로세스를 UML로 제시하여 향후 구축될 컨벤션 허브시스템의 주요 기능을 제시하였다는 것이다. 이를 요약하면 본 연구는 첫째, 컨벤션 산업에서 각기 다른 참여자들이 Hub-Network 시스템을 통하여 서로간의 주요 업무 처리를 수행하는 과정을 분석하여 Use Case Diagram을 제시하였고 주요 참여 행위자로 PCO, 컨벤션 지원업체, 관광업체, IP, 컨벤션 뷰로, 컨벤션 참가자들과 세 가지의 기능을 제시하였다. 두 번째로 컨벤션 Hub-Network 시스템을 활용한 관광업체의 관광상품 예약 및 판매에 관한 순차도와 PCO가 컨벤션 진행을 위하여 관련 기능과 업체들의 정보를 수집하여 관리 및 계약을 수행하는 순차도를 제시하였으며 이 과정을 통하여 컨벤션 산업의 투자수익률을 분석할 수 있는 프로세스를 설명하였다. 마지막으로 컨벤션에서 가장 중요한 과정이라고 할 수 있는 컨벤션 유치정보의 수집과 처리 및 사용에 관한 프로세스를 객체모델로 제시하였고 중요한 부분은 시스템 프로토타이핑 화면을 직접 구성하여 실제화면처럼 제시하였다.

본 연구의 한계점은 분석 및 설계의 결과가 아직 세부적인 시스템 구현에까지 이르지 못하였고 컨벤션 산업의 주요 종사자들과 한국관광공사의 컨벤션 뷰로 직원들의 인터뷰 결과를 바탕으로 바람직한 컨벤션 허브시스템의 공통된 주요 기능과 프로세스를 표현한 것으로 산업 내의 공식적이고 대표성 있는 산출물은 아니라는 점이다.

본 연구결과를 통하여 컨벤션 산업발전을 저해하는 컨벤션 유치의 소극성, 컨벤션 투자효과분석의 부재, 컨벤션 이해관계자들의 복잡성 등의 문제가 컨벤션 Hub-Network 시스템에 참여하는 참여자들을 통하여 하나씩 해결될 수 있을 것으로 기대한다. 특히 코리아 컨벤션 뷰로를 중심으로 컨벤션 유치지원 기능이 컨벤션 Hub-Network 시스템에 포함되고 관광공사의 주요기능이 될 수 있는 이론적, 시스템적 기반이 될 수 있기를 바란다.

끝으로 본 연구가 향후 각 산업분야 별로 부가가치를 창출할 수 있는 창의적 프로세스를 연구하고 제시하여 정책개발이나 기업경영에 접목할 수 있는 새로운 형태의 학제 간 융합연구가 촉발되는 계기가 되었으면 좋겠다.

[1] 김은희 "컨벤션산업의 마케팅 전략에 관한 실증적 연구 -부산지역을 중심으로-", Tourism Research, 16, 163-186, 2002.

[2] 김홍길·윤병국 "한국 컨벤션 산업의 문제점과 활성화 방안 연구", 관광정보연구, (12), 65-98, 2002

[3] 홍성화, "컨벤션기획사와 호텔기업간 파트너쉽 결정요인과 성과와의 관계", 관광학연구, 27(1), 163-179, 2003.

[4] 오길창 이은용 이수범 "컨벤션 산업 진흥을 위한 CVB 활성화에 관한 연구", 호텔경영학연구, 제14권, 제2호, pp.205-223, 2005.

[5] 임상택 김지은 "부산지역 PCO 산업 활성화를 위한 영향변인", 관광연구저널, 제20권, 제2호, pp.265-277, 2006.

[6] 조재완 "유비쿼터스 전시컨벤션의 고객만족에 관한 연구", 컨벤션연구,제7권, 제1호, pp.177-192, 2007.

[7] 김철원 이태숙 한주형 "컨벤션 센터의 브랜드 자산가치에 대한 PCO 인식 차이검증", 제7권, 제2호, pp.7-24, 2007.

[8] 김길래 김충영 "국내 컨벤션 전담조직의 eDMS 도입에 관한 탐색적 연구 - 협력적 네트워크 시스템(컨벤션 포탈)의 수용 관점에서", 관광학연구, 제31권, 제6호, pp.221-245, 2007.

[9] 성은희 "관계마케팅 이론을 통한 컨벤션 스폰서십 제공결정요인에 관한 연구", 이벤트컨벤션연구, 제3권, 제2호, pp.39-53, 2007.

[10] 이희승 김기홍 "컨벤션 유치 강화를 위한 컨벤션센터들의 경쟁력 분석에 관한 연구", e-비즈니스연구, 제8권, 제4호, pp.29-46, 2007.

[11] 김미경 윤세목 "컨벤션 참가자의 선호 관광활동에 따른 시장세분화와 결정요인 분석", 관광연구, 제22권, 제1호, pp.403-419, 2007

[12] Berkman Convention Management & Services, East Lansing AH & MA, 1978.

[13] Crouch, G. I. & Ritchie, J. R, Convention Site Selection Research: A review, conceptual model and propositional framework, Journal of Convention and Exhibition Management, 1(1): 49-69. 1998.

[14] Oberoi, G. & Hales, C., Assessing the Quality of the Conference Hotel Service Product: towards an empirically based model, Service Industries Journal, October: 700-721, 1990.

[15] Oppermann, M. Convention, Destination Images: analysis of association meeting planner's perceptions, Tourism Management, 17(3): 175-182, 1996.

[16] Rutherford, D., Introduction to the Convention, Expositions and Meeting Industry: N.Y: Van Nostrand Reinhold, 1990.

[17] Weber. K. Meeting planners' perceptions of hotel chain practices and benefits: an importance/performance analysis. The Cornell H. R. A. Quarterly, 41(4): 32-38, 2000.

[18] Weber, K. & Chon, K. Convention Tourism: International Research and Industry perspectives, The Haworth Press, NY, 2002.

# 지방이전으로 인한
# 새로운 네트워크 기회*

**PART 5**

* 이 절은 (원문호 · 박기남, 2014)의 성공적 공공기관 지방이전을 위한 정책지렛대 발굴
과 전략개발에 관한 시뮬레이션 연구(인터넷전자상거래연구, 14권6호)를 수정 및 확대
한 것이다.

# 새로운 기회

　한국은 지금까지 지리적 집적이 생산현장에서만 나타난 것이 아니라 병적일 만큼 서울과 수도권 중심의 집적이 만연해 왔다. 실제로 수도권은 인구의 절반이상, 경제의 삼분의 이(2/3), 국세수입의 사분의 삼(3/4)을 차지하고 있다(강원일보; 2014년8월18일자). 교통과 통신의 발달로 인천과 대전까지 1시간미만의 수도권으로 가정했을 때 소외된 지방이 완전히 붕괴되는데 불과 수십 년 밖에 걸리지 않게 될 것으로 예측된다(Jang, Yoon, Shin, 2012). 그러나 정보기술과 교통수단의 발전은 오히려 지리적 집적보다는 정보와 지식의 집적이 더 중요한 요인으로 집적의 우선순위를 변화시키고 있다. 따라서 한국의 파멸적 집적의 해소방안으로 정부에서는 공공기관의 지방이전 정책을 들고 나왔고 여야 정권교체를 포함한 3개의 정권에 걸쳐서 완성되었다.

　우리는 지금까지 강소기업 네트워크를 구축하기 위해서는 서로의 비즈니스 모형을 중심으로 한 강한 제휴관계 구축을 통해 경쟁력 있는 부가가치 네트워크를 끊임없이 창출해내야 한다는 주장을 해왔다. 이것을 구현하는 방법론으로는 소기업의 제휴를 실질적으로 보장할 수 있는 정보인프라가 필요하고 이것을 전장에서는 e–산업클러스터 정보시스템으로 제시한 바 있다. 그러나 e–산업클러스터를 통한 고부가가치 네트워크 구축은 정보인프라 만으로는 부족하다. 컨벤션 산업의 경우에도 초기 소기업들이 참여하게 된 결정적인 요인은 바로 코리아 컨벤션 뷰로를 보유한 한국관광공사라는 신뢰할만한 공공기관의 존재감이었다. 전자상거래 자체가 이미 상호 신뢰성을 기반으로 이루어지기 때문에 경제적으로 상대적 약자에 해당되는 소기업들을 묶기 위해서는 강력한 신뢰가 전제조건이 될 수밖에 없다. 소기업들을 하나의 네트워크로 묶고 상호 협력과 경쟁이 건전하고 공정하게 벌어지는 e-생태계를 구현하기 위해서는 공정성과 건전성의 규칙을 관리하고 위반자에게 불이익을 줄 수 있는 권위를 보유한 절대적 신뢰기관이 필요하다. 당연히 참여기업과 어떠한 사적인 이해관계도 보유하지 않는 기관이 이러한 역할에 더 적합하다. 따라서 중앙정부에 속하는 각 영역별 공공기관이 e-생태계를 육성하고 관리하는데 더 적합하고 중요한 역할을 수행할 수 있으며 e-산업클러스터를 개발하고 운영할 수 있는 중요한 주체가 된다.

이처럼 e-산업클러스터의 적합성이 뛰어난 중앙정부의 공공기관들이 대부분 지방으로 이전한다는 것은 국가적으로 매우 중요한 새로운 기회가 될 수 있다. 왜냐하면 지방으로 이전하는 공공기관들은 스스로 국가를 대표하는 중앙 공공기관이 지방기업 중 하나로 전락하는 우려를 지속적으로 할 수 밖에 없기 때문에 지방에 거주하지만 중앙 공공기관으로서의 역할은 지속적으로 수행하고 오히려 발전시켜야하는 사명을 갖게 된다. 이것은 지방에 거주하면서도 전국을 대상으로 관련 산업분야의 e-생태계를 구축하고 e-산업클러스터를 구축하여 소기업 네트워크를 통해 중앙 공공기관의 역할을 수행하면서 이전지역의 특화된 지역산업과 연계하여 발전해야 하는 지방이전 공공기관의 숙명이다. 따라서 정부의 지방이전 정책은 이전도시로서는 새로운 산업클러스터의 육성을 통한 지역발전의 새로운 기회가 찾아온 셈이다. 그러면 왜 지방이전이 새로운 기회가 되는지를 다음 장에서 살펴보도록 한다.

# 새로운 기회의 증명

지방이전에 관한 연구는 주로 지방이전이 결정되기 전에 이루어져 왔고 지방이전이 본격적으로 진행되는 시점에서의 연구는 거의 이루어지고 있지 않고 있다. 그러나 정부의 막대한 예산을 투입하여 이루어지고 있는 지방이전의 목적을 명확히 하고 지방정부와 이전기관이 목적에 집중하지 않으면 정부의 지방이전 정책은 정부 중앙 공공기관이 단순한 지방기관으로 그 위상이 전락되고 매년 무의미한 이동비용과 막대한 간접비용만 증가하며 대국민 서비스의 품질까지 저하되어 국민들의 원성을 사는 최악의 경우가 발생할지 모른다. 지방이전의 국가별 사례를 살펴보아도 먼저 지방이전을 시작한 영국의 경우에는 이전을 통한 실익이 거의 없이 오히려 런던의 인구가 증가되면서 끝났고, 프랑스의 경우에는 이전을 통하여 파리의 인구증가율을 감소시키는 효과를 일정부분 가져왔으나 지역별 경쟁력 증가를 가져 온 지역은 전체지역 중 제한된 수에 불과하며 소득증가로 이어진 지역도 거의 없다.

물론 수백 명에서 수천 명의 인력이 지방으로 이전한다고 수십조에서 수백조로 이루어진 각 지역의 소득이 갑자기 증가될 것으로 기대하는 것은 무리가 있지만 지역경제 구조의 특성화와 중장기 발전전략에 근거하여 지역소득 창출에 기여하고 대국민 서비스의 품질을 높여 나갈 수 있어야 지방이전의 목표가 달성되는 것으로 인정받을 수 있을 것이다.

본 저서는 지방이전 시뮬레이션을 할 수 있는 에이전트 기반 모형을 구축하기 위하여 다음과 같은 절차를 수립하였다. 첫째 지방이전과 관련된 문헌연구를 고찰하여 이전상황과 기관이 상호작용할 수 있는 일반화된 규칙을 시스템 사고(system thinking)를 통하여 먼저 설정하였다. 둘째 지방이전 기관이 처한 현재상황과 유사한 상황을 구체화하고 주요 요인의 변화가 가져오는 전체 결과의 변화를 살펴볼 수 있도록 질의가 가능한 모델링을 수행하였다. 셋째 구현된 모형을 검증하기 위하여 지방이전이 이루어지기 이전 상황 하에서 시뮬레이션을 수행한 평균값과 현재의 순유입인구와 순 GRDP를 상호 비교하여 차이 정도를 규명함으로써 모형의 타당성을 점검한다. 지역은 수도권, 경상권, 충청권, 호남 및 기타 권으로 구분하여 분석하며, 에이전트는 지방이전 정책 및 지역적 여건을 기반으로 활동하는 이동 인력을 의미하고, 이들의 이동 및 확산결과로 만들어지는 패치는 각 클러스터의 커버리지를 의미한다. 에이전트의 수는 각 네 개 지역별 인구비중을 고려하여 설정한다. 여기서 에이전트인 인력은 처음에는 각 클러스터 내에서 머무르지만 정책 환경이나 인건비, 지식 및 기술수준 등 환경에 따라 지방 인력들이 타 클러스터로 이동하면서 전국적인 클러스터를 만들어가는 과정을 시뮬레이션 한다. 본 저서는 인과지도(causal map)를 바탕으로 지방이전 정책이 수도권으로의 인구집중 완화와 지방경제 활성화를 가져올 수 있는지를 집중적으로 분석하는 시뮬레이션을 수행한다. 또한 지방이전의 정책적 성과를 극대화하고 이전기관과 지방정부의 어려움을 극복할 수 있는 정책지렛대를 발굴하고 전략방향을 제시한다. 제시된 전략방향을 바탕으로 공공기관 지방이전의 실제사례를 분석하고 요구되는 e-산업클러스터의 주요 기능을 규명한다. 또한 이전기관이 특화된 산업을 이끌어가기 위한 e-산업클러스터 구축방법론을 제시하고 필요한 기능설계를 보여준다. 마지막으로 e-산업클러스터의 주요기능을 포함한 화면을 제작하여 제시한다.

본 장에서 지방이전의 이론적 배경과 선행연구를 살펴보고, 지방이전 및 지방혁신정책을 시뮬레이션 하여 지방이전 정책의 핵심적 정책지렛대 발견을 시도한다. 또 지방혁신 정책을 수행하기 위한 전략적 방향과 시사점을 제시한다.

# 공공기관의 지방이전

## 3.1 공공기관의 지방이전의 해외사례

공공기관의 지방이전 정책의 원조는 영국으로서 지방이전의 필요성에 대해서는 런던이 세계의 중심이던 19세기부터 논의되다가 1960년대 이후 런던의 인구과밀을 해소하고 재정적자를 해소하면서 작은 정부를 지향하여 1988년까지 총 40,900명을 이전시켰다(배준구, 2005). 프랑스의 경우에는 1960년부터 파리의 인구집중을 억제하고 낙후지역을 개발하기 위하여 1990년을 기준으로 그 이전에 2만 3천명, 그 이후에 270개 기관, 3만여 명이 지방으로 이전하였다. 또 일본의 경우에는 도쿄의 인구집중 해소와 분산형 국토형성을 위하여 1988년 공공기관 지방이전 방침을 설정하고 지금까지 40개 국가기관과 19개 공공기관이 이전하였다. 스웨덴은 1960년부터 스톡홀름의 인구 및 산업집중을 막고 지방의 균형발전을 도모하기 위하여 52개 기관 1만1천여 명을 지방으로 이전토록 하였다(Carrez, 2004; 박양호·김창현, 2002; 주성제, 2003; 배준구, 2005). 해외의 공공기관 지방이전 연구를 분류해보면 비용측면, 지역균형발전측면, 교통 및 정보통신의 발달측면에서 연구가 진행되었다.

첫째 비용측면에서 실업률이 높은 지방의 임금 및 임대료가 저렴하므로 지방이 비용측면에서 비교우위에 있다는 주장으로서 영국지방이전 논리의 이론적 근거가 되었다.

둘째 지방이전은 수도권의 과밀화를 해소하여 경제발전에 도움이 되고 낙후지역은 고급기술과 인력을 공급받고 세수를 증대시킬 수 있어서 국토균형발전에 기여한다는 주장이다(Lajugie et al., 1985; Marshall, 1996). 프랑스의 경우 전통제조업이 쇠퇴한 지역에 공공기관 이전과 함께 지역혁신정책을 추진하였다. 주요 내용은 낙후된 지역에 고급인력(기획/연구)을 유입하고 교육 및 훈련을 통한 지식/기술 수준을 강화하면서 민간부문의 경쟁력을 강화시켜 지역경제의 활성화와 파리의 인구과밀 억제를 달성하였다(김경환 외 2002; Jefferson & Trainor, 1996).

셋째, 교통 및 통신기술의 발달은 거리에 대한 제약조건을 크게 완화시켜 수도권에 입지하지 않고 지방에 입지하더라도 효율성을 감소시키지 않는다는 논리이다. 파리의 경우 고속철도의 개통으로 지역분산 효과가 크며(박양호·김창현, 2002) 정보통신의 발달로 대면접촉의 필요성이 크게 저하된 것도 공공기관의 지방이전을 정당화하는 주요 요인이 되었다. 교통과 통신의 발달로 인한 지방이전 가능논리는 대부분의 나라들이 적극적으로 활용하는 대표적인 논리이다.

## 3.2 공공기관 이전의 지역발전 기대효과

공공기관의 지방이전 정책으로 인한 기대효과는 일자리 이전효과, 지역별 산업구조 개선효과로 요약된다. 김태환과 이동우(2005)에 의하면 일자리 이전효과는 176개 공공기관의 지방이전으로 수도권에 있던 직·간접적 일자리 13만 여개가 지방으로 이전되어 지방의 생산증대효과가 약 9조 3천억 원, 부가가치 유발효과는 4조원으로 추정하고 있다.[1] 공공기관의 일자리는 고급 일자리에 해당되기 때문에 이를 충원하기 위한 지방교육 여건의 개선에 영향을 미칠 수 있다. 또 공공기관의 성격을 반영한 지역 산업구조의 개편의 경우 지역별 특성화 산업을 선별하고 산·학·관 연계를 통한 역량제고의 기회가 된다. 그러나 이러한 지방의 효과들은 미시적인 수준의 기대효과라고 할 수 있고 공공기관 지방이전정책의 궁극적인 기대효과는 '수도권 인구과밀해소'와 '지역경쟁력 제고'로 요약할 수 있다.

오늘날과 같은 지식기반의 경제사회에서는 인적자원의 개발이 지역사회 발전의 큰 전제조건이 되고 있다(전형중, 2003). 프랑스의 공공기관 지방이전 정책이 성공한 가장 큰 이면에는 주요 대학의 지방이전을 통해 수도권으로의 교육이주를 막으면서 대학 인력을 통한 지식/기술의 축적과 혁신클러스터의 활성화가 성공비결이라는 것을 알 수 있다. 따라서 지역사회는 가용한 모든 학습자원을 활용하여 인적자본과 사회자본을 형성해야 한다(이상용, 2005). 지역단위의 주민들을 위한 삶의 질을 제고하고 지역사회의 활력을 도모하기 위해서 인적자원의 양성과 활용을 위한 평생교육 기반을 구축하는 것이 지역 인적자원개발의 핵심이며 이것이 경쟁력이다(이희수, 2001). 실제로 성공한 클러스터로 인식되는 미국 실리콘밸리의 경우 스텐포드와 버클리대학 등 대학 인력을 활용한 인적자원개발 전략을 사용하였고 프랑스 에브리시의 경우에도 이전공공 기관의 특성을 고려한 대학과 전문대학을 설립하고 교통망을 통한 파리인적자원을 활용하여 성공을 거두었으며

---

[1] 이 수치는 공공기관의 직·간접 관련 일자리가 그대로 유지되어 수도권 잔류조직과 인력이 없고 관련 기업과 가족들이 이전하는 효과를 가정하여 추정한 수치이므로 해석에 주의가 필요하다.

독일의 스튜트가르트 지역도 특성화 부문을 선정하고 대학과 연구소를 기반으로 한 하이테크형 기술개발과 지식축적으로 고급인재를 양성하여 고부가가치를 창출하는 사례이다. 본 저서는 각 지방혁신 클러스터를 중심으로 확산되는 인력을 에이전트로 정의하였다. 합목적적이고 자율적 객체인 에이전트가 실제 인력흐름과 유사한 반응을 보이도록 인력확산에 관한 기존연구를 바탕으로 규칙을 설정하였다. 인구이동 요인에 관한 기존연구들은 취업과 교육을 목적으로 하는 경제적, 사회적 요인이 가장 강하다고 지적하고 있다. 특히 1960년대 이후 도시화가 진행되면서 농촌인력들이 취업과 교육을 위하여 대거 이주하면서 급격히 도시화가 진행되었다. 기업 본사와 정부, 공공기관의 수도권 집중화가 심해지면서 고급일자리와 교육을 통한 신분상승의 욕구로 인해 수도권 인구가 기하급수적으로 증가되었다(이우평, 2002). 따라서 인력이동의 주요 요인은 양질의 일자리와 교육환경으로 요약된다.

그러나 본 저서에서는 양질의 일자리를 주요 인력이동의 요인으로 간주하지만 독립적인 교육환경 요인은 고려하지 않는다. 다만 양질의 일자리를 제공하는 지역에서는 그 일자리와 관련된 우수 교육을 제공할 수 있다는 부분적인 고려요인으로 한정한다.

## 3.3 수도권기업의 지방이전 촉진 및 억제요인

수도권 기업의 지방이전을 억제하는 유인으로는 권역별 입지규제, 공장총량제, 공업지역 지정제한, 공장 신증설제한, 과밀부담금 부과 등이 있고 지방이전 유인책으로는 세제감면, 금융지원, 종전부지매입, 배후도시개발권, 기업유치 보조금 등이 있다.

* 출처: 문남철(2006), 수도권기업 지방이전 정책과 이전기업의 공간적 패턴, 지리학연구

**〈그림 26〉수도권기업의 지방이전정책**

또 수도권기업 지방이전을 촉진하는 요인들로서 각 정부부처가 조사한 연구결과는 다음 〈표 13〉에 제시되어 있다. 다양한 지방이전 촉진요인으로서 수도권입지제한요인에는 높은 지가, 각종 수도권 규제 등이 포함되어 있고 지방입지 유인요인으로는 저렴한 공장부지, 세제 및 금융지원혜택 등이 포함되어 있다. 또 지방이전 억제요인으로서 수도권 입지유인요인에 해당되는 항목으로는 양호한 기반시설, 판매시장과 납품업체와의 접근성 등이 있고 지방입지 제한요인에는 전문기술인력 확보, 원자재 및 부품공급의 원활성 등이 포함되어 있다.

**〈표 13〉 수도권기업의 지방이전촉진 및 억제요인**

| | | 출처 | 요인 |
|---|---|---|---|
| 지방이전촉진요인 | 수도권입지제한요인 | 산자부 | 높은 지가(1), 각종 수도권 규제(2), 공업용지의 부족(3), 교통·생활환경의 불편(4) |
| | | 경기도 | 부지 협소(1), 수도권 규제(2), 주변지역 주택가 개발(3) |
| | | 전경련 | 용도지역 변경 어려움(1), 환경문제 등 잦은 지역민원(2), 공업용지 부족(3), 지자체 기반시설 부담 요구(4) |
| | 지방입지유인요인 | 한국은행 | 저렴한 공자부지(1), 세제·금융 등 지원혜택(2), 도로 등 양호한 산업기반시설(3), 풍부한 노동력(4) |
| | | 한무호 | 용지 확보(1), 저렴한 지가(2), 노동력(3), 판매시장에 대한 접근성(4) |
| | | 전라북도 | 저렴한 부지 및 임대료(1), 교통 인프라(2), 지자체 유인 및 혜택(3), 저렴한 인건비(4) |
| 지방이전억제요인 | 수도권입지유인요인 | 산자부 | 양호한 기반시설(1), 판매시장과 납품업체와의 접근성(2), 관련업종의 집적(3), 부품·원부자재 조달(4), 인력 확보(5) |
| | | 경기도연합회 | 양호한 기반시설(1), 고급 인력확보(2), 협력기업 수도권 입지(3), 기업서비스업체 존재(4), 산업 협력(5) |
| | 지방입지제한요인 | 한국은행 | 전문기술인력 확보(1), 원자재 및 부품의 원활한 조달(2), 자금 확보(3) |
| | | 한무호 | 우수인력 확보(1), 원료공급·제품수요처 확보(2), 관련 정보 수집(3), 기술개발 여건(4) |
| | | 전라북도 | 자금 확보(1), 인력 확보(2), 행정절차 및 인허가(3), 입지 확보(4) |

* 출처: 문남철(2006), 수도권기업 지방이전 정책과 이전기업의 공간적 패턴, 지리학연구
　주:　응답비율을 순위로 변경
　자료: 전라북도중소기업지원센터. 2005. 전라북도 이전기업 경영현황 및 애로사항 조사:
　　　　한무호. 2003. 신나게 기업하는 충남 추진상황 평가와 향후과제. 열린 충남 22.
　　　　한국은행 강원본부. 2005. 강원지역 이전기업 실태조사 결과.
　　　　전국경제인연합회. 2005. 수도권 공장입지 애로실태 및 개선과제.
　　　　경기도경제단체연합회. 2005. 경기도 중소벤처기업 경기 및 이전수요 조사표.
　　　　산업자원부. 2004. 수도권 기업 지방이전 수요 및 실태조사.
　　　　경기도. 2004. 수도권 공장 신·증설 규제의 합리적 개선방안 연구

## 3.4 초광역 지역혁신체제의 개념

국가혁신체제(national innovation system: NIS)는 국가의 영토 내 존재하는 혁신주체들 간의 상호작용적 관계에 영향을 미치는 혁신주체들과 제도의 복합체로 정의한다(Lundvall, 1992; Freeman, 1997; Nelson, 1999; OECD, 1999a, 1999b). 또 지역혁신체제(local innovation system)는 국가혁신체제와 매우 밀접한 관계가 있다. 즉 기술경쟁이 격화되고 세계화가 진행되면서 지방의 과학기술 활동이 중요해지고 있다. 이 때문에 과학기술 정책을 기획하는 국가혁신체제와 이를 추진하고 활용하는 지방혁신체제 간의 상호 합치성과 연계성은 매우 중요해지고 있다.

지역혁신체제의 혁신주체는 '지역과학기술의 학습(learning), 조사(searching), 탐구(exploring)에 직·간접적으로 영향을 미치는 공급업체, 수요업체, 연결업체 등 경제주체와 공공 및 민간 연구기관, 대학 등 연구 활동에 참여하는 조직들이 모두 포함되고 지역혁신체제는 이들 혁신주체들 간의 상호작용과 이에 영향을 미치는 제도까지 포함시킨 개념이다.

이공래(2004)에 의하면 지역혁신체제는 행정기관의 정책 영향력에 따라 소규모 지역혁신체제(small-scale local innovation system: SLIS), 광역 지역혁신체제(large-scale local innovation system: LLIS), 그리고 초광역 지역혁신체제(very large-scale local innovation system: VLIS)로 구분이 가능하다. 초광역 지역혁신체제는 2개 이상의 행정구역이 포함되는 개념으로 호남권, 영남권, 동남권, 충청권, 수도권, 강원권, 동부권 등으로 구분할 때 이들 지역을 VLIS로 정의한다. 이러한 초광역 지역혁신체제로 구분하고 운영하는 것이 유리한 이유는 과학기술의 혁신을 위해서는 대단위의 투입요소가 소요되고 또 성공할 경우 파급효과도 크기 때문이다. 작은 단위로 지역혁신체제가 나누어지면 그 때마다 발생하는 투자금액을 조달하기가 어렵고 설사 성공한다 하더라도 파급효과도 제한적일 뿐만 아니라 지역 간 경쟁이 심할 경우 오히려 중복투자를 초래할 수 있다. 한국의 경우 연구개발투자 수준이 일본이나 미국에 비하여 크게 열악한 수준이며 연구개발 인력이나 조직도 매우 희소하다. 또 현대 과학기술은 단위 기술로 개발하는 것이 아니라 상호연관성이 높은 기술들을 모아서 모듈단위로 개발하기 때문에 연구인력 수가 많이 필요하고 상이한 각 분야의 연구자들이 팀을 이뤄서 함께 연구해야 하는 경우도 많다. 따라서 지역혁신체제가 작을수록 과학기술의 예산, 인력, 조직, 파급효과, 성공확률 등 여러 가지 측면에서 불리해진다.

노무현 정부 때부터 지역혁신체제 구축을 위해서 혁신클러스터 육성이 추진되었는데 혁신클러스터는 부가가치 네트워크나 가치사슬 네트워크에 연결된 독립 기업들로서 부품기업, 원자재기업, 최종소비자, 조립기업, 사용자기업과 대학, 연구기관, 교육기관 등 과학기술에 관한 기반지식을 창조하고 응용하고 활용하는 조직 간의 네트워크로 정의할 수 있다. 지역혁신체제는 여러 개의 혁신클러스터를 보유할 수 있고 한 개의 혁신클러스터가 여러 개의 지역혁신체제에 포함될 수도 있다. 그래서 혁신클러스터를 육성해서 지역혁신체제를 강화하려면 하나의 혁신클러스터가 충분히 규모경제나 시너지 효과를 누릴 수 있도록 충분히 큰 초광역 지역혁신체제를 도입할 필요가 있다.

또 기술혁신이 기술융합의 추세를 따르고 있기 때문에 기계, 금속, 화학, 물리, 정밀기기, 생명공학 등 거의 모든 영역의 기술들이 복잡하게 결합되는 경향이 있는데 이것은 대부분 정보통신기술의 발달로 인한 것이다. 정보기술을 통하여 실험실과 공장 등에서 이질적인 기술들을 하나로 통합하여 구현하면서 지식과 기술의 융합이라는 새로운 패러다임을 이끌고 있기 때문에 이처럼 다양한 지식과 기술을 창조하고 축적하고 공유하고 활용하기 위해서는 보다 대규모의 지역혁신체제가 필요하다. 현재 진행되고 있는 17

개 광역 지방자치단체를 중심으로 하는 지역혁신체제는 그 규모나 파급효과의 효율성 그리고 투자비용 측면에서 초광역 지역혁신체제에 비하여 불리하다.

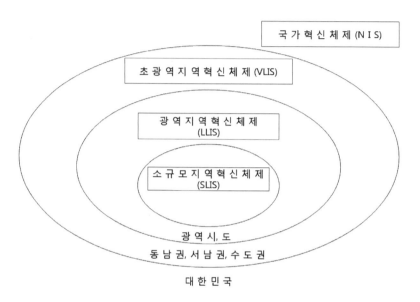

*출처:  이공래(2004), 초광역 지역혁신체제의 연구개발거점 구축 전략 - 대구테크노폴리스의 경우, 과학기술정책

**〈그림 27〉 지자체 행정구역을 기준으로 구분한 지역혁신체제 유형**

# 지방이전 및 혁신정책 시뮬레이션

## 4.1 지방이전 모형의 주요 내용

전술한 것처럼 본 저서는 지방이전의 목표라고 할 수 있는 수도권 인력 집중의 완화와 지방경쟁력 제고를 달성할 수 있을 것인가에 초점을 맞추고 시뮬레이션을 진행한다. 이를 위해서 본 저서는 일부 공공기관의 사례를 분석하여 시스템사고(system thinking)를 통한 인과지도(causal map)를 다음 〈그림 28〉과 같이 도출하였다.

〈그림 28〉에서 '지방이전정책'을 강화하면 '지방이전기관수'는 증가(+)하게 된다. 이러한 정책은 필연적으로 '이동인력수'를 증가(+)시킨다. '이동인력수'의 증가는 사업수행을 위한 공공기관의 '서비스비용'을 증가(+)시킨다. '서비스비용'은 증가되지만 정부예산은 그 만큼 증가되지 못하기 때문에 공공기관은 기능을 핵심기능과 유지기능으로 분할하여 핵심기능 위주로 정부예산을 운영할 수밖에 없다. 당연히 핵심기능은 중앙정부의 관심사항이어서 집중적인 투자(+)가 이루어진다. 따라서 고급인력과 기술이 필요하며(+) 이러한 인력은 현재 대부분 수도권에 집중되어 있고 지금까지 거래하던 기관도 모두 수도권의 기업체들이다. 따라서 수도권의 부가가치가 높아지게 (+) 된다. 수도권의 부가가치는 '수도권인건비'와 '수도권경쟁력'을 강화(+)시키고 이것은 '수도권인력수요'를 증가(+)시킨다. 또한 '고급지식/기술'이 '수도권부가가치'를 증가시시고 부가가치는 '수도권경쟁력'을 강화시키며

경쟁력은 '수도권 클러스터'를 팽창시키면서 다시 새로운 '고급지식/기술'을 창출하는 환류 고리(feedback cycle)를 가지고 있다. 즉, 지방이전정책이 강화되면 오히려 수도권인력수요가 증가되어 수도권으로의 인력유입이 커진다는 역설적인 결과가 도출된다. 지방이전이 오히려 수도권의 부가가치를 증가시켜서 수도권 클러스터의 팽창을 가져올 수 있다는 사실을 보여준다.

반면 지방이전 공공기관으로서는 '기능분할'에서 핵심기능이 빠진 단순 '유지기능'에 예산배정을 줄일 수밖에 없고(-) 고급기술과 지식을 필요로 하지 않기 때문에 '하급지식/기술'에 의존한다. 하급지식/기술은 가격경쟁(+)을 심화시키고 지방인건비(-)를 낮추며 양질의 일자리(-)를 줄인다. 지방 인력의 수요 감소의 상황이 벌어지면 지방이전 정책을 추진하기 이전의 상태로 돌아가거나 수도권 쏠림현상이 더욱 심해지리라는 것을 예측할 수 있다.

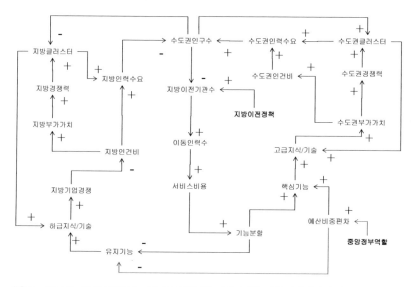

*출처: 원문호·박기남(2014), 성공적 공공기관 지방이전을 위한 정책지렛대 발굴과 전략개발에 관한 시뮬레이션 연구, 인터넷전자상거래연구

〈그림 28〉 시스템사고를 이용한 인과지도

결국 수도권 집중화를 완화시키면서 지방의 경쟁력을 강화시키려는 원래의 정책의도와는 정반대의 결과를 산출할 수 있다. 이러한 지방이전정책의 성과를 분석하기 위한 에이전트 기반의 시뮬레이션 전제조건과 설정논리는 다음과 같다.

1) 전국은 네 개의 지역으로 구분되며 지역은 에이전트 집합(set)이 되고 사람이 에이전트(agent)가 된다.

2) 모든 에이전트는 블록별로 동일한 지점에서 출발하여 각 지역을 특정 클러스터로 만들어 나가며 가능한 많은 지역을 클러스터로 묶고자 경쟁한다.

3) 지역 클러스터는 단순 지리적 클러스터의 개념이 아니라 정보기술과 교통의 발달로 지리적 한계를 극복한 클러스터 개념으로 정의한다.

4) 각 지역의 인구유입은 사람들이 가급적 지역에 머무르려 하지만 인내의 적정 한계치를 넘어서면 생존에 더 유리한 지역으로 이동하므로 인구유입률이 높아진다. 이것은 기존의 터전을 등질만큼 불편함과 생존여력의 차이가 크다는 것을 의미하고 현실세계의 조건과 유사하다.

5) 각 에이전트는 정해진 에너지를 보유하게 되는데 에이전트가 지역의 장애물을 만나면 에너지가 소멸되어 더 이상 이동할 수 없고 사라진다. 이것은 본 저서가 특정 세대(generation)를 대상으로 하기 때문이며 만약 세대가 이어지는 시뮬레이션을 수행한다면 외부 환경요인의 영향력이 너무 커지고 더욱 복잡한 모형이 되기 때문에 연구주제와 관련된 세대로만 한정하기 위함이다. 또 장애물은 각 개인의 입장에서 정책적, 제도적 장애를 극복하기가 매우 어렵기 때문에 장애를 만난 개인은 클러스터를

더 확장하려하지 않는다는 의미이다.

6) 에이전트의 수는 해당 지역 인구수에 비례하여 생성한다.

7) 에이전트의 움직임은 타 지역을 향하여 경계선 없이 방향성 있게 움직이지만 각 에이전트의 동작각도는 무작위로 설정되어 이동하면서 클러스터를 만들어 나간다.

8) 한번 에이전트에 의해서 만들어진 클러스터는 이후 다른 에이전트에 의해 다른 클러스터로 전환되지 못한다. 이것은 한번 지역의 클러스터 네트워크가 구축되면 쉽게 다른 클러스터로 전환하기가 어려운 특성을 반영한 것이다.

다음은 본 저서의 시뮬레이션을 위한 에이전트의 규칙에 관한 설명이다. 본 저서에서 주요 쟁점은 수도권 인구유입률이 줄어드느냐와 지방 혁신클러스터가 활성화되느냐로 요약된다. 결국 첫 번째는 지방이전 정책을 통한 인구유입률(P)에 관한 것이고 두 번째는 지방클러스터 확산률(C)에 관한 것이다. 또 이 두 개의 지표는 서로 연관성을 가지고 있다. 지방클러스터 확산률이 높으면 수도권인구유입이 줄겠지만 낮으면 오히려 수도권 인구유입을 증가시키게 될 것이다. 클러스터확산은 위의 그림에서 알 수 있듯이 지식기술(K), 지방규제(R), 인적역량(HC) 요인과 관련이 있는데 다시 인적역량(HC) 요인은 교육수준(EL)과 개인특성(CH)의 함수로 표기될 수 있다.

$HC = EL \cdot CH$

$CH = U(0,1)$ 행위자마다 무작위의 서로 다른 값을 갖는다.

$CD = 1 - exp[-k(K \cdot HC / R)]$

또 인구유입(MIR)은 클러스터확산률(CD), 인건비수준(CO), 그리고 정부 이전정책 추진강도(GM)가 주요 요인이다. 여기서 인건비 수준은 기업의 부가가치(VA)와 경쟁정도(CP)의 함수로 단순화 할 수 있다. 또 기업경쟁은 두 가지로 나누어 생각해 볼 수 있는데 먼저 원가경쟁(CP)이 치열한 경우 서로 출혈을 감수할 수밖에 없고 이것은 공멸을 가져온다. 반면 부가가치 경쟁(VA)이 치열할 경우 서로 다른 부가가치 창출로 인해 서로 공생하며 발전할 수 있다. 결국 원가경쟁은 기업의 부가가치를 축소시키고 이것은 인건비수준을 낮추어 인구유출을 심화시킴으로써 지역 클러스터를 몰락시키게 되며 기업은 다시 생존경쟁으로 내몰려 다시 원가경쟁을 할 수밖에 없는 '음의 되먹임'(negative feedback)을 가져온다.

$$MIR = 1 - \exp[-k(CD \cdot CO / GM)]$$

CD = U(0,1) 초기에는 임의의 값이 모든 지역에 동일적용

$$CO = VA \cdot (1 - CP)$$

GM = U(0,1) 임의의 값이 모든 지역에 동일적용

지금까지 각 지역의 환경변수와 수식을 바탕으로 각 지역별 에이전트의 행동규칙은 다음과 같다. 먼저 클러스터 확산률에서 수도권 클러스터 확산률과 지방 클러스터 확산률의 차이가 0을 넘을 경우 클러스터의 확산은 빨라지게 된다. 즉, 클러스터 확산률이 높은 지역은 지식기술 수준이 높고 지방규제 수준이 낮으며 인적역량이 뛰어나므로 해당 지역의 에이전트는 상대적으로 저조한 지역을 향해 빠르게 침범하게 된다는 의미이다. 클러스터가 발달한 지역은 더 나은 지식/기술을 공급할 수 있고 교육수요를 자극하여 인력이동을 가속화시킨다. 체계적 적소(proper)교육을 통한 고급지식/기술의 보급과 낮은 규제수준은 다시 클러스터 확산률을 높이는 양의 되먹임

(positive feedback) 효과로 작용하게 된다. 결국 특정지역의 경제적 영향이 압도적이어서 다른 지역의 경제성장을 막아서는 것을 의미한다.

CD(A)−CD(B)〉0 이면 "A지역 클러스터의 확산속도가 빨라진다."
CD(A)−CD(B)〈0 이면 "A지역 클러스터의 확산속도가 늦어진다."

다음 인구유입률(IP)에서 A지역의 인구유입률과 B지역의 인구유입률의 차이가 0이상이면 특정 A지역의 인구유입속도가 빨라진다. 이것은 기존의 생활환경을 유지하는 것보다 타 지역으로 이동하여 경제적 여건이 크게 개선될 수 있다면 살던 지역을 고수하지 않고 이주하려는 특성을 반영한 것이다.

즉 특정지역의 클러스터 확산률(CD)이 높고 인건비수준이 높으면 각 지역에서 A지역으로 고급지식과 기술을 배우기 위한 교육수요와 높은 인건비수요로 인구유입이 많아지게 된다. 반면 정부의 지방이전정책 추진의지가 강하면 특정지역으로 인구가 몰리려는 압력을 인위적으로 감소시키지만 이를 위해서 더 많은 정책비용이 소요된다. 이것은 더 많은 이전비용이 공공기관으로 전이되는 결과를 가져와서 결국 핵심사업 위주의 예산편성과 수도권 클러스터 위주의 사업집행을 강화시켜서 지방 클러스터 확산률을 저하시키고 수도권 인구유입률을 증가시키는 '음의 되먹임(negative feedback)'이 이루어지게 된다.

IP(A) − IP(B) 〉0 이면 "A지역의 인구유입이 커진다."
IP(A) − IP(B) 〈0 이면 "A지역의 인구유입이 작아진다."

## 4.2 지방이전모형의 구현

연구모형은 다음 〈그림 29〉와 같이 지방이전정책을 강하게 집행할 경우의 지역별 정책 및 환경요인을 설정하고, 에이전트의 행동규칙을 실행하면 지방이전 정책의 목적인 클러스터 확산률과 인구유입률 데이터가 출력되도록 설계되었다.

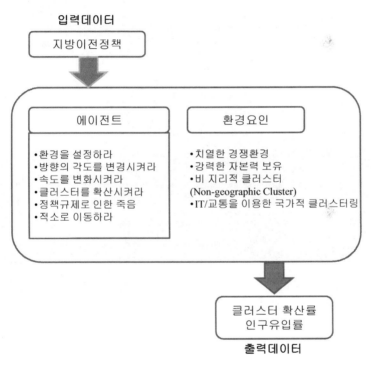

**입력데이터**

지방이전정책

| 에이전트 | 환경요인 |
|---|---|
| •환경을 설정하라<br>•방향의 각도를 변경시켜라<br>•속도를 변화시켜라<br>•클러스터를 확산시켜라<br>•정책규제로 인한 죽음<br>•적소로 이동하라 | •치열한 경쟁환경<br>•강력한 자본력 보유<br>•비 지리적 클러스터<br>(Non-geographic Cluster)<br>•IT/교통을 이용한 국가적 클러스터링 |

클러스터 확산률
인구유입률

**출력데이터**

〈그림 29〉 시뮬레이션 수행모형

또 산출데이터의 해석이 용이하도록 모형에서 사용하고 있는 시간의 개념인 'tick'을 '반년'단위로 환산하여 출력하도록 설정하였다. 원래 tick은 시뮬레이션을 수행할 때 에이전트 규칙이 적용되는 1회 순환인데 본 저서는 한 세대(30년)의 변화를 살펴보고자 하므로 1 tick이 약 6개월 정도의 의미를 가진다는 것을 확인하였다. 에이전트 기반 모형구축과 시뮬레이션 분석도구로는 간단히 활용이 가능한 NetLogo를 사용하였고 각종 규칙에 적용되는 파라미터는 통계정보를 활용하였다. 구현된 모형의 이미지는 다음 〈그림 30〉과 같다.

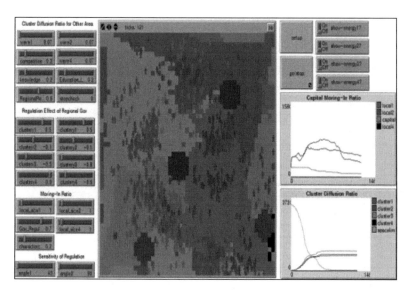

*출처: 원문호 · 박기남(2014), 성공적 공공기관 지방이전을 위한 정책지렛대 발굴과 전략개발에 관한 시뮬레이션 연구, 인터넷전자상거래연구

〈그림 30〉 구현된 모형의 이미지

## 4.3 지방이전 모형의 검증

본 저서에서 제시한 모형의 결과를 얼마나 신뢰할 수 있는지를 검증하기 위하여 모의 결과를 실제 데이터와 비교해 보았다. 2004년부터 2013년까

지 10년간 수도권의 년 평균 전입인구 수는 450만이고 평균 전출인구 수는 445만이다. 따라서 평균 순유입인구수는 5만8천명이며 전입율은 국내인구의 1.2%이다. 본 저서는 전국을 수도권과 충청권, 영남권, 호남·강원·제주권의 4개 권역으로 구분하여 분석한다. 따라서 충청권의 년 평균 순 이동인구는 1만7천명 증가, 영남권의 순 이동인구 수는 4만8천명의 감소 그리고 호남·강원·제주권의 순 이동인구 수는 2만9천명 감소로 나타났다.

<표 14> 2005년에서 2014년까지 이동인구 분석

| 지역 | 인구이동 분석 (단위 : 1,000) | | | GRDP 분석 (단위 : 백만) | |
|---|---|---|---|---|---|
| | 전입인구 | 전출인구 | 순이동 | 평균 GRDP | 평균 순 GRDP |
| 수도권 | 4,508 | 4,449 | 58 | 524,601,452 | 30,628,159 |
| 충청권 | 827 | 809 | 17 | 122,629,447 | 9,604,569 |
| 영남권 | 1,916 | 1,965 | -48 | 287,870,505 | 16,783,617 |
| 호남권 | 1,176 | 1,206 | -29 | 141,078,287 | 8,339,103 |

또 수도권 클러스터는 전국적으로 분포하고 있으며 2003년부터 2012년까지 10년간 평균 GRDP는 524조원으로 조사되었다. 또 10년간 평균적으로 순증가 된 GRDP는 30조 6천억 원으로 나타났다. 10년간 순인구유입률과 순증가 GRDP를 본 저서의 모형으로 100회 반복하여 산출된 결과를 비교하였다. 각 지역 인구수를 반영하여 시뮬레이션 한 순수 인구유입률과 수도권 GRDP는 다음 <표 15> 및 <표 16>과 같다. 본 저서는 시뮬레이션 데이터와 실제 통계데이터 두 집단의 평균 차이를 통계적으로 검증하기 위하여 t-test를 수행하였는데 분석결과 수도권, 충청권, 영남권, 호남권의 순인구유입률과 순 GRDP에 통계적 차이는 없는 것으로 나타났다.

〈표 15〉 수도권과 지방의 순 인구이동 비교

(단위: 명)

| 항목 | 수도권 | | 충청권 | | 영남권 | | 호남권 | |
|---|---|---|---|---|---|---|---|---|
| | 실제 | 시뮬레이션 | 실제 | 시뮬레이션 | 실제 | 시뮬레이션 | 실제 | 시뮬레이션 |
| 평균 | 58,000 | 52,800 | 17,000 | 20,070 | -48,000 | -42060 | -29,000 | -23,890 |
| 표준편차 | 54,949 | 19,171 | 10,089 | 14,353 | 17,978 | 14,842 | 33,724 | 12,833 |
| T값 | 0.763 | | 0.979 | | 0.361 | | 0.636 | |
| P값 | 0.463 | | 0.350 | | 0.725 | | 0.539 | |

〈표 16〉 수도권과 지방의 순 GRDP

(단위: 십억원)

| 항목 | 수도권 | | 충청권 | | 영남권 | | 호남권 | |
|---|---|---|---|---|---|---|---|---|
| | 실제 | 시뮬레이션 | 실제 | 시뮬레이션 | 실제 | 시뮬레이션 | 실제 | 시뮬레이션 |
| 평균 | 30600 | 33000 | 9600 | 10100 | 16800 | 17100 | 8300 | 9400 |
| 표준편차 | 11900 | 18600 | 3800 | 5200 | 6500 | 11300 | 3100 | 5000 |
| T값 | 0.737 | | 0.8096 | | 0.9402 | | 0.5712 | |
| P값 | 0.477 | | 0.4370 | | 0.3692 | | 0.5804 | |

## 4.4 시뮬레이션 결과분석

본 저서는 〈표 17〉처럼 수도권의 지식/기술을 0.7로 두고 지방은 0.3으로 설정하였는데 그 근거는 현재 이전기관의 외부용역 중 지식 및 기술이 중요한 용역건수의 70% 정도가 수도권업체에 의해서 이루어졌고 약 30% 정도가 지방업체에 의해 이루어지고 있기 때문이다. 본 저서에서 규제는 두 가지 종류로 나누어져 있는데 첫째는 이전기관의 정주 및 교통 인프라에 관한 규제와 비즈니스 및 업무수행에 관한 법적 및 행정적 규제가 그것이다. 여기서의 규제정도는 혁신도시와 관련된 규제정도를 의미하고 각 지방의 법적 및 행정적 규제는 시뮬레이션 상의 장애물의 위치로 구현된다. 수도권의 교통, 통신 및 정주여건은 지방이 크게 불리한 것이 사실인 만큼 수도권의 규제정도가 0.3으로 설정하고 지방은 0.7로 설정하였다. 부가가치의 경우 수도권이 0.7로서 지방에 비하여 3.5배 정도 높은 수준으로 설정하였는데 그 근거는 현재 이전기관의 외부용역의 단가를 분석한 결과 수도권 업체와의 계약금액이 지방업체와의 계약금액의 3~4배 정도로 나타났기 때문이다. 경쟁정도는 원가경쟁을 의미하기 때문에 상대적으로 저렴한 인건비를 바탕으로 한 지방에서의 가격경쟁이 수도권보다 두 배정도 심하다고 설정하였다. 그 근거는 제조업과 서비스업의 인건비를 분석한 결과 평균 인건비가 서울의 50~70%정도 수준으로 나타났기 때문이다. 일반적으로 직접인건비와 간접인건비의 감소는 원가경쟁을 위한 전략이며 이것은 가격경쟁의 정도를 가늠할 수 있는 잣대가 될 수 있다. 교육수준은 수도권과 지방이 많은 차이를 보이는 대표적인 변수이다. 최고수준의 대학들이 대부분 수도권에 위치하고 있는 현실을 고려할 때 수도권을 0.8로 설정하고 지방을 0.4로 설정하였다.

〈표 17〉 시뮬레이션을 위한 모델링 변수와 파라미터

| 종 류 | 지식/기술 | 교육수준 | 규제정도 | 경쟁정도 | 특성화 |
|---|---|---|---|---|---|
| 수도권 | 0.7 | 0.8 | 0.3 | 0.3 | 0.7 |
| 지방이전 | 0.3 | 0.4 | 0.7 | 0.6 | 0.4 |
| 지방혁신 | 0.4 | 0.5 | 0.7 | 0.6 | 0.4 |

특성화의 경우 수도권은 전 산업에 걸쳐서 막강한 영향력을 보유하고 있고 세계기업들과 경쟁하면서 나름대로 진화해왔기 때문에 특성화 정도가 매우 높은 경쟁력을 보유하고 있다. 반면 지방의 경우 수도권에 비하여 투자할 수 있는 자원의 한계가 크기 때문에 특정 업종이나 산업에 집적효과를 노릴 수밖에 없으나 시도는 꾸준히 진행해 왔지만 경쟁력의 측면에서 세계수준에는 크게 미흡하다. 따라서 수도권을 0.7로 설정하고 지방의 특성

화 경쟁력을 0.4로 설정하였다. 마지막으로 지방이전정책은 수도권 인구증가에는 부정적 영향을 미치지만 지방 인구증가에는 긍정적인 영향을 미친다. 노무현정부에서 결정되어 이명박정부, 박근혜정부로 이어져서 비교적 강하게 추진되고 있으므로 0.5에서 0.9까지 다양하게 설정하여 정책효과를 시뮬레이션 하였다.

## 4.3.1 지방이전정책의 성과 시뮬레이션

지방이전 정책으로 인한 성과를 가늠하기 위하여 지방이전정책의 강도를 중간수준과 최고수준의 두 가지 형태로 조절하여 시뮬레이션 하였다. 먼저 지방 이전정책의 강도를 중간수준인 0.5로 설정하여 시뮬레이션 한 결과는 〈그림 31〉과 같다.

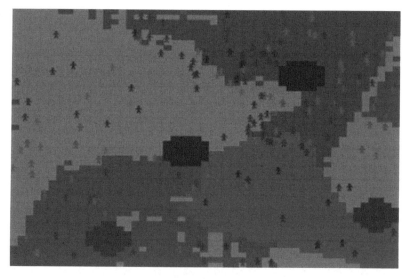

*출처:  원문호·박기남(2014), 성공적 공공기관 지방이전을 위한 정책지렛대 발굴과 전략개발
　　　에 관한 시뮬레이션 연구, 인터넷전자상거래연구

〈그림 31〉 지방이전정책 시뮬레이션 결과

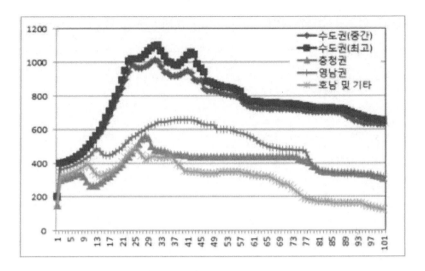

*출처: 원문호 · 박기남(2014), 성공적 공공기관 지방이전을 위한 정책지렛대 발굴과 전략개발
에 관한 시뮬레이션 연구, 인터넷전자상거래연구

〈그림 32〉 순유입인구수의 시뮬레이션 결과

〈그림 31〉에서는 녹색이 수도권이며, 청색이 영남권, 보라색이 충청권이고 붉은색이 전라/강원/제주권인데 수도권 클러스터가 절반정도의 영역을 차지하고 있음을 알 수 있다. 또 지방이전 성과지표 중 하나인 순유입인구수의 경우 다음 〈그림 32〉와 같다.

분석결과를 살펴보면 정부의 지방이전정책에도 불구하고 수도권으로의 인구유입이 지속적으로 증가하게 될 것이라는 것을 알 수 있다. 영남권과 충청권 그리고 전남 등 기타지역의 경우 초기 인구수와 지방규제의 차이로 인하여 서로 다른 순인구유입이 이루어지고 있다.

여기서 주목할 내용은 수도권의 지방이전정책강도를 중간수준에서 최고수준으로 높여도(수도권(중간) → 수도권(최고)) 수도권의 순유입인구수에 큰 변화가 없다는 점이다. 즉 지방이전정책으로 수도권 인구유입을 막는데 한계가 있다는 점을 알 수 있다. 이것은 정부가 공공기관 이전정책을 강화하더라도 인구의 수도권유입을 막을 수 없으며 만약 이전비용이나 신규 인프라 구축으로 인한 추가적 대규모 지출로 인하여 사업비 감소가 이루어지면 오히려 지방기업들을 더욱 원가경쟁으로 내몰 수밖에 없고 고부가가치 사업은 정부부처와 함께 수도권에서 진행하여 수도권의 부가가치를 높이고 인건비를 높여서 인구유입을 자극하는 결과를 가져올 수 있다. 다음 〈그림 33〉은 지방이전정책을 통한 정책목표 중 순 GRDP의 변화를 분석한 것이다.

순GRDP의 증감을 살펴보면 수도권 이전정책의 강도를 중간수준에서 최고수준으로 높이더라도 GRDP의 증가는 거의 없다는 것을 알 수 있다. 즉 공공기관 지방이전을 아무리 강력하게 추진한다 하더라도 지역의 경제 발전과는 큰 관련성이 없다는 것을 시사한다. 물론 겨우 수천 명 정도 인력

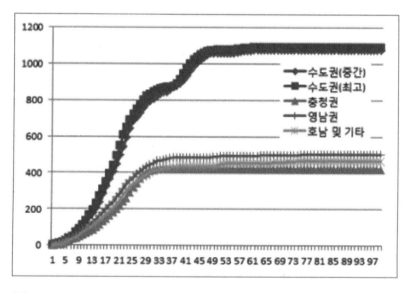

* 출처: 원문호 · 박기남(2014), 성공적 공공기관 지방이전을 위한 정책지렛대 발굴과 전략개발에 관한 시뮬레이션 연구, 인터넷전자상거래연구

〈그림 33〉 순 GRDP의 시뮬레이션 결과

의 지방이전과 수백 혹은 수천억 정도의 정부예산을 집행한다고 광범위한 지역의 경제발전이 이루어진다는 가정자체가 무리하다고 주장할 수도 있다. 그러나 공공기관의 지방이전을 논의할 당시의 주요 주장은 바로 수도권의 과밀인구 해소와 국토 균형발전(지역경제발전)의 논리였던 것은 부인할 수 없는 사실이다. 결국 본 시뮬레이션 연구는 공공기관 지방이전 그 자체만으로는 인구의 과밀해소도 유의미한 지역경제발전도 제한적일 수밖에 없다는 점을 분명히 하고 있다. 그렇다면 무엇이 유의미한 지역의 경제발전과 수도권의 과밀해소를 이끌어 낼 수 있을 것인가를 고민해 보아야 한다. 따라서 본 저서는 공공기관 지방이전이 지역의 경제발전을 견인하기 위해서는 이전 정책 그 자체 보다는 지방이전을 출발점으로 하는 지방혁신이 더 중요하다. 결국 각 지역의 혁신클러스터 경쟁력이 인구의 유출을 막고 지역경제를 일으키는 원동력이 된다.

## 4.3.2 지방혁신정책의 성과 시뮬레이션

지방혁신정책을 요약하면 지방정부는 각종 규제와 불편을 제거하고 고급지식/기술을 육성한다. 대학은 각 지방의 특성화와 관련된 교육수준을 높이고 인적역량을 강화한다. 고급지식/기술은 부가가치를 창출하고 이것은 인건비를 높여서 수도권으로의 순유입인구수를 감소시킨다. 또한 지방의 경쟁력을 강화하고 지방 클러스터를 활성화하여 지역 GRDP를 증가시킨다. 이것은 다시 고급지식/기술 육성 및 대학교육에 투자할 수 있는 여력을 보유하게 되어 인구유출을 막고 경제발전을 도모할 수 있는 선순환구조를 만들게 된다.

에이전트 기반의 모델링에서는 지방이전정책을 직접 조절하기 보다는 순인구유입과 경제발전의 공통분모인 고급 지식/기술과 교육수준을 정책지렛대의 파라미터로 활용하고자 한다. 본 저서의 시뮬레이션 결과 고급 지식/기술, 교육수준의 파라미터를 조금씩 움직여도 지방이전 정책의 강도를 조절하는 것 보다 인구유입과 경제발전에 더 큰 변화를 줄 수 있다는 사실을 알 게 되었다. 지방혁신정책 시뮬레이션을 위하여 본 저서는 〈표 16〉과 같이 고급지식/기술을 0.3에서 0.4로 향상시키고 교육수준을 0.4에서 0.5로 각각 0.1씩 개선하였다. 여기서 중요한 가정은 지방정부가 각종 규제와 불편을 제거한다는 가정이 포함되어 있고 지역혁신 클러스터의 쌍두마차인 기업과 대학이 고급 지식/기술을 개발하고 축적하며, 지역의 교육수준을 조금씩 높여가서 각각 0.1 정도 씩 향상시키는 것은 가능하다는 점이다. 본 저서가 제안하는 인과지도는 지방 클러스터가 고급지식과 기술을 향상시켜 지방 인건비를 제고시켜 고부가가치를 창출하는 〈그림 34〉와 같다.

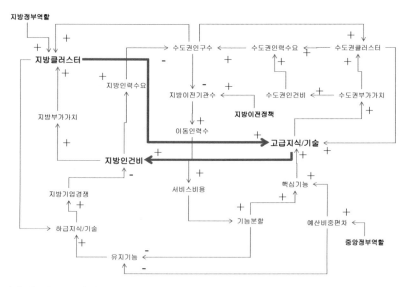

* 출처: 원문호·박기남(2014), 성공적 공공기관 지방이전을 위한 정책지렛대 발굴과 전략개발에 관한 시뮬레이션 연구, 인터넷전자상거래연구

〈그림 34〉 지방이전의 성공을 위한 정책지렛대의 발굴

본 저서는 편의상 영남권을 이전지방의 표본으로 선정하여 시뮬레이션 하고 수도권과 비교하였다. 따라서 영남권의 시뮬레이션 결과는 다른 지역에도 적용될 수 있다. 〈그림 34〉와 같이 녹색지역인 영남권의 클러스터가 청색의 수도권 클러스터와 유사한 정도의 범위를 차지하고 있어서 어느 정도 균형 잡힌 국토발전을 기대할 수 있을 것을 추정할 수 있다.

〈그림 35〉는 지방혁신정책을 수행했을 때 순유입인구수의 변화를 보여주고 있다. 시간이 갈수록 정책적인 파급효과는 커지게 된다. 물론 하나의 tick이 6개월이므로 10년~20년 정도의 장기 시뮬레이션이지만 고급 지식/기술을 축적하고 교육수준을 향상을 통해 인적역량을 강화함으로써 꾸준한 선순환구조를 확립할 때 부가가치 창출역량이 크게 강화되고 인건비를 높여서 수도권으로의 순유입인구수를 크게 줄일 수 있는 것으로 나타났다. 〈그림 35〉에서 '수도권(최고)'의 지방이전정책을 통한 순유입인구수 보다는 '수도권(혁신)'의 지방혁신정책을 통한 순유입인구수가 훨씬 크게 감소하였음을 보여주고 있다. 특별히 '영남권(이전)'의 지방이전정책을 통한 순유입인구수와 '영남권(혁신)의 지방혁신정책을 통한 순유입인구수를 비교해 보면 지방혁신을 통한 순유입인구수가 훨씬 더 많아진다는 것을 알 수 있다. 다음 〈그림 36〉은 지방혁신정책을 수행했을 때 순GRDP의 변화를 보여주고 있다.

지역 경제발전의 경우도 마찬가지로 시간이 지속될수록 정책적인 파급효과가 커진다. 역시 10년~20년 정도가 소요되겠지만 고급지식/기술의 축적과 교육수준 향상은 인적역량을 강화하고 지역혁신역량이 강화되어 경제발전을 도모하는 선순환구조를 확립하게 해준다.

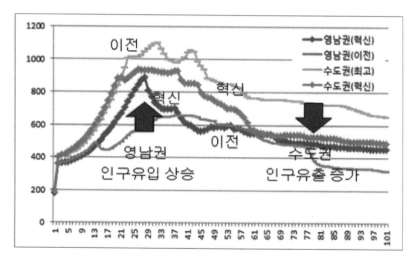

* 출처: 원문호 · 박기남(2014), 성공적 공공기관 지방이전을 위한 정책지렛대 발굴과 전략개발
에 관한 시뮬레이션 연구, 인터넷전자상거래연구

〈그림 35〉 순유입인구수의 시뮬레이션 결과

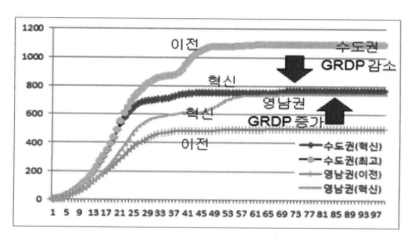

* 출처: 원문호 · 박기남(2014), 성공적 공공기관 지방이전을 위한 정책지렛대 발굴과 전략개발
에 관한 시뮬레이션 연구, 인터넷전자상거래연구

〈그림 36〉 순GRDP의 시뮬레이션 결과

〈그림 36〉에서 '수도권(최고)'의 지방이전정책을 통한 순GRDP 보다는 '수도권(혁신)'의 지방혁신정책을 통한 순GRDP가 훨씬 크게 감소하였음을 보여주고 있다. 특히 '영남권(이전)'의 지방이전정책을 통한 순GRDP와 '영남권(혁신)'의 지방혁신정책을 통한 순GRDP를 비교해 보면 지방혁신을 통한 순GRDP가 훨씬 더 커진다는 것을 알 수 있다.

# 소 결

　본 저서의 시뮬레이션 결과 공공기관의 지방이전은 그 자체가 특별한 의미를 가진다고 하기 보다는 지방혁신도시로 발전해 가기 위한 하나의 이정표이자 자기암시이며 지역비전을 결집시키는 구심점의 역할을 수행한다. 즉 공공기관의 지방이전은 지역혁신의 출발점으로서 지방의 특성화 전략에 맞는 고급 지식/기술 축적 방법론과 특성화 교육 프로그램 개발, 전문가 육성전략 등 지방혁신정책의 중장기 전략수립이 필요하다는 것을 알 수 있다. 특별히 폭넓은 산업지식이나 기술보다는 특화된 전문분야의 차별화된 지식과 기술이 중요하므로 지역혁신은 특화된 분야의 발굴이 선행되고 이것을 확대하고 발전시키는 형태의 구체적이고 전략적인 과제의 발굴과 지속적인 관리노력이 함께 이루어져야 한다.

　단순히 공공기관의 이전으로 큰 기대를 갖기에 앞서 수도권의 우수 기업들을 지방에 유치하기 위한 고급 지식/기술 확보노력과 우수 대학 프로그램 개발 등 10년~20년 정도를 내다보는 마스터플랜이 지방정부의 주도 아래 이루어져야 한다. 또 각종 인·허가 등 규제와 불편을 제거하고 이전 공공기관의 성격을 반영한 특성화 방향을 설정하여 인구유출을 막고 경제를 활성화 시킬 수 있는 선순환구조를 창출하려는 노력이 필요하다. 각 지방정부는 수도권 과밀화를 해소하고 지역경제발전을 도모하려는 공공기관 지방이전 정책의 취지를 정확하게 인식하고 이전기관의 성격을 고려한 특성화 방향에 맞추어 적합한 인력과 지식/기술 확보를 위한 치밀한 중장기

계획수립을 서둘러야 할 것이다. 그렇지 않으면 수도권에 있던 국가최고 수준의 공공기관들이 지방이전 이후에는 고급인력부족과 역량부족으로 단지 그 지역만을 대변하는 수준의 지방기관으로 전락할 가능성이 매우 크다. 따라서 이전 공공기관들은 지방이전 이후 경쟁력 감소를 걱정해야 하는 상황을 인정해야 한다. 이전 공공기관들이 적합한 인력과 지식/기술을 확보하기 위해서는 관련 산업분야의 e-생태계를 구축하는 것이 무엇보다 중요하다. 특히 이전도시의 지방 소기업 네트워크를 전략적으로 육성하는 것이 중요하며 이를 위해서는 관련 특화산업에 공통적으로 적용할 수 있는 e-산업클러스터 정보시스템의 구축이 필요하다. e-산업클러스터를 구축하고 운영함으로써 관련 산업분야의 소기업들이 추가적인 개별 투자 없이 언제든지 고부가가치 창출을 위한 소기업 간 전략적 제휴가 가능하여 건강하고 공정한 기업 간 경쟁과 협력이 원활하게 이루어지는 e-생태계가 창출될 수 있다. 물론 소기업 네트워크는 지방 기업뿐만 아니라 전국적인 소기업 네트워크가 만들어질 것이며 수직적 혹은 수평적 기술/지식기반의 통합 현상이 보편화 될 것이다. 갈수록 정부가 지출하는 정책자금에 많은 소기업들의 생명이 매달려 있는 것이 현실인 만큼 정부는 정책자금을 통해 특정 기업이 혜택을 보게 하는 것 보다는 특화된 e-산업클러스터를 통한 건강한 e-생태계를 만들어 내는 쪽으로 정책자금 지출방향을 개편하는 것이 바람직하다. 예를 들면 특화된 산업분야 별 e-산업클러스터 정보시스템 구축사업을 지원하고 소기업 네트워크 간 공정경쟁을 강화시켜 자생력과 지식/기술의 창발이 원활하게 이루질 수 있는 신뢰할만한 공간을 제공하는 정책이다. 더 이상 손쉽게 정책자금을 받아 연명하는 소기업을 대량으로 양산하기 보다는 환경변화에 적합한 신규 비즈니스 모형을 개발하고 기술/지식 등 핵심역량 기반의 기업 간 제휴를 통해 고부가가치 창출에 성공할 수 있는 e-생태계 구축과 같은 인프라 구축사업에 역점을 둘 필요가 있다.

# 강소기업 e-산업클러스터 구축 사례*

**PART 6**

* 이 절의 그림과 표는 출처가 원문호(2015)의 박사학위논문이며

지도교수 박기남과 공동으로 저술사업에 참여하였다.

〈그림 35〉와 〈그림 36〉에서 본 저서는 지방이전 그 자체보다 지방이전 이후 지방혁신 네트워크를 어떻게 확보하고 지역혁신을 위한 협력을 어떻게 구현하느냐가 중요하다는 것을 알 수 있었다. 본 저서는 전장의 시뮬레이션 결과로부터 도출한 정책지렛대인 '고급 기술/지식'을 지속적으로 확보하고 역량수준 제고를 통해 인재양성을 위한 '교육수준'을 향상시키기 위한 현실적 구현에 관심을 갖게 되었다. 제4장은 교육정보화 관련 공공기관인 'A기관'의 지방이전 사례를 통하여 지방이전 이후 지방혁신을 위한 기관 간 협력 및 공동수행 과제발굴과 특화된 산업클러스터의 구축과 운영방법에 관하여 분석함으로서 다른 공공기관들의 성공적인 지방이전과 조기착근을 지원하고자 한다. 원래 산업클러스터는 북 이탈리아의 섬유단지나 실리콘밸리와 같이 특정한 지역 내에 일정한 산업과 상관관계가 높은 기관들이 서로 정보와 지식을 교류하여 고부가가치를 창출하는 '산업집적지역'을 의미한다. 이것은 과거의 집단기업입주 지역을 의미하는 '공단'과는 다르다. 공단은 입주기업 간 연관성이 떨어지고 원가절감을 목적으로 지어졌기 때문에 기관 상호 간의 시너지효과가 작다. 그러나 오늘날과 같은 치열한 세계경쟁 시대에는 보다 빠르고 정확하게 특정 산업 내 신지식을 축적하고 이를 활용한 고부가가치 창출이 중요하며 이를 위한 산업 내 정보시스템 인프라의 구축이 경쟁력의 원천이 된다. 여기에서서 조성된 새로운 개념이 e-산업클러스터인데, 본 저서에서 e-산업클러스터는 특정한 산업과 연관된 기업과 기관들이 정보시스템을 통하여 상호 네트워크를 조성하고 정보/지식교류 뿐만 아니라 협업, 인재양성, 산업표준, 산업마케팅, e-마켓플레이스에 이르기까지 특화된 영역의 산업경쟁력을 제고하고자 만들어진 정보시스템 인프라로 정의한다. e-산업클러스터에서 정의하는 산업은 특화되고 전문화된 좁은 의미의 산업을 의미하며 지리적인 공간개념보다는 정보와 지식

중심의 부가가치 네트워크 개념에 더 가깝다. 즉 이전기관의 산업적 특성을 그대로 보유하며 부가가치를 창출하기 위해 서로 연합하는 정보시스템 기반의 민·관·학·연의 창조적 유기체를 의미한다.

# 수도권과 지방의 사업수행 장단점 비교

교육정보화를 위한 지방혁신 클러스터를 운영함에 있어서 수도권과 지방의 장단점을 23가지 항목에 걸쳐서 비교해보면 각각의 확실한 장점과 단점을 가지고 있음을 확인할 수 있다. 여기서 O는 상대적으로 높은 쪽을 의미하고 △는 상대적으로 낮은 편을 의미한다. 비교결과는 토의에 참여한 사람들의 다소 주관적일 수 있는 견해가 포함된 결과이므로 해석상의 주의가 필요하다.

**〈표 18〉 수도권과 지방의 사업수행 장단점 비교**

| 비교항목 | | 수도권 | 지 방 |
|---|---|---|---|
| 인력 | 1.인력의 다양성 | O | △ |
| | 2.인력의 풍부함 | O | △ |
| | 3.인력의 품질 | O | △ |
| 업체 | 4.전문업체 수 | O | △ |
| | 5.기술수준 | O | △ |
| | 6.유지보수 | O | △ |
| 인프라 | 7.전문가 수 | O | △ |
| | 8.교통 및 접근성 | O | △ |
| | 9.정보인프라 | O | △ |
| | 10.긴급대처 능력 | O | △ |
| 개발비 | 11.직접인건비 | △ | O |
| | 12.직접개발비 | △ | O |

〈표이어서〉

| | 비교항목 | 수도권 | 지 방 |
|---|---|---|---|
| 협력 | 13.주민관심도 | △ | ○ |
| | 14.지자체 관심도 | △ | ○ |
| | 15.협조체계 | △ | ○ |
| | 16.대학의 관심도 | △ | ○ |
| 사업 운영 | 17.운영안정성 | ○ | △ |
| | 18.감시와 견제 | ○ | △ |
| | 19.기관 자율성 | △ | ○ |
| | 20.위험분산성 | △ | ○ |
| | 21.현장착근성 | △ | ○ |
| 조화 | 22.삶의 질 | △ | ○ |
| | 23.이직 · 전직의 수 | △ | ○ |

## 1.1 수도권에서의 장점

풍부한 인적자원, 정보시스템 업체 수, 교육전문가 확보 용이성, 채용인력의 품질, 정보인프라 구축의 용이성, 이동시간의 최소화, 대학의 수와 질, 개발기간의 단축, 빠른 보고와 긴급대처 가능성 등이 수도권의 가장 큰 장점들로 판단된다.

## 1.2 지방에서의 장점

반면 지방은 행정기관의 적극적 협조, 지역주민의 관심도, 저렴한 인건비, 지역민원의 감소, 삶의 질(QOL),[2] 지역별 사업분산 가능,[3] 대학의 관심도, 낮은 이·전직자 수,[4] 지방교육청과의 협력관계, 상대적으로 낮은 감시와 견제, 운영의 독립성[5] 등이 지방의 가장 큰 장점들로 고려될 수 있다.

---

[2] 삶의 질(QOL)은 서울과 지장에서 동일 소득으로 영위할 수 있는 개인 생활수준을 기준으로 판단한 것으로 서울 공공기관 소득수준이면 지방에서 훨씬 더 나은 삶의 수준으로 살 수 있다는 증언이 많았음

[3] 지방이전 기관들의 경우 대부분 국회나 정부가 있는 서울지역에 서울지사를 두고 사업내용을 분리 운영하여 사업위험이 분산되는 효과가 있으며 특히 A기관은 시도교육청 사업의 경우 지역특성을 고려하여 현장밀착형 사업으로 전개할 수 있으므로 사업위험이나 현장착근 가능성이 높아지는 것으로 볼 수 있음

[4] 이·전직의 경우 지방이전 초기에는 다소 심할 수 있으나 이전 후에는 지역 토착화로 지역의 우수인재들이 자리를 잡아 이·전직이 거의 없어지는 경향을 보임

[5] 지방이전 후에는 중앙정부부처의 영향력만 행사되는 것이 아니라 지방정부와 지역 여론 및 지역 국회의원 등 지역 정치세력이 영향을 크게 미쳐서 보다 복합적인 세력 구도가 만들어지므로 운영 독립성이 강화되는 경향이 있음

# 이전기관 A의 분석

　지방이전 시대를 맞이하여 교육정보화 부문의 지역혁신이라는 과제를 달성하기 위하여 A기관의 가장 큰 당면과제는 첫째, 그 동안 서울에서 사업을 진행하면서 부족함 없이 확보되던 인적 · 물적 · 정보적 자원을 지방이전으로 더 이상 충분히 활용할 수 없게 되는 시점에 대비하여 이전지역에서 가용한 인력 · 정보 · 교육 · 시스템 인프라 자원에는 어떤 것들이 있고 기술 및 지식격차는 어느 정도인지에 대해 조사할 필요가 있다. 둘째, 제3장 시뮬레이션 결과처럼 정부의 대표적 중앙기관이 지방이전 이후 지방기관 중 하나로 그 역량수준이 낮아지지 않고 고급 지식과 기술수준을 확보하기 위해서 기존 지방기관들과의 협력체계를 구축하고 지방이전 기관들과 교육정보화 혁신과제들을 발굴해야 할 필요가 있었다.

　본 저서의 사례인 A기관은 공공기관 지방이전 계획, 건설교통부 국가균형발전위원회(2005) 등의 계획에 맞춰 2011년 6월에 신청사의 설계에 착수하였고 서울에 위치한 구청사를 2011년 12월에 매각하였으며 2012년 4월에는 신청사의 신축공사를 착공하였다. 신청사의 공사는 2013년 8월에 완료되고 지방이전은 2013년 11월에 지방이전을 완료하였다. A기관의 설립목표, 비전, 전략과제는 다음 〈그림 37〉에 제시되어 있다.

　〈그림 37〉에 나와 있는 것과 같이 A기관은 교육 · 학술연구 정보화부분에 특화되어 있는 기관이며 주요 사업으로는 스마트교육사업, 학술연구정보 지원사업, 교육 행 · 재정 시스템사업, 사이버보안사업, 국제협력사업으

로 구성된다. 교육·학술정보화사업에는 장비, 기기 등과 같은 하드웨어, e-learning과 같은 콘텐츠, 사업운영을 위한 각종 소프트웨어, 보안을 위한 각종 유틸리티, 교육정보화 분야의 국제표준 설정과 같은 방대한 영역들이 서로 밀접하게 연결되어 있다.

따라서 지방이전 이후 교육·학술 정보화부문에서 지방혁신을 가져올 수 있는 고급 지식/기술의 확보가 매우 중요한 기관이다. A기관은 정보시스템 운영 및 유지보수와 각종 콘텐츠 제작 등 연간 외주 용역이 약 250건에 달하여 학교, 기업, 타 공공기관 등과의 다양한 협력관계 형성이 필수적이다. 따라서 지방 이전시대를 대비하여 지방자치단체 및 지방교육계의 요구사항을 수렴하고, 다양한 지방기관 및 이전기관과 교육 및 학술정보화와 관련된 지방혁신정책을 주도할 수 있는 발전방향을 모색해야 하였다.

〈그림 37〉 A기관의 비전 및 전략목표

다음 〈그림 38〉에는 국가 교육 주요국정지표와 이와 관련된 A기관의 주요사업들이 상호 연결되어 있다. 〈그림 38〉을 통해서 교육부가 추진하고 있는 과제들을 A기관이 직간접적으로 지원하고 있다는 것을 상호 연결된 선을 통해서 알 수 있다.

〈그림 38〉 A기관의 주요사업과 교육 국정지표의 상관관계

# e–산업클러스터 요구사항 및 기능 분석

## 3.1 지역 IT업계의 현황 및 요구사항 분석

전 장에서 본 저서는 e–산업클러스터 대상 산업은 산업표준분류를 기준으로 대분류나 중분류 코드보다는 특화되고 전문화되기 쉬운 소분류나 세분류로 좁게 설정되어야 한다. 본 사례연구에서는 교육산업과 정보화산업이 결합되어 특화되고 전문화된 좁은 산업영역으로서 교육정보화 산업이 정의된다. 따라서 교육정보화 산업을 위한 e–산업클러스터를 구축하고 활성화시키기 위해서는 이전지역 기업체들의 환경과 요구사항에 대한 분석이 필요하다. 이전지역의 교육정보화 e–산업클러스터 구축을 통한 정책지렛대 구현을 위해서 필요한 고급 기술/지식의 내용과 교육 및 역량확보를 위한 니즈사항을 파악하기 위하여 본 저서는 지역 IT업계에 대한 정보를 입수하고 각 기업들에 전화인터뷰를 수행하여 직원 수, 개발자 수, 설립연도, 매출액, 대표 프로젝트명, 업종세분류 등에 관하여 구체적으로 조사하였다. 조사기간은 2012년 7월 1일부터 실시하여 7월 8일까지 진행되었으며 총 58개 기업 중 정보화산업과 관련성이 적은 디자인업체, 통신업체, 의료, 회계 등과 IT산업 중에도 교육과 이질적인 기업을 제외한 총 50개 기업에 인터뷰를 요청하였고 그 중 30개 업체의 정보를 바탕으로 IT기업의 현황을 분석하였다.

다음 〈표 19〉에서 알 수 있듯이 이전지역 IT관련 업체들은 직원 수가 20

명 미만의 소규모 기업들이고 사업내용은 매우 광범위하지만 전문성이나 특화는 제대로 이루어지지 못하여 수입이 생길 수 있는 모든 영역을 커버하는 형태의 생계형 IT기업이 많은 것으로 조사되었다.

〈표 19〉 이전지역의 IT업계 현황

| 업 종 | 업체 수 | 사업내용 |
|---|---|---|
| 개발업체 | 20개 | 소프트웨어개발 전문업체 |
| 시스템업체 | 16개 | 시스템판매, 운영, 유지보수 |
| 통신업체 | 6개 | 통신장비 공급 및 공사 |
| 온라인판매 | 4개 | 온라인 판매 및 정보제공 |
| 디자인업체 | 4개 | 그래픽 디자인 |
| 게임업체 | 3개 | 게임개발 및 판매 |
| 기타업체 | 6개 | 회계/컨설팅 등 |
| 총 | 59개 | - |

본 저서의 조사결과 상대적으로 규모가 큰 업체들은 하드웨어, 장비, 통신공사, IT솔루션 영업 등 사실상 전국규모 대기업의 지역 영업조직인 경우가 많은 것으로 나타났다. 이전지역에 특화하려는 교육정보화 영역의 프로젝트를 수행한 경험이 있는 업체는 두 개 기업에 불과하였다. 그 외에 스마트폰 관련 소프트웨어, 정보시스템 인프라 구축과 개발업무를 함께 진행하는 기업, GIS에 특화된 기업, 통신망 관리와 네트워크 보안 기업, 교육평가시스템 업체, 지문인식과 출입통제 관련 기업 등이 하나씩 있는 것으로 조사되었다. 이전지역의 환경을 종합하면 교육정보화를 위한 산업기반은 현재로는 취약한 것으로 평가된다. 정부산하기관이 전국을 대상으로 최고수준의 서비스를 제공하기 위한 기업 인프라는 크게 미흡한 것으로 판단된다.

그러나 본 저서의 인터뷰 결과 IT기업의 종사자들은 IT산업의 경우 공급은 기본적으로 정보화 수요에 의해 결정된다고 주장하였는데 기초 인프라와 장비공급의 경우에는 이것이 어느 정도 근거가 있는 것으로 판단되지만 소프트웨어 개발이나 콘텐츠 개발 그리고 신기술 적용 등 기술적 난이도가 요구되는 부문은 쉽게 공급될 수 있는 영역이 아닌 것으로 여겨진다. 물론 장기적 관점에서 지역 업체의 참여가 지속적으로 이루어지다 보면 고급 서비스의 경우에도 이전지역에서의 교육정보화 사업이 본격화되어 교육정보화에 특화된 산업생태계가 빠른 속도로 확장되고, 발전하여 기업 간 제휴와 역량결집이 가능할 것으로 예상할 수 있다.

그러나 정보서비스의 특성상 초기 콘텐츠의 품질은 서비스 채택에 큰 영향을 미치기 때문에 이전기관으로서는 간과할 수 없는 부분이다. 따라서 단기적으로는 수도권 기업들로부터 과거 사업의 노하우를 적극적으로 전수받아야 하며 이것이 적극적일수록 이전기관의 지역착근에 큰 도움이 될 수 있을 것으로 생각된다. 다음 〈그림 39〉는 이전지역의 IT업계를 대상으로 한 인터뷰 결과를 요약한 것이다.

시사점을 분석하면 교육정보화 산업의 과거 사업보고서와 실적물을 공개하여 기본적인 분석이 가능하도록 지원할 필요가 있고 교육정보화와 관련된 각종 표준과 기본 기술에 대한 지식을 공개하여 제공할 필요가 있다. 또 지방의 영세한 기업들이 수도권 기업들과의 컨소시엄 참여가 가능하도록 교육정보화 전문기업에 대한 데이터베이스를 공개할 필요가 있다. 마지막으로 많은 만큼 덤핑 등 원가경쟁과 출혈경쟁으로 인한 도산을 막기 위하여 발주와 수주과정을 투명하게 할 필요가 있으며 이를 지원할 수 있는 정보시스템이 필요하다.

| 구 분 | 일반 사항 | 요청 사항 |
|---|---|---|
| 인터뷰<br>내용 | • 영세한 생계형 IT기업들이 대다수를 차지하여 전문성과<br>신뢰성을 기대하기 어려운 상황<br>• 상대적으로 큰 IT기업체들은 대기업의 지시사행대로 운영됨<br>• 이전 지역의 IT 공급은 미흡한 수준으로 교육정보화<br>사업을 리드하거나 지원하기에 미흡함<br>• 사업의 수주에는 관심이 많으나 기술이나 인력에 대한<br>투자가 미흡한 상황<br>• 핵심 IT개발 사업은 주로 수도권업체가 주도적으로 수행<br>하고 지방업체가 유지 및 관리하는 형태의 협업으로<br>부가가치가 낮은 비즈니스 모델보유<br>• 보유인력도 정규직원은 매우 소규모이며 대부분<br>아웃소싱에 의존하고 있는 상황임<br>• 정보화 수요만 있으면 공급에는 문제가 없다는 주장으로<br>교육정보화 사업진행에 큰 문제가 없다는 인식<br>• 특별히 교육정보화 콘텐츠 전문업체가 거의 없다는 것이<br>걸림돌 | • 과거의 사업성과들에 대한 정보를 공개하여 필요한<br>사업역량을 확보할 수 있는 정보제공이 필요함<br>• 교육정보화 사업의 수주를 위한 연구가 사전적으로<br>이루어지도록 교류회 활성화<br>• 용역발주시 온라인 및 오프라인 설명회 개최를<br>통한 Q&A 활성화<br>• 사업 수주를 위한 RFP 정보의 공유<br>• 교육정보화 기술 및 서비스 표준에 관한 정보공유<br>• 사업 수주를 위해 협력가능 수도권 기업정보 제공<br>• 과거 사업수행 인력 및 전문가에 관한 정보공유 |
| 시사점 | • 지역업체들을 대상으로 과거 성과물들에 대한 정보와 지식을 제공하여 사업 수주와 실행에 도움을 줄 필요가 있음<br>• 교육정보화에 특화된 표준과 기술 및 지식 등을 축적해 나갈 필요가 있으며 이것은 지역산업계와 유기적인<br>관계정립을 통해서만 가능함<br>• 교육정보화 산업의 경쟁력 강화와 지역착근을 위해서 교육정보화 e-산업클러스터를 구축하여 지속적인<br>기술과 지식의 업그레이드가 필요함 | |

〈그림 39〉 이전지역 IT업계 대상 인터뷰 결과

## 3.2 지방교육청의 요구조사 · 분석

본 저서는 교육정보화 부문의 지방혁신 클러스터를 구성하기 위해서 지방교육청과 지방교육계의 요구사항을 분석하였다. 지방교육청의 A기관에 대한 요구사항을 조사하기 위하여 지방교육청을 직접 방문하여 워크숍을 실시하고 정책전문가들에 대한 집단인터뷰와 더불어 개별면담을 실시하였다. 워크숍에는 교육부, 지역자치단체, 지역자치단체 교육청, 지역자치단체 교육청 산하 기관, 중학교 교장, 교육공학 및 컴퓨터공학과 교수, A기관 경영기획본부, A기관 디지털 교육 R&D본부, A기관 정책지원단 정책연구부가 참여하였으며 지방자치단체 교육청 산하기관에서 하루 종일 진행되었다.

지방자치단체 교육청의 요구사항 조사 및 분석을 위한 인터뷰 대상은 교육부 교육정보화과, 지방자치단체의 혁신도시 지원단, 지방교육청 과학교육정보과, 지방자치단체의 교육연구정보원 교육정보지원부, 교수학습지원부, 이전지역 중학교 교장, 이전지역 교육공학 및 컴퓨터공학과 교수로 구성되었다.

주요 인터뷰 내용은 첫째, A기관의 지방이전에 대한 본인의 생각을 자유롭게 이야기 하도록 하였고 둘째, 지방이전 이후 교육정보화 산업의 서비스 품질유지 및 개선을 위한 인적·물적 인프라의 현황과 향후 전망에 관하여 질문하였으며 셋째, 지방이전 이후 교육정보화에 대한 각 기관의 요청사항에 관하여 질의하였다. 넷째, A기관의 지방이전 이후 지방혁신을 위하여 공동으로 진행할 수 있는 사업과제에 관한 요구사항을 분석하였다.


## 3.3 이전지역 교육청의 요구사항분석

이전지역 교육청 직원들과의 인터뷰는 다음 〈그림 30〉에 제시되어 있다. A기관의 지방이전과 관련된 일반내용은 일반사항으로 분류하였고 지방혁신과 관련되거나 지방이전 이후 협력사업 혹은 공동과제와 관련된 내용은 요청사항으로 분류하여 인터뷰 내용을 요약하였다.

| 구 분 | 일반 사항 | 요청 사항 |
|---|---|---|
| 인터뷰 내용 | • 교육정보화 전문기관의 이전으로 대구지역 교육정보화 수준이 크게 제고될 수 있을 것으로 기대함<br>• 서울보다 지방이 행정적 지원을 얻거나 지역민의 관심을 모으기가 용이함<br>• A기관 사업의 전국확대를 위한 실증단지(Test Bed) 기능을 수행할 수 있으나 소요 예산확보가 관건이 됨<br>• 지방시 교육정보화 사업은 규모가 상대적으로 큰 2-3개 기업들이 오랫동안 수행해 옴<br>• A기관 사업을 진행할 대규모 기업은 소수에 불과하며 이전초기에는 서울 업체들의 지원이 필요할 것임<br>• 서울의 정보시스템 인프라를 지방으로 이전하기 위해 많은 비용과 예산이 필요하므로 시스템을 분산시키는 것도 검토가 필요함 | • 지방이전으로 A기관 사업이 학교현장과 더욱 밀접해 질 것으로 기대함<br>• 특히 농어촌 및 중소도시에 대한 현장반영이 용이해 질 것으로 기대함<br>• 이전 후 정보화 연수에 대한 적극적인 협력이 필요<br>• 정보기기 및 시스템활용 등 원격연수의 특성화를 위한 협력이 필요함<br>• 다양한 콘텐츠를 활용한 교수법 개발부문의 협력<br>• 기존의 소규모 연수실을 향후 이전 후 대규모 연수실로 확대하고 연수콘텐츠 개발협력 가능<br>• 스마트교실 등 미래방향을 제시할 수 있는 체험 학교의 설립을 위한 협력요청<br>• 사이버가정학습을 A기관 주관의 공동사업화 가능<br>• 사이버 가정학습의 화상수업 전환필요<br>• 교육부 정보화 기본계획에 입각하여 지자체의 정보화 전략계획의 적정성 및 타당성 검토<br>• 학교행재정시스템 활용도 제고를 위한 지원요청 |

| 시사점 | • 이전지역 IT산업의 규모가 예상보다 영세한 것으로 나타나 이전 이후에 대한 대비가 필요한 상황임<br>• 농어촌과 중소도시 등 현장착근에 보다 역량을 집중해야 함<br>• 지방이전 후 연수실의 확대가 필요하고 연수콘텐츠 개발협력이 필요요함<br>• 미래교실 등 체험교실의 설치와 운영에 대한 상호협력 필요<br>• 사이버가정학습의 화상수업 전환을 요구하나 EBS와의 역할갈등이 예상됨<br>• 교육부의 정보화 전략을 지역 교육청에 연계하여 타당성을 검토하고 실증단지로 지방교육청을 활용할 수 있음<br>• 현재 A기관이 운영하고 있는 개별 시스템의 문제점이나 개선사항 등 피드백을 제공하는 첫 교육청 |
|---|---|

〈그림 40〉 이전지역 교육청 대상 인터뷰 결과

　　이전지역의 지방교육청은 A기관에 대해서 지금까지 수도권에서 사업을 기획하고 진행했기 때문에 농어촌이나 중·소도시의 교육현장에 대한 이해도가 미흡했다고 비판하면서 지방이전을 계기로 현장에 착근이 더욱 용이한 사업기획과 운영이 이루어질 필요가 있다고 요청하였다.

　　교육부 평가에서 이전지역 교육청은 교원능력이나 향상 연수비율에서 전국 최하위로 나타났기 때문에 집합연수나 원격연수에 관한 관심이 매우 높았다. 또 A기관의 교육콘텐츠와 함께 이전하면서 건립되는 연수시설을 지방교육청에서 사용하면 교사연수에 크게 도움이 될 것으로 기대하고 있었다. 뿐만 아니라 향후 원격연수 콘텐츠 제작이나 프로그램 운영도 A기관으로부터 전문적 자문이나 지원이 가능할 것으로 기대하였다.

전국 초·중·고의 교육정보화를 선도하기 위해서는 교사들을 대상으로 하는 정보기기와 정보시스템 활용에 관한 정보화 연수가 필요하기 때문에 가능하다면 전시실을 통해 직접 만져보고 체험할 수 있는 기회를 가질 수 있기를 희망하였다.

또 각종 정보기기에 다양한 콘텐츠를 활용한 교수법 개발에 A기관의 역할과 노하우(know-how)가 도움이 될 수 있을 것으로 예상하고 있었다. 또 미래교실 등 미래수업에 관한 체험교실을 설치할 경우 교사, 학부모, 학생들에게 미래 교육의 방향과 흐름을 파악할 수 있는 기회를 제공할 수 있고 성공적인 정보기기나 콘텐츠의 확산을 촉진하는 계기가 될 것으로 기대하였다. 이것은 A기관과 이전지역 교육청의 콘텐츠 및 교수법 개발에 관한 협업을 의미하며 이러한 기관 간 협업은 이전지역의 교육청뿐만 아니라 대부분 지역의 교육청들도 요구하는 사항이며 이를 지원하기 위한 정보시스템이 필요하다고 판단된다.

현재 전국의 지방교육청은 모두 A기관이 운영하고 있는 교육정보시스템을 사용하고 있으며 다양한 목적으로 시스템의 일부내용을 추가, 변경 또는 삭제할 경우 시스템 활용도를 제고할 수 있기 때문에 각 지역 교육청의 요구사항을 쉽게 반영시킬 수 있는 유연한 정보시스템으로 개발할 필요가 있다는 요구사항이 있었다. 이것은 각 지방교육청이 특화된 업무를 진행할 수 있는 업무지원기능과 비즈니스 프로세스에 대한 지원니즈가 있다는 것을 의미한다.

각 지역의 교육청은 정보화 기본계획의 수립에 전문성과 구체성이 부족한 한계점이 있다. 따라서 교육정보화의 전문성이 취약한 교육청들은 교육부의 정보화 과제들을 현장에 성공적으로 착근시킬 세부추진과제의 수립과 추진에 어려움을 겪는 것이 현실이다. 또 과거 추진했던 정보와 사례들에 대해서도 지식이 부족하므로 각 교육청 정보화 과제들을 교육부 정책과 연계하여 종합적으로 검토하고 분석하는 교육정보화 컨설팅이 필요하다는 요구사항이 있었다. 이것은 교육부 전체 차원에서 검토할만한 사업이며 그 이유는 각급 교육청이 동일 시스템이나 동일 소프트웨어, 동일 콘텐츠를 중복해서 개발하는 경향이 있으므로 공동개발을 활성화하고 상호보완적인 콘텐츠나 서비스를 공동 활용하여 효율적으로 운영하도록 유도하는 것이 매우 중요하기 때문이다.

그러나 A기관이 정보화 기본계획을 수립할 경우 보다 객관적인 사업타당성 검토가 가능하지만 교육정보화 정보화기본계획수립에 큰 예산과 투입 인력이 소요되기 때문에 이를 위한 자원을 어떻게 확보할 수 있느냐가 관건이 된다. 그럼에도 각 교육청은 교육정보화와 관련된 하드웨어, 소프트웨어, 콘텐츠 자료, 프로젝트 자료, 과거 정보화전략 계획수립 자료 등 교육정보화와 관련된 각종 통계자료와 고급 정보/지식을 공유하여 교육정보화에 필요한 역량을 지속적으로 강화시킬 수 있다. 따라서 교육정보화 산업 발전을 위해서는 각 지역 교육청을 기반으로 하는 각종 통계와 고급의 정보/지식을 축적할 수 있는 정보인프라의 구축이 반드시 필요하다.

## 3.4 이전지역 교육계 및 학계의 요구사항 분석

이전지역 중학교, 고등학교, 대학교, 대학원 등 A기관이 이전하는 지역 교육계가 바라는 요구사항을 조사하고 분석하기 위하여 이전지역의 중학교 및 고등학교의 교장들과 교육학, 전산학 관련 전공교수들을 대상으로 인터뷰를 실시하였다.

본 저서에서는 먼저 A기관의 지방이전 이후 협력할 수 있는 요구사항과 대학에서 A기관과 협력할 수 있는 요구사항에 관하여 조사하였고 그 결과는 〈그림 41〉에 요약되어 있다.

| 구 분 | 일반 사항 | 요청 사항 |
|---|---|---|
| 인터뷰 내용 | • 이전지역은 교육환경이 우수하여 교육관련 기관들이 정착하기 용이한 지역임<br>• 사업 인프라가 서울에 비하여 취약한 것은 사실이나 중·장기적으로 필요한 인프라는 갖춰질 것으로 예상됨<br>• 현재에도 이전지역 대학의 대규모 정보화 프로젝트는 서울의 기업들이 지역 소규모 기업들과 컨소시엄을 형성하여 진행함<br>• 지방 혁신도시 개발이 완료되면 이전기관들이 모이게 되고 이에 따라 정보인프라 관련 상호협력이 가능함<br>• 이전 기관들이 입주하면 정보화 관련 과제를 포함한 용역수요가 증가하게 되고 수요에 맞춰서 공급업체들도 증가할 것으로 예상<br>• 다만 지방이전 시점에는 인프라가 부족하고 수요가 집중될 것으로 예상되어 대비가 필요함 | • 지방의 교육수준 제고를 위해서 대학인력과의 교육정보화 포럼을 추진하여 인적교류의 활성화 추진<br>• 지방혁신을 위한 교육정보화 클러스터의 구축이 필요하고 이를 구현하기 위한 산학관연 협력 네트워크의 구축이 필요함<br>• 지방 교육수준을 향상하기 위해 교육정보화 분야의 전문인력을 각 대학의 강의인력으로 활용토록 협조<br>• A기관 신규임용 시 대구지역 인력들에게 보다 좋은 기회가 되고 기관홍보가 되도록 설명회 개최<br>• 교육대학의 경우 부속 학교에 시범학교 지원이 가능하므로 협력이 가능할 것임<br>• 교육정보화 관련 대학의 연구기능과 A기관의 실무자료의 공유로 고급지식/기술개발 연구활성화 가능<br>• 교육정보화 관련 연구기회의 확대와 교육정보화 산업기반의 확대 및 고용기회 확대 |
| 시사점 | \multicolumn{2}{}{• A기관의 지방 이전초기에는 과제수행을 위한 인프라가 크게 부족할 것으로 예상되므로 이에 대한 대비가 필요함<br>• 중장기적으로는 수요에 맞춰져 대구지역 개발업체들의 양적증가가 이루어질 것으로 예상됨<br>• 지방 인프라의 질적 수준을 제고하기 위해서는 과학기술부문의 고급지식/기술에 관한 연구지원이 필요함<br>• 지방혁신을 위해 이전 기관 간 협력관계를 구축하고 다양한 비즈니스 모델과 아이템 발굴이 가능할 것으로 예상됨<br>• 지방혁신을 위한 대학의 교육정보화 관련 연구 활성화와 학생들의 고용기회 확대는 긍정적 효과로 예상됨} |

〈그림 41〉 이전지역 교육계 및 학계 대상 인터뷰 결과

교육계와 학계에서는 A기관의 지방이전 이후 추진할 교육정보화 사업진
행에 대해 장·단기의 두 가지 입장으로 정리하였다. 첫째 장기적으로는 이
전지역에 특화된 e-산업클러스터를 구축하여 교육정보화 사업을 성공적으
로 추진할 수 있을 것이라는 낙관론이 있었는데 그 근거는 단기적으로 수
도권과 지방이 서로 업무를 나누어서 진행하다가 언젠가는 지방기업의 역
량이 점차 커져서 지방기업 위주의 사업진행이 이루어질 것이라는 견해였
다. 실제로 대학의 대규모 정보화 프로젝트의 경우 지역 IT업체의 기술력이
나 인력으로 운영되는 것이 아니라 서울지역 대기업 혹은 전문기업이 지방
의 소규모의 업체들과 컨소시엄을 형성하거나 재하청을 주는 형태로 운영

되고 있고 지금까지 큰 문제가 없었다는 사례를 증거사례로 들었다. 그러나 지방의 IT인프라가 취약하고 교육정보화 부문의 경험이 부족하기 때문에 수도권 업체 중심으로 사업이 진행될 수밖에 없고 이로 인한 비용의 상승도 감수할 수밖에 없을 것이며 지방기업은 더욱 단순 유지보수나 하청의 형태로 남아서 부가가치를 창출할 수 없을지도 모른다는 견해도 있었다.

따라서 지방기업의 경쟁력을 향상시키려면 지방혁신 정책의 일환으로 교육정보화 산업클러스터를 구축할 필요가 있다. 당장 산·학·관·연 협력 네트워크를 구축하고 필요한 지식과 기술적 정보를 공유할 교육정보화 포럼을 운영할 필요가 있는 것으로 조사되었다.

또 이전 지역의 대학에서 우수한 인력들을 확보하고 기관의 인지도를 제고하기 위해서는 A기관이 적극적으로 취업설명회 개최, 안내책자 배포, 기관비전 선포식 등 적극적인 홍보가 필요하다. 각 대학은 교육정보화에 특화된 우수 인력들이 조기에 양성될 수 있도록 A기관의 전문 인력들이 적극적으로 각 대학에 교육정보화 관련 강의를 제공함으로써 특화된 인력양성에 기여할 필요가 있다는 요구사항도 있었다.

따라서 각 대학은 인력의 공급과 질적 양성에 대한 니즈가 있고 이전지역의 교육정보화 산업인프라는 취약하니 상호 인력의 수요와 공급을 위한 인력정보 인프라 구축이 필요하다.

교육대학이나 사범대학의 경우 부속 초·중·고등학교들이 있으므로 A기관이 교육정보화와 관련된 시범학교의 추진에 도움을 줄 수 있을 것으로 기대하고 있었고 A기관의 지방이전으로 인하여 교육정보화 관련 학술연구가 활성화 될 수 있을 것으로 기대하였다. 또 교육정보화 관련 실무 데이터가 학술적으로 활용될 수 있는 기회가 확대되면 학문과 산업의 공동발전이 이루어질 수 있다. 따라서 교육정보화 산업데이터가 대학에 공급되고 교육정보화 관련 학술연구들이 체계적으로 축적되면 보다 진보한 고급 정보/지식이 축적될 수 있고 나아가서 전국규모의 교육정보화 관련 전문가들을 활용한 가상연구소의 설립과 운영도 가능하다. 이를 통하여 교육정보화 부문에 기술력이 특화된 고부가가치의 e-산업클러스터를 구축할 수 있는 토대가 만들어질 수 있을 것이다.

# 특화된 e-산업클러스터의 구축 필요성

　지금까지 기업, 교육청, 학계 및 교육계의 인터뷰 내용을 정리하면 A기관이 지방이전 정책을 활용하여 교육부 산하 기관으로서 위상을 강화하기 위해서는 지방이전 이후 다음의 여섯 가지 지원을 통해 지방혁신을 선도하는 것이 중요한 것으로 드러났다. 첫째, 교육정보화 산업 데이터 및 지식을 축적하고 적극 제공하는 것이 필요하다. 둘째, 교육정보화 산업에 참여하는 기관들을 인증하고 공인된 마켓플레이스를 제공하는 것이 중요하다. 셋째, 각 기관의 업무를 지원하면서 상호 협업을 관리할 수 있는 비즈니스 프로세스 지원이 필요하다. 넷째, 교육정보화 산업에 참여하는 기관들을 대상으로 상호 정보와 지식을 교류할 수 있는 홍보 및 마케팅 지원이 필요하다. 다섯째, 교육정보화 산업에 필요한 인력과 일자리에 관한 정보를 제공할 수 있는 인프라가 필요하다. 여섯째, 교육정보화 관련 학술연구와 국내 전문가들을 활용한 가상연구소 운영을 위한 인프라 구축이 필요하다.

## 4.1 산업 데이터 및 지식의 축적 및 제공

　교육정보화 산업발전을 위해서는 각 지역 교육청을 기반으로 하는 각종 통계와 고급의 정보/지식을 축적할 수 있는 정보인프라의 구축이 반드시 필요하다. 또 교육정보화 산업의 과거 사업보고서와 실적물을 공개하여 기본적인 분석이 가능하도록 지원할 필요가 있다. 아울러 교육정보화와 관련된 각종 표준과 기본 기술에 대한 지식을 공개하여 제공할 필요가 있다. 이러한 산업 데이터 및 각종 지식의 제공은 이전지역 기업들을 보다 빠르게 성장시키고 기술적 고도화를 유도할 수 있다.

## 4.2 기업인증 및 마켓플레이스 제공

검증되지 못한 기업의 무분별한 참여는 교육정보화 산업의 부실화를 가져올 수 있는 만큼 기업의 신원과 실적을 인증하는 서비스가 필요하고 지방의 영세한 기업들이 수도권 기업들과의 컨소시엄 참여가 가능하도록 교육정보화 전문기업에 대한 데이터베이스를 공개할 필요가 있다.

또 지방기업의 덤핑 등 원가경쟁과 출혈경쟁으로 인한 도산을 막기 위하여 발주 및 수주과정을 투명하게 관리할 필요가 있으며 이를 지원할 수 있는 공적인 형태의 마켓플레이스 구축이 필요하다.

## 4.3 기관업무 지원 및 협업지원 서비스 제공

A기관과 각 지방교육청은 교육정보화 관련 유사한 지원업무가 많기 때문에 이를 지원하는 서비스가 필요하다. 각 지방교육청은 콘텐츠 및 교수법 개발에 관한 각 기관과의 협업을 원하고 있으며 이러한 기관 간 협업을 지원하기 위한 정보시스템 인프라가 필요하다. 또 교육정보화에 특화된 업무를 진행할 수 있는 업무지원 기능과 비즈니스 프로세스에 대한 지원도 필요하다.

## 4.4 홍보 및 마케팅 기능

인프라가 취약한 교육정보화 관련 지방기업의 경쟁력을 향상시키려면 지방혁신 정책의 일환으로 당장 산·학·관·연 협력 네트워크를 구축하고 필요한 지식과 기술적 정보를 공유할 온라인 교육정보화 포럼을 운영할 필요가 있다. 또한 각 기관의 정보와 지식을 공유하기 위한 홍보 및 마케팅도 필요하다.

## 4.5 일자리 및 인력정보 제공

각 대학은 교육정보화 관련 인력의 공급과 질적 양성에 대한 니즈가 있고 이전지역의 교육정보화 산업인프라는 취약하기 때문에 상호 인력의 수요와 공급을 위한 인력정보의 인프라 구축이 필요하다. 특별히 교육정보화 관련 일자리 정보를 제공하고 원하는 직무를 표기하여 인력들을 선발할 수 있는 기회를 제공하는 것은 교육수준의 향상과 인력양성을 위해 필요한 기능이다.

## 4.6 학술연구 및 가상연구소 기능

교육정보화 산업에 관한 데이터가 대학 및 연구기관으로 공급되고 교육정보화 관련 학술연구들이 체계적으로 축적되면 보다 진보한 고급 정보나 지식들이 시스템에 축적되고 활용될 수 있다. 또한 전국규모의 교육정보화 관련 전문가들이 참여하는 가상연구소의 설립과 운영은 세계적인 수준의 교육정보화 관련 지식들을 창출하여 고부가가치 산업으로서의 교육정보화 산업을 유도해 나갈 수 있는 토대가 될 수 있다.

# 특화된 e-산업클러스터의 주요 기능

지금까지 분석된 특화된 e-산업클러스터의 필요성과 교육정보화 산업의 특성을 고려한 e-산업클러스터의 주요 기능은 다음과 같다.

## 5.1 교육정보화 산업정보의 공유

교육정보화 산업에서 진행할 사업 및 과제의 효율적 관리를 위해서, 교육정보화 사업 및 과제에 관련 현재 및 과거의 정보가 공유되어야 하며 교육정보화 표준 및 규정에 관한 정보도 제공되어야 한다.

또한 이전 지역의 정보화 관련 업체들의 규모와 객관적인 실적 등 현황 정보, 과거 추진실적 조회, 검색기능이 필요하다. 또 교육정보화 산업에 참여하는 업체들에 대한 정보를 e-산업클러스터에서 상호 공유할 필요가 있으며 이를 통해서 기업 간 긴밀한 협조와 경쟁체계가 이루어질 수 있다. e-산업클러스터에서 제공해야 할 정보로는 교육정보화 관련 공공기관정보, 교육학술에 관한정보, 교육청정보, 신규사업정보, 정책과제정보, 교육정보화 표준정보, 교육정보화 관련 업계정보, 기초통계정보 등이 있다.

## 5.2 위험에 대한 대비

A기관은 현재 교육에 관련된 국가기간망들을 운영하고 있기 때문에 보안이 매우 중요하다. 또 교육정보화 산업은 학교 및 초·중·고 학생과 밀접한 관련이 있으므로 미성년자의 프라이버시 문제가 항상 민감하게 대두될 수 있다. 따라서 보안과 프라이버시와 관련된 각종 위험에 대한 대비기능이 필요하다. 특히 시스템사용을 중지할 수 없는 안전과 보안이 중요한 기간시스템의 경우 사업운영 기관과 유기적인 협조체계를 구축하여 사고 위험 최소화, 시스템 안정성 및 신뢰성 제고를 위한 대비기능이 마련되어야 하고 주요 국가기간망의 지방화 시대에 대비한 구체적인 보안 및 프라이버시 보호계획과 대처방안이 e-산업클러스터의 구축 시 고려되어야 할 기능이다.

## 5.3 유관 기관의 협업지원 기능

교육정보화를 맡고 있는 A기관은 지방을 대표하는 기관이 아니라 국가를 대표하는 기관이므로 지방에 있는 대학이나 연구소 및 기업들과만 사업을 진행하는 것이 아니다. 지식과 기술이 뛰어난 전국의 기관들과 협업을 통하여 교육정보화 과제를 진행할 수 있도록 뛰어난 협업지원 기능이 필요하다. 특히 교육정보화 부문의 특화된 e-산업클러스터를 구축하고 이를 통하여 협업과제를 수행할 수 있는 기능을 지원한다면 많은 지식과 경험이 개별 기업의 소유가 되지 않고 전체의 공유된 자산으로 축적되어 서비스품질의 제고와 함께 기업들의 고부가가치 창출이 가능할 것으로 판단되며 나아가 국가 균형발전과 경쟁력 제고에도 큰 도움을 줄 수 있을 것이다.

## 5.4 e-마케팅 기능의 강화

지금까지 A기관에서는 수도권 인력들을 주로 채용해 왔으나 이후에는 지방 인력들을 포함한 전국의 다양한 인재들을 활용해야 한다. 따라서 교육수준에 대한 고도화와 고급 지식 및 기술을 보유한 인력들을 선별하고 육성하는 작업을 위해서는 e-마케팅이 매우 중요해진다.

## 5.5 e-HRM 기능의 제공

전국에서 교육정보화에 관심이 있고 자질을 갖춘 인력들을 대거 확보하고 이들을 중점적으로 교육시킬 수 있는 인프라를 갖추는 것이 중요한데 일자리 홍보, 문의, 접수, 통보, 준비 등의 과정을 진행하고 준비할 정보와 지식을 제공하며, 채용 후에도 육성을 위한 정보와 지식을 제공할 수 있는 정보인프라가 제공되어야 한다.

## 5.6 e-마켓플레이스 기능의 제공

A기관의 이전이후 교육정보화 산업에 참여하려는 지방기업들은 매우 영세할 가능성이 크다. 따라서 참여기업 및 실적에 대한 인증과 함께 수도권 전문기업과의 협업을 유도하는 것이 좋다. 또 각 지방교육청, A기관, 교육부 등이 활용할 수 있는 공적인 성격의 교육정보화 e-마켓플레이스를 제공할 필요가 있다. 교육정보화 산업계를 대상으로 발주기관과 수주기관 사이에 RFP를 제공하고 제안서를 등록할 수 있는 정보시스템을 제공한다면 투명한 수주 및 발주 프로세스가 이루어질 수 있을 것이다.

## 5.7 가상연구소 운영

수도권은 고급인재의 보고다. 지방에서는 고급인력을 마음대로 활용하기가 어려운 만큼 능력 있는 전국의 연구자들을 가상연구소로 초대하여 연구의 성과를 극대화할 수 있느냐가 중요하다. A기관은 지방으로 이전했지만 전국을 대상으로 사업을 진행하는 전국규모의 공공기관이므로 미국, 영국, 수도권 등 해외와 전국에 흩어져 있는 우수 인재들을 효율적으로 활용하고 관리할 수 있는 방법론의 개발이 필요하다.

지금까지 교육정보화 과제추진을 통해 검증된 우수 인재들과 업체들을 적극적으로 활용할 필요가 있는데 다양한 인력풀(pool)과 기업 풀(Pool)을 활용하기 위해서는 원격으로 연구 과제를 수행하고 공유하고 관리하고 통제할 수 있는 open innovation 형태를 가미한 가상연구소 기능이 필수적이다. 가상연구소기능의 구축과 활용은 1999년 캐논과 프랑스 대학이 이미 성공적으로 활용하였고 국내에서도 과학 분야에서는 미국과 한국의 공공 및 민간기관 간 신기술개발 등에 성공적으로 적용된 사례가 있다.

다음 〈그림 42〉는 가상연구소 운영시스템을 통해 지리적 및 시간적 한계점을 극복하는 사례를 보여준다. 이처럼 e-산업클러스터에 가상연구소 기능을 구현하여 과제진행의 지리적 한계점을 극복할 수 있다면 산업경쟁력확보를 통한 수도권 과밀해소와 지역분권화에 큰 도움을 줄 수 있을 것으로 판단된다.

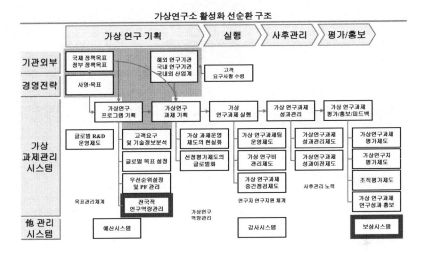

<그림 42> 가상연구소의 가상 연구과제 관리시스템

- 1단계 : 먼저 국제적 및 정부차원의 사업목표에 맞는 가상연구 영역을 프로그램으로 설정하고 산업계와 국내외 요구사항을 반영하여 각 영역별 연구 과제를 기획하여 연구계획을 제출한다.

- 2단계 : 현실적 여건과 선정과정을 거쳐서 연구과제가 확정되면 연구가 본격적으로 이루어져 연구비 집행 및 중간점검이 이루어진다.

- 3단계 : 연구결과가 도출되면 연구결과의 품질과 관련된 성과관리 및 연구결과물의 이전에 대한 검토가 이루어진다.

- 4단계 : 연구과제에 대한 총평과 함께 참여자들에 대한 평가와 보상이 이루어진다.

- 5단계 : 성공적인 연구결과물의 경우 집중적인 홍보가 이루어진다.

# 협업과제를 위한 e-산업클러스터의 지원

　지방교육청, 지역학계, 지방자치단체청 등과의 인터뷰를 통해 조사한 요구사항의 내용을 분석해 보면 다음 〈그림 43〉과 같이 교육정보화 컨설팅, 교육정보화 테스트베드, 교육정보화 포럼, 교원연수 고도화, 교육정보 학문발전, 미래교육 실험학교의 6대 협업과제로 정리할 수 있었다. 이러한 협업은 교육정보화에 특화된 e-산업클러스터에서 제공하는 협업지원기능을 통하여 보다 효율적이고 구체적인 협업과정이 가능해 질 수 있다.

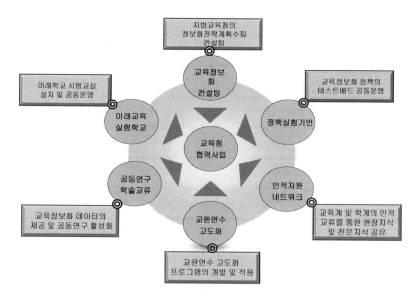

〈그림 43〉 도출된 6대 협업과제

## 6.1 미래교육 연구 · 실험학교 협력과제

지방교육청이 가장 관심을 가지고 있는 교육정보화 협력과제로는 미래
교육 연구 · 실험학교의 개설과 운영이다. 현재 교육부는 스마트교육의 모
형 유형을 초 · 중등학교에 시범적으로 운영하여 스마트교육 정착 및 활성
화 방안을 마련하고 있다. 각종 스마트 기기가 보편화되고 대중화 되면서
스마트기기를 활용하는 스마트 교육환경도 일반화되고 있기 때문에 이를
교실수업에 적용 및 활용하는 모형과 학교 특성을 반영한 환경구축 그리고
융통성 있는 스마트 교실 적용 · 운용을 시도하고 있다.

교육부와 시도교육청, A기관 및 연구학교 간의 원활한 업무 수행을 위해
긴밀한 업무협조체계 구성 및 운영을 필요로 하는데 교육정보화 e-산업클
러스터가 구축되고 협업기능을 지원한다면 업무협조체계가 보다 유기적으
로 이루어질 수 있고 A기관 주도의 미래교육 연구 · 실험학교 사업에 대한
지원이나 협조가 보다 용이할 것으로 보인다.

## 6.2 교육정보화 전략계획수립 컨설팅

기본적으로 각 지역교육청은 자체의 정보화전략계획(ISP)을 수립한다. 그
러나 각 지역교육청의 정보화수준과 여건이 매우 큰 차이가 있으므로 이에
대한 지원과 조정을 위한 컨설팅 사업이 가능하다.

순서는 먼저 각 교육청은 정보화 요구사항과 물리적 환경 그리고 사업내
용을 반영한 초기 정보화전략계획을 수립한 다음 교육정보화 e-산업클러
스터에 업로드 한다. 그러면 A기관은 지방 교육청이 수립한 정보화전략계
획수립을 바탕으로 교육부 정책방향 등을 고려하여 정보화 컨설팅기능을

수행하며 A기관의 교육정보화 전략을 반영한다. 마지막으로 각 교육청에서는 수정된 내용을 검토하고 각 지역 교육청들이 참고할 수 있도록 제공한다.

지방교육청을 허브(hub)로 하는 전국 교육정보화 추진체계를 구축하고 지방교육청의 정보화 추진방안과 노하우를 전국적으로 기획하고 조율하면서 상호 조정해가는 기능은 향후 한국의 교육정보화 산업을 이끌어 가는데 큰 도움을 줄 수 있을 것이다.

특히 교육부의 전략과제와 각 시도의 정보화 전략이 상호 연계(alignment)되어야 하고 A기관과 각 시도교육청에 분산되어 있는 IT 자원관리, 개별 시스템 및 시스템 상호 간의 IT 위험관리, IT 투자금액에 대비한 IT 성과관리 등 IT 거버넌스의 주요 이슈들이 대두되고 있는 상황이므로 이러한 이슈들을 관리하기 위한 조직체계, 관리 프로세스 설정, 인력구성, 효율적 관리를 위한 각종 도구와 정보시스템 개발에 이르기까지 다양한 전문 IT 컨설팅이 일선 시도교육청에도 필요한 상황이다.

각 시도교육청 사업의 유사성과 공통분모를 고려했을 때 모든 시도교육청에서 각기 IT 거버넌스를 위해 개별 컨설팅을 수행하는 것은 매우 비효율적이기 때문에 A기관은 지방교육청을 대상으로 IT 거버넌스 등에 관한 컨설팅을 수행하고 그 결과를 전국 시도교육청과 공유하여 각 시도교육청이 손쉽게 컨설팅 결과를 맞춤화하여 활용할 수 있도록 보급하는 기능을 수행할 수 있다.

이 경우 각 지방 교육청의 공통적 사업들에 대한 체계적 검토와 실행가능성 및 개선점을 현장적용 과정에서 파악할 수 있기 때문에 교육정보화 e-산업클러스터를 활용한다면 사업수행상의 효율성과 함께 예산의 절감을 가져올 수 있을 것으로 판단된다.

## 6.3 교육정보화 정책실험 협력과제

지금까지 A기관은 전국 시도교육청을 대상으로 일 방향으로 사업을 진행해왔다. 그러나 지방이전 이후 지방교육청과의 물리적인 거리가 좁혀짐에 따라 지방교육청을 정책실험의 장으로 활용하여 타 시도교육청에서도 공감할 수 있는 현장 중심적이고 교육현실을 반영한 빠른 피드백을 얻을 수 있다. 예를 들면 A기관이 이전지역 교육청이 정보화 시범사례가 되도록 총괄적인 자문기능을 수행할 수 있으며 자문을 통해서 A기관은 각 정보화 과제들을 현장에서 실증적으로 분석할 수 있는 기회를 확보하게 된다. 이것은 교육정보화 부문의 지역혁신을 이루면서 그 핵심기술과 지식을 전국적으로 확대하는 모형으로 지방이전 정책이 가져올 수 있는 바람직한 정책목표라고 할 수 있다.

또 지방교육청을 허브로 하는 전국 정보화 추진체계를 특화된 교육정보화 e-산업클러스터에 구축하고 테스트베드에서 성공적으로 검증된 교육정보화 과제를 신규 지식으로 전국에 공유하고 확산시켜서 교육정보화 성과를 극대화 할 수 있다. 결국 e-산업클러스터의 협업지원 기능은 테스트베드로 지방교육청을 활용할 수 있도록 지원하고 전국적 규모로의 확산을 조율, 조정, 기획하는 기능을 수행하게 된다.

지방교육청이 교육정보화 사업의 테스트베드가 되기 위해서는 각 급 학교 등 일선 교육현장이 적극적으로 동의하고 참여해야 하는데 이러한 기능도 e-산업클러스터를 활용한다면 보다 쉽게 테스트베드의 내용이나 환경 등을 검토하고 참여 신청이 가능하도록 지원한다면 많은 학교들의 참여가 이루어질 수 있을 것이다.

## 6.4 인적자원 네트워크 구축

A기관과 교육청 및 학교와의 인적교류를 통해 사업진행의 현장감을 높일 수 있고 학교와 교육청은 교육정보화와 관련된 전문지식과 경험을 전수받을 수 있는 기회를 확보하여 시너지효과를 기대할 수 있다. 특히 교육대학이나 사범대학 등 교육관련 단과대학은 A기관의 교육정보화 전문가들을 활용하여 보다 현장감 있는 강의요원들을 확보할 수 있고 A기관은 각 대학의 우수한 인재들을 조기에 발굴하여 교육정보화 부문에 연결(matching)시킴으로써 이전지역을 중심으로 한 교육정보화 산업토대를 구축할 수 있다.

A기관은 교육정보화 산업과 관련된 민간기관 및 지역대학들과 적극적인 협업과 산업구조 개선을 위하여 산·학·관·연의 교육정보화 e-산업클러스터를 구축할 필요가 있다.

또한 교육정보화 e-산업클러스터 내에 마케팅 기능을 추가하여 교육정보화 관련 민간기관들과 지역대학의 전공교수들이 서로 자문하고 홍보하고 마케팅할 수 있는 기회를 마련할 수 있을 것이다. 또 교육정보화 관련 인사들을 초청하여 정기적인 온라인 교류회와 오프라인 정규모임을 갖는 것도 빠른 인적 네트워크 구축에 큰 도움을 줄 수 있다. 특별히 기관의 홍보나 마케팅, 정책만족도, 포럼성과, 정보품질 등을 조사하기 위한 e-survey 기능도 필요하다.

이처럼 e-산업클러스터를 통해 인적 네트워크가 고도화되면 협력사업 발굴을 위한 포럼, 워크샵 등이 많아지고 다양한 아이디어들을 바탕으로 실질적인 협력과제를 도출하고 예산과 인력을 확보하여 민·관·학·연의 협력에 의한 우수한 혁신지식 및 기술이 산출될 것이다.

## 6.5 교원연수 고도화 협력과제

스마트시대의 모바일 환경에 적합한 스마트 환경중심의 연수를 통하여 교원연수의 효율성을 제고할 필요가 있다. 모바일 환경특성과 첨단기술과의 접목을 통해 누구나 언제 어디서 학습이 가능한 첨단연수 인프라 구축이 필요하며 유비쿼터스 체계를 활용한 연수 프로그램의 고도화가 요구되고 있다. 특히 스마트폰이 PC와 같이 운영체제를 탑재하고 다양한 앱(App)을 사용하고 있기 때문에 정보 및 지식의 소통에 근본적인 변화를 견인하고 있고 교원과 시스템의 연결을 통해 즉각적(just in time)인 연수교육의 실현이 가능하다.

교원연수의 효율성 제고와 교육공동체 간 커뮤니케이션 강화를 위해서는 스마트 기기의 활용이 중요하고 이를 위해서는 클라우드 컴퓨팅 등 인프라에 대한 투자가 필요하므로 방통위, 행안부, 교육부 등 관련 기관들과의 협조가 필요하다.

스마트 기기를 활용한 교원연수가 효과적으로 이루어지기 위해서는 법제도의 정비 및 활성화 지원대책이 필요하며 관련 콘텐츠의 제작을 표준화할 수 있도록 표준 가이드라인이 제시될 필요가 있다. 따라서 A기관으로서는 교육정보화 산업의 국제 및 국내 표준을 결정하고 배포하여 원활한 콘텐츠 제작과 서비스 지원이 가능하도록 e−산업클러스터 내에 '국제 및 국내 표준'에 관한 기술과 지식이 제공될 필요가 있다.

현재 A기관은 스마트폰, 태블릿 PC, e−book 등 다양한 뉴미디어를 활용한 컨버전스(Convergence) 교원연수 프로그램의 제작을 검토하고 있고 우수수업동영상, 대학공개강의, 사이버가정학습 등이 무료로 제공되고 있는 상황이며 국제 및 국내 표준에 관한 연구과제와 적용을 주도하고 있다. 따라서 e−산업클러스터에서 제공하는 표준과 관련된 기준, 지침과 규칙 등을 기반으로 한 연수 프로그램을 개발, 적용하여 전국에 보급함으로써 교원연수의 고도화가 가능하다.

## 6.6 공동 연구 및 학술교류

교육정보화는 원격교육에서 출발하여 카셋트 테이프, PC통신, 유선 인터넷, 유비쿼터스, 스마트폰으로 이어지는 기술혁신 속에서 끊임없이 개선되고 변화되는 환경에서 발전해왔다. 따라서 환경변화를 지속적으로 모니터링하고 축적된 데이터를 적극적으로 활용하여 교육정보화 전략개발이나 정책제안에 사용할 수 있어야 하며 이를 위해서는 대학과의 긴밀한 연계가 필수적이다. 또 이러한 심도 있는 연구를 위해서는 교육정보화 e-산업클러스터 내 가상연구소 기능이 필요하다. 국내·외 역량 있는 연구진이 거리와 시간에 제약 없이 참여할 수 있고 연구인력 또는 연구기관 간 상호교류와 공동연구 등을 지원한다면 교육정보화 부문의 첨단 지식과 기술을 원활하게 공급받을 수 있을 것이다. 가상연구소 기능을 통해 A기관은 이론적으로 보다 탄탄한 모형개발에 도움을 받을 수 있고 대학 등 연구기관은 현장감 있는 실제 데이터를 통하여 보다 현실적인 대안마련과 시사점을 제공할 수 있다.

# e-산업클러스터의 유관기관과 협업 지원기능

## 7.1 유관기관 협업을 통한 e-산업클러스터 특성화 지원

일반적인 협력과 달리 A기관은 〈그림 44〉와 같이 정보화와 교육부문에 관한 폭넓은 교류가 필요하므로 분야를 교육정보화 부문에 국한된 커뮤니티를 형성할 필요가 있다. 따라서 한국정보화진흥원, 교육과학기술연구원, 한국로봇산업진흥원, 한국장학재단과의 MOU 마련과 정기적인 교육정보

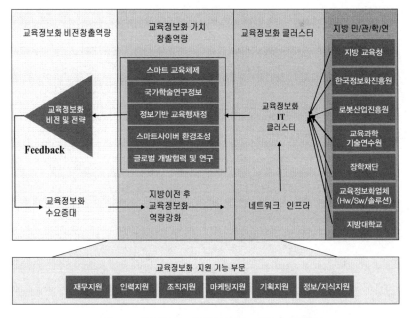

〈그림 44〉 교육정보화 지방혁신 클러스터의 프레임워크

화 협의회를 마련하는 것이 바람직하다. 특히 교육과 관련된 교육과학기술연수원과는 연수교육을 위한 콘텐츠의 공동개발과 지원 사업을 함께 진행할 수 있도록 MOU 체결 및 시범협력과제를 수행하는 등 공동개발과 운영경험을 갖는 것이 중요하다.

한국로봇산업진흥원과는 로봇을 이용한 수업개선, 농어촌지역 원어민 교사역할 수행, 로봇관련 수업자료 및 수업모형 개발 그리고 국제표준연구 등을 위한 협업이 가능할 것으로 전망된다. 따라서 로봇의 교육활용도 제고를 위한 MOU를 체결하고 시범협력연구를 적극적으로 수행할 필요가 있다. 또한 상호 예산 및 인적·물적 교류를 함께 협의하고 성과교류회도 함께 개최하는 방안도 적극적으로 고려할 필요가 있다.

한국정보화진흥원과는 다양한 정보화 교육과 취약계층의 교육지원 등 공통된 전략 및 사업과제를 발굴하고 필요한 영역에 대해서 상호 파견근무나 가상조직과 같은 형태의 직접적인 공동사업 운영도 가능할 것이다.

〈그림 45〉와 같이 교육정보화 협력 네트워크는 A기관을 중심으로 이전 지역 공공기관의 사업들을 상호 연계하여 새로운 교육정보화 사업들을 발굴하고 협력하는 사례를 보이고 있다. 예를 들면 A기관이 교육콘텐츠를 개발할 때 한국정보화진흥원의 소외계층지원을 위한 콘텐츠를 개발하고 한국로봇산업진흥원의 로봇체험을 통한 교육 프로그램을 개발하며 경진대회 등의 협력사업을 기대할 수 있다. 이러한 협업과제 개발은 e-산업클러스터의 교육정보화 포럼에서 이루어지고 실제 협업은 e-산업클러스터의 협업지원 기능에서 이루어지게 된다.

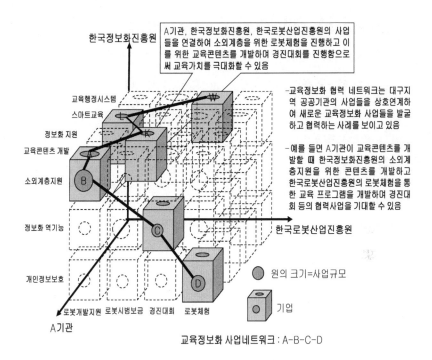

한국정보화진흥원

A기관, 한국정보화진흥원, 한국로봇산업진흥원의 사업들을 연결하여 소외계층을 위한 로봇체험을 진행하고 이를 위한 교육콘텐츠를 개발하며 경진대회를 진행함으로써 교육가치를 극대화할 수 있음

교육행정시스템
스마트교육
정보화 지원
교육콘텐츠 개발
소외계층지원
정보화 역기능
개인정보보호

-교육정보화 협력 네트워크는 대구지역 공공기관의 사업들을 상호연계하여 새로운 교육정보화 사업들을 발굴하고 협력하는 사례를 보이고 있음

-예를 들면 A기관이 교육콘텐츠를 개발할 때 한국정보화진흥원의 소외계층지원을 위한 콘텐츠를 개발하고 한국로봇산업진흥원의 로봇체험을 통한 교육 프로그램을 개발하며 경진대회 등의 협력사업을 기대할 수 있음

한국로봇산업진흥원

로봇개발지원 로봇시범보급 경진대회 로봇체험
A기관

원의 크기=사업규모

기업

교육정보화 사업네트워크 : A-B-C-D

〈그림 45〉 교육정보화 협력 네트워크의 사례

## 7.2 교육정보화 포럼을 통한 특화 e-산업클러스터 확장

A기관은 지방으로 이전한 이후 교육정보화 사업과 관련된 민간기관 및 지역대학들과 적극적인 유대를 위해 노력해왔다. A기관은 지방이전을 전·후하여 교육정보화 포럼을 만들고 교육정보화 관련 민간기관들과 지역대학의 관련 전공교수들을 초청하여 정기적인 교류회를 가지고 있다. 그러나 이러한 포럼을 운영할 때는 교육정보화 관련 기관들의 특성이나 규모 및 실적에 관한 객관적 정보를 수집해야 하고 이것은 e-산업클러스터를 기반으로 축적되고 철저한 개인정보 보호법에 의거하여 활용되어야 한다.

대학 및 유관 기관들과의 협력체제 구축을 조기에 구축하기 위해서는 대구지역에서 개최되는 컴퓨터공학이나 교육학 분야의 주요 학술대회에 e-산업클러스터의 e-마케팅 기능을 활용하여 A기관과 기관의 주요사업을 소개하고 인적 네트워크를 넓혀나가는 것이 좋은 방법이다.

산·학·관·연 교류회가 비생산적인 사교모임이 되지 않도록 e-포럼을 통해 먼저 행사의 취지와 내용에 대해 미리 고지하고, 매회 교육정보화 관련 주제를 정해서 산·학·관·연의 각 기관들이 돌아가면서 주제발표를 하고 질의하고 토론함으로써 건전한 교육정보화를 위한 발전의 장이 되고 향후 협력사업들이 도출될 수 있도록 지원할 필요가 있다.

교육정보화 포럼의 초기 협력사업은 기관 사업의 우선순위를 고려하여 주로 공공기관에서 주도하게 될 것이지만 갈수록 교육정보화에 필요한 각종 기술적 우위를 실무적으로 축적해 가는 민간 기업이 주도적인 역할을 수행할 것으로 예상된다.

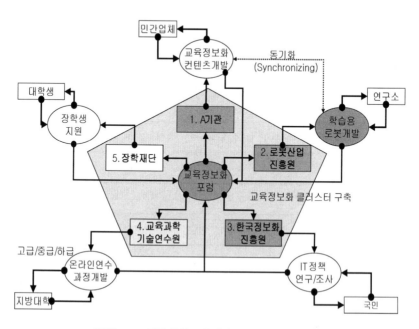

<그림 46> 포럼을 통한 교육산업 클러스터 구축과 역할

〈그림 46〉에서 알 수 있듯이 로봇을 활용한 첨단교육과 관련된 한국로봇산업진흥원을 중심으로 이전지역의 기업 네트워크가 이미 구축되어 있으므로 A기관은 e−산업클러스터 구축을 통해 한국정보화진흥원, 한국장학재단, 교육과학기술연수원 등 로봇기업들과 협력을 본격화할 수 있을 것으로 보인다.

# e-산업클러스터 구축방법론

## 8.1 e-산업클러스터 구축 계획수립

본 저서는 지금까지 공공기관의 지방이전 정책이 유효성을 거두기 위해서는 고급 기술과 지식축적을 목표로 특화된 영역의 산업클러스터가 구축되지 않으면 실질적인 이전정책의 가시적 성과를 거두기 어렵다는 결론을 얻었다. 따라서 본 사례연구의 A기관은 지방이전 정책의 성과를 극대화하고 중앙기관의 지방기관으로의 전락(轉落)을 막기 위해서 교육정보화 산업의 e-산업클러스터 구축을 계획하였다. 본 저서의 e-산업클러스터 구축계획수립의 단계는 다음 〈그림 47〉과 같이 6단계로 구성되며 다양한 분석과정에서 필요한 활동들을 수행하였다. 그러나 본 저서에서는 프로젝트 보고서가 아니므로 분석된 모든 내용을 담기보다는 핵심적인 기능들과 분석을 중심으로 서술하고자 한다.

본 저서의 특화된 e-산업클러스터는 교육정보화라는 주제로 다양한 기관들이 함께 참여하여 지속적으로 고급 지식 및 기술을 축적하고 산업발전을 견인함으로써 인구유출을 막고 지역경제발전에 이바지하고자 만드는 정보시스템이다. 따라서 참여기관들의 역할과 추진과업에 대한 정의는 매우 중요하다고 할 수 있다. e-산업클러스터에서 교육정보화 산업 업계와 A기관의 역할 및 내용은 다음 〈그림 48〉에 제시되어 있다.

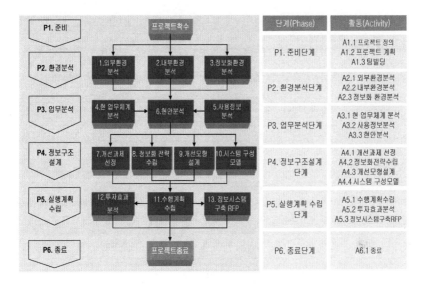

〈그림 47〉 e-산업클러스터 구축 계획수립 단계

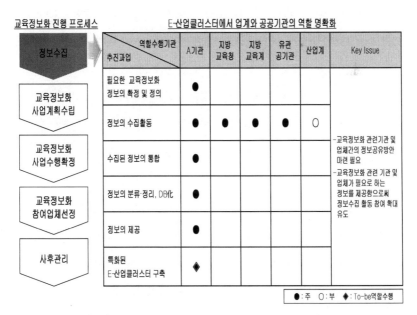

〈그림 48〉 교육정보화 e-산업클러스터 참여기관의 역할

A기관이 주도적으로 수행하고 있는 교육정보화 사업의 진행 프로세스는 일반적으로 각 사업진행을 위한 정보수집 단계, 교육정보화를 위한 사업을 준비하고 계획하는 단계, 교육정보화 사업을 확정하고 자원을 배분하는 단계, 교육정보화에 참여할 기업을 선정하고 과제를 진행하는 단계, 마지막으로 사업종료 후 사후적으로 사업을 관리하는 단계로 구성된다. 정보수집 기능은 e-산업클러스터의 기본기능인데 A기관은 정보의 정의, 수집, 분류, 제공에 이르는 모든 활동에 주도적인 역할을 수행해야 하며 미래의 기능으로서 e-산업클러스터에 모든 정보를 축적시키는 활동을 수행해야 한다. 다른 참여기관들은 모두 정보의 수집활동에만 주도적으로 참여하고 산업계는 정보수집에 있어서 보조적인 역할만 수행하면 된다. 정보수집 이외에 교육정보화 사업계획수립 기능, 교육정보화 사업수행확정 기능, 교육정보화 참여업체 선정기능, 사후관리 기능에 이르는 과정들에 대한 분석도 진행하였으나 본 저서에서는 초기단계인 정보수집 기능에 대한 내용만 설명하였다.

다음 〈그림 49〉는 교육정보화 e-산업클러스터 시스템의 비전체계와 주요기능 및 사업들을 보여주고 있다. 비전의 내용은 21세기 교육정보화 산업주도이고 두 개의 비전목표는 교육정보화 사업을 위한 국가인프라 구축과 교육정보화 서비스 역량강화이다. 4대 전략과제로는 교육정보화 정보통합관리, 교육정보화 협업에 따른 프로세스 통합, 교육정보화 산업 e-마켓플레이스 구축, 교육정보화 고객 e-서비스 활성화가 있다.

이전지역의 교육청, 교육계, 교육정보화 유관기관, 산업계를 인터뷰하여 A기관이 주도적으로 수행할 전략적 추진사업들은 e-산업클러스터에서 제공하는 e-Process/e-Workflow를 통하여 수행될 수 있으며 주요 내용으로는 지방교육청 정보화전략계획수립 컨설팅, 교육정보화 정책 테스트베드 공동운영, 미래학교 시범교실 설치 및 공동운영, 교육정보화 정보제공 및 공동연구 활성화, 교원연수 고도화 프로그램 개발 및 적용, 교육정보화 포럼개최, 교육정보화 전문인력 양성, 교육계 및 학계 인적네트워크 구축관리, 교육정보화 홍보 및 마케팅, 기타 교육정보화 산업정보 등으로 구성되어 있다.

또 이전지역의 교육청, 교육계, 교육정보화 유관기관, 산업계를 인터뷰하고 이들의 요구사항과 교육부의 정책목표를 기반으로 교육정보화 e-산업클러스터에 포함되어야 할 전략적 기능은 교육정보화 통합 DB구축, e-마켓플레이스, e-마케팅, 교육정보화 협업지원, 가상연구소 ROI분석, 교육정보화 일자리 및 인력관리, 보안 및 프라이버시 분석보고 기능으로 〈그림 49〉의 맨 밑기둥에 제시되어 있다.

본 저서에서는 수도권에서 A기관의 업무편의를 위주로 수행하던 정보시스템의 업무프로세스를 e-산업클러스터에서는 고객지향적 업무프로세스로 근본적으로 변환하고자 한다. 특히 각 사업별로 흩어져있는 분산된 교육정

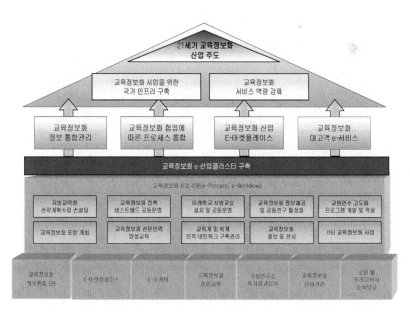

〈그림 49〉 교육정보화 e-산업클러스터 시스템의 비전

보화 정보들을 산업 내 이해관계자들의 목적에 맞도록 통합된 정보관리가 필요하다. 또한 지금까지 기관 내부관점에서 진행되던 업무 프로세스가 교육정보화 전체 산업육성을 위하여 내·외부 협업과 외·외부 협업을 지원할 수 있는 이해관계자 관점의 업무 프로세스를 지원하는 방향으로 구현될 필요가 있다.

또 수작업 프로세스로 진행되던 업무들을 자동 프로세스로 전환하여 실시간 업무수행이 가능하도록 전환할 필요가 있다. 지금까지 교육정보화 시스템에서 발생한 보안 및 프라이버시 문제는 해당 트랜잭션 위주로 해결하였으나 향후에는 보다 다차원적 분석을 통하여 심도 있는 대처와 예방계획을 수립하는 기능을 포함시키고자 한다. 이처럼 바람직한 업무모형과 현 시스템의 한계점을 고려하여 설정한 교육정보화 e-산업클러스터의 개발방향은 다음 〈그림 50〉과 같다.

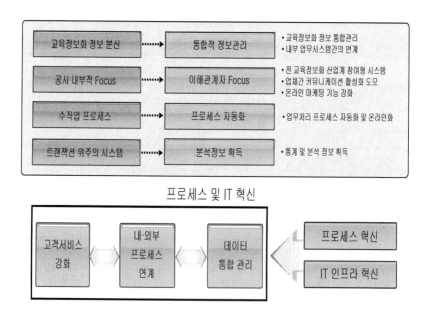

〈그림 50〉 기존시스템의 프로세스 및 혁신 방향

교육정보화 e-산업클러스터는 실제로 산업발전을 견인하는 이해관계자를 위한 협업 및 정보공유의 공간을 제공함을 목적으로 하며 이러한 정보와 프로세스의 흐름이 A기관 내부의 업무흐름과 유기적으로 연계될 수 있도록 구축할 필요가 있다. 이를 위한 세부적인 구축 방향 및 전략은 다음 〈그림 51〉과 같다.

먼저 교육정보에 관한 각종 산업표준을 명확히 정리할 필요가 있다. e-Learning, e-도서관, 전자교과서, 교육용 콘텐츠, NEIS, 교육정보망 보안, 프라이버시 등 대부분 영역에서 표준화가 진행되고 있으며 결정된 표준과 진행상황에 관한 정보를 종합하여 기준정보를 제공할 필요가 있다. 또 교육정보화와 관련된 각종 계량 및 비계량 정보를 취합하고 특정한 기준에 맞도록 정리하고 분류하여 교육정보화 산업통계를 산출할 필요가 있다. 또한 각종 교육기관과 교육계, 유관기관, 기업에 관한 정보를 축적하고 관리할 필요가 있으며 연구원, 교원, 교수, 전문가, 공무원, 직원 등 교육정보화와 관련된 인력들의 정보를 개인정보활용에 관한 동의를 받고 활용할 필요가 있다.

두 번째로는 교육정보화 산업 내 산·학·관·연이 모두 참여하는 가상공간을 만들 필요가 있다. 특정 산업이 발전하기 위해서는 그 산업을 구성하는 이해관계자들의 적극적인 참여가 매우 중요하다. 또 모든 구성원들이 즐겨 찾을 수 있도록 특화된 정보와 콘텐츠를 제공해야 한다. 이를 위해서 e-산업클러스터에서는 각 참여기관들의 과거 실적에 대한 조회와 확인기능과 기관 간 협업기능을 지원하고자 한다. 또 참여기관의 업무프로세스에 기반을 둔 실시간 정보조회 등의 기능을 제공하고자 한다.

세 번째로는 온라인 마케팅 기능의 강화이다. 실제로 교육정보화 산업이 발전하기 위해서는 B2B 상거래가 많이 이루어져야 한다. 따라서 e-산업클러스터에서는 기관 간 홍보 및 거래정보를 공유하고 e-RFP를 주고 받아 원스톱으로 업무를 처리할 수 있는 기능을 제공하고자 한다. 또 교육정보화 전반에 걸친 수요조사나 사업성과를 파악하기 위하여 e-Survey 기능을 제공하고 아울러 e-Content를 활용하여 각종 마케팅용 콘텐츠를 제공할 수 있도록 지원한다.

네 번째로는 교육정보화 산업 내 원활한 커뮤니케이션을 지원할 교육정보화 e-포럼기능을 제공한다. 산업 내 전체 구성원들이 참여하는 e-포럼을 통하여 새로운 정책제안과 피드백이 가능하고 협업 프로세스의 개발과 공동사업에 대한 아이디어 공유, 필요 인력에 대한 공동채용(recruiting), 인재육성, 교육 및 훈련 프로그램의 제공이 가능하며 교육정보화 부문의 지식축적을 위한 다양한 Q&A나 위키피디어 사전 등의 기능을 제공할 수 있다.

다섯 번째는 업무처리 프로세스의 자동화와 실시간화를 추진할 수 있다. 기존의 업무처리 중 업체의 신청, 참가업무, 조사업무 등을 온라인으로 탑재하고 처리결과를 통보할 수 있는 지원기능을 제공한다. 또 교육정보화 실적등록, 제안요청서(RFP), 사업설명회 등을 e-산업클러스터에서 표준화된 프로세스로 제공할 수 있다. 또한 교육정보화 관련 전문가들을 묶어서 가상연구소를 운영하여 연구성과를 극대화 할 수 있고 연중행사나 사업을 사전에 고지하여 이해관계자들이 미리 준비하고 대비하도록 지원하는 기능도 제공할 수 있다.

여섯 번째는 보안 및 프라이버시 강화인데 최근 중국으로부터 해킹사고가 빈번해지고 개인정보가 무더기로 유출되면서 사회적인 보안이슈가 크게 대두되고 있다. 특히 초·중·고 미성년자들의 인적정보가 유출되었을 때 나타날 수 있는 각종 위협과 문제점 때문에 e-산업클러스터에서는 보안기능과 프라이버시 보호기능이 중요하다. 각종 교육정보화 관련 정보시스템으로부터 보안 및 프라이버시 침해상태를 분석 및 점검하여 지속적인 예방과 통제를 강화해 나갈 수 있도록 지원한다.

## 1. 산업표준정보 통합관리

교육정보화 관련 기본 정보 DB화를 통한 통합관리

국내외 교육정보화 주요 전문 기관 및 인사 정보 통합 관리

국내 교육기관, 교육청, 교육과학기술부, 유관 공공기관 등 공공기관 정보 통합관리

국제 교육정보화 표준, 국제협력 등 해외사업 및 기관정보 통합관리

## 2. 교육정보화 산업 내 민/관/학/연 전부 참여

교육정보화 관련 이해관계자의 참여 유도 –인센티브(재정지원 + 정보접근)

교육정보화 e-산업클러스터 시스템을 통한 협업, 정보 등록, 공유 및 활용

☞ 교육정보화 e-산업클러스터시스템에 계획 및 실적정보 등록, 공유

☞ 이해관계자 특성별 업무프로세스에 기반한 실시간 정보 공유 및 활용

## 3. 온라인 마케팅기능 강화

교육정보화 관련 기본 정보 제공 및 획득 포털 접근 환경 제공

교육정보화 E-마켓플레이스를 통한 마케팅 지원

☞ 업계의 국내외 마케팅 활동 지원(교육정보화 사업에 필수적인 핵심 기술이나 지식을 수집,공유)

☞ 온라인 RFP 처리, 국내외 기관 및 인사 대상 온라인 one-stop 업무

☞ 이해관계자 대상 Survey

E-Content를 통한 콘텐츠 생성, 통합관리 및 공유(동향, 지식, 문서, 뉴스레터, 카탈로그 등)

## 4. 교육정보화 산업 내 커뮤니케이션 강화

교육정보화 산학관연 간의 양방향 소셜 네트워크 및 포럼 기능 강화

☞ Q&A

☞ 정책/사업 제안

☞ 위키피디어

☞ 인력 Pool / Recruiting, Training

## 5. 업무처리 프로세스의 자동화 및 실시간화

기존 오프라인으로 처리했던 각종 신청, 조사 업무, 참가 업무 등의 온라인화(기관과 이해관계자)

☞ 교육정보화 지원 / 교육정보화 실적 조사 / 교육정보화 유치의향 조사 / 교육정보화 유치 설명회 개최

☞ 가상연구소 계획/운영/성과분석

☞ 연간사업 /행사고지

교육정보화 업무 프로세스 자동화 및 외부 이해관계자간의 협업

## 6. 보안 및 프라이버시 기능 강화

최근 보안사고로 인한 소송이 증대되고 관심이 증대되고 있어서 정보보안 기능을 강화하는 추세임

☞ 기준정보 데이터의 공유, 업데이트, 유지관리, 백업, 복구대비로 데이터 일관성 및 보안성 강화

☞ 시스템 및 정보 보안이 전체 시스템에 포괄적으로 적용될 수 있도록 내부통제를 강화해야 함

개인의 프라이버시 정보의 보호를 위한 법률제정이 이루어지고 특히 미성년자들에게 대한 정보보호가 민감해지는 추세임

〈그림 51〉 교육정보화 e-산업클러스터의 구축방향

교육정보화 e–산업클러스터의 비전과 유관기관의 업무요구사항으로부터 도출된 e–산업클러스터 특화 전략방향과 시스템 구축을 위한 업무기능의 연계는 〈그림 52〉의 왼편과 같으며, 따라서 e–산업클러스터에서 제공해야 할 주요 기능과 내용은 〈그림 52〉의 오른편과 같다.

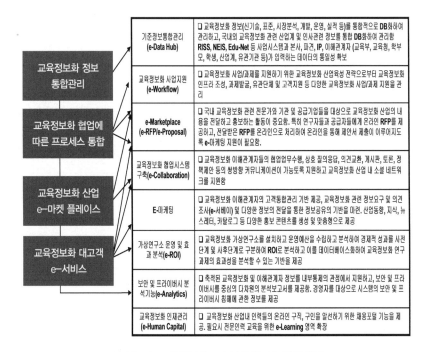

〈그림 52〉 e–산업클러스터 시스템 구축 업무 범위

지금까지 분석한 결과를 바탕으로 본 저서에서 제시하는 교육정보화 e–산업클러스터의 전체 시스템 구성도는 다음 〈그림 53〉과 같다. A기관의 정보시스템은 크게 개별 사업진행을 위한 통합사업시스템과 교육 및 학술 정보화 사업을 관리하기 위한 목적의 사업관리시스템 그리고 경영지원과 관리를 위한 전략경영시스템으로 구성된다. 기본적으로 외부 이해관계자의 교육정보화 시스템의 접근은 기관의 IBS(Internet based systems)를 통해 이루어지고, 내부는 기관내부 네트워크를 통해 접근하도록 공사의 정보시스템 관리 표준을 수용하도록 구성한다. 교육정보화 e−산업클러스터는 크게 ① 통합된 데이터 기준과 저장을 위한 데이터 허브, ② 기관내부 사업관리와 이해관계자의 접점영역인 교육정보화 사업지원 부문, ③ 외부 이해관계자 간의 정보공유 및 협업을 위한 외부 프로세스 부문의 3가지 영역으로 구성 되어 운영된다. 여기서는 교육정보화 협업지원, 가상연구소 ROI분석이 외 부 프로세스 부문에 해당된다. 본 저서에서는 e−산업클러스터 시스템 전체 개념도를 바탕으로 8개의 주요 기능에 관한 구체적인 설계를 진행하고자 한다.

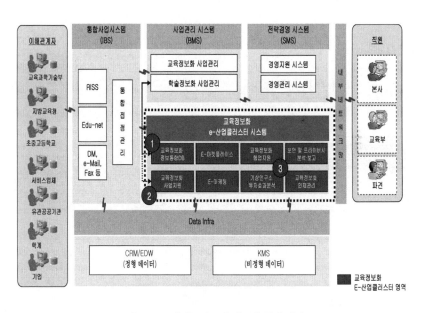

〈그림 53〉 e−산업클러스터 시스템 전체 개념도

## 8.2 교육정보화 정보통합DB (e-Data Hub)

산업의 기준정보를 결정하고 표준정보를 제공하며 산업 내 산재해 있는 정보자원을 하나로 통합하여 유관기관 및 산업체에 제공하는 것은 e-산업 클러스터에서 수행해야 할 가장 중요하고 기본적인 역할이다. 이러한 기준 정보 결정과 표준정보제공 및 정보자원 통합은 다음 〈그림 54〉와 같이 모두 통합데이터 허브(hub)에서 이루어지게 된다. 교육부로부터 각 교육청, 학교 등 교육계, 기업체 등 산업계, 교육정보화 유관기관, 그리고 개별 정보제공자들로부터 실시간으로 데이터를 얻을 수 있으며 A기관의 경영정보시스템(MIS)에서 업무 프로세스로부터 데이터 획득도 가능하다. 또 교육부나 교육청에 파견된 직원들도 원격시스템을 통하여 수집된 데이터를 전송할 수 있으며 이처럼 산업 내 종사자들의 자발적인 참여를 통해 방대한 데이터 수집이 이루어질 수 있다.

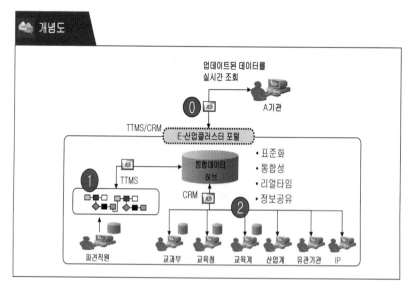

〈그림 54〉 교육정보화 정보통합DB(e-Data Hub)

그러나 표준정보나 기준정보 및 통계정보의 경우 수집한 데이터를 그대로 제공할 수는 없다. 따라서 e-산업클러스터 포털을 통한 검증이 요구되고 확정된 고품질의 데이터만을 엄선해서 공급해야 한다. 이러한 고급 정보는 누구나 접근이 가능한 것이 아니고 기초 산업 데이터를 정기적으로 제공하는 사용자의 경우에만 접근권한을 부여해야 한다. 즉 각 기관이 기준정보, 표준정보, 통계정보를 얻으려면 먼저 자기 기관의 데이터를 먼저 올려야 한다.

교육정보화 정보통합 DB를 구축하기 위해서는 세부 프로세스를 설계할 필요가 있는데 이것을 모형으로 표현한 것이 다음 〈그림 55〉에 제시되어 있다. 교육정보화 산업 내 모든 참여기관들은 등록하려는 데이터를 먼저 검색할 수 있고 중복되지 않은 데이터로 확인되면 데이터 등록 프로세스를 실행할 수 있다. 물론 여기에는 데이터의 갱신도 포함된다. 교육정보화 관련 데이터 분류는 교육정보화 계획정보, 교육정보화 실적정보, 교육정보화 인력정보, 교육정보화 산업정보로 구성되며 각 기관은 해당 항목의 데이터를 분류기준에 맞추어 확인하고 등록할 수 있다.

등록된 이후에도 다양한 데이터 원천(source)으로부터 등록된 데이터의 일관성을 유지하고 검색의 용이성을 제고하기 위하여 등록하고 검증하고 확정하는 일련의 과정을 거치게 된다.

등록된 데이터는 먼저 '교육정보화 사업지원'에 사용되는데 이것은 주로 A기관 내부업무 프로세스와 연결된다. 그 밖에 e-마케팅, 교육정보화 협업지원, e-마켓플레이스, 가상연구소 투자효과 분석, 보안 및 프라이버시 분석보고, 교육정보화 인재관리 등의 e-산업클러스터의 주요 기능을 지원하기 위하여 활용될 수 있다. 이 가운데 가상연구소 투자효과, 보안 및 프라이버시 분석보고, 교육정보화 인재관리의 기능에는 A기관이 다른 참여자들과 함께 공동으로 참여하게 된다. 또 사업데이터의 등록을 유도하고 활용도를 제고하기 위해서 교육정보화의 각 영역별로 정보제공자(IP; Information Provider)를 임명하고 관리할 필요가 있다.

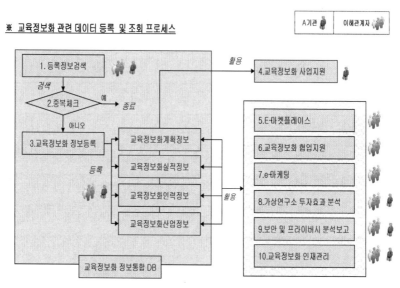

<그림 55> 교육정보화 정보통합DB(e-Data Hub) : 세부 프로세스 모형

다음 〈표 20〉은 교육정보화 정보통합 DB에 포함되어야 할 데이터의 기능을 구분하고 각 세부항목별로 내용을 설명한 것이다. 교육정보화 정보통합 DB에 포함되어야 할 기능은 크게 7가지 종류가 있는데 첫째 국내·외 교육정보화 단체에 관한 정보이고 둘째 교육정보화 기준 및 표준관련 정보이며 셋째는 교육정보화 기관실적에 관한 정보이고 넷째는 교육정보화 지원사업에 관한 정보이며 다섯째는 교육정보화 관련 행사에 관한 정보이며 여섯째는 교육정보화 인력들의 인사정보이며 일곱째는 교육정보화 산업관련 정보이다. 이러한 7가지 종류의 정보는 교육정보화 산업발전을 견인하는 기반정보가 되며 이를 바탕으로 e-산업클러스터의 기능들이 꽃을 피울 수 있게 된다.

## 〈표 20〉 교육정보화 정보통합DB(e-Data Hub)

| 구분 | | 기능설명 | 비고 |
|---|---|---|---|
| **1차 기능** | **2차 기능** | | |
| **01.국내외 교육정보화 단체 정보관리** | 01-01. 국내외 교육 정보화 단체정보 등록 | · 단체명, 연락처, 담당자 등 기본정보<br>· 관련 기구 / 협회 / 학회 / 기업 정보<br>· 교육정보화 관련 기본정보(전문영역/전문성정도/보유인력)<br>· 단체의 설명회 참가, 사업/과제 참가 이력, 접촉 상담 내역 등 | |
| | 01-02. 국내외 교육 정보화 단체 정보 검색 | · 다양한 조건검색 제공(등록자, 주최단체, 단체유형, 교육정보화 기본정보 등)<br>· 기 등록된 사항 검색 | |
| **02. 교육정보화 기준 및 표준 정보 관리** | 02-01. 교육정보화 기준 및 표준 정보 등록 | · 교육정보화 관련 표준용어 결정 및 공포 (교육정보화 표준용어 해설집 발간)<br>· 교육정보화 관련 국제기술표준의 수용여부 결정 (교육정보화 기술표준 해설집 발간)<br>· 교육정보화 관련 사업수행기준 및 방침 공포 (교육정보화 사업수행기준 및 방침 발간)<br>· 교육정보화 연도 별 백서발간 (지식, 기술, 정보, 업계 등 현황정보) | |
| | 02-02. 교육정보화 기준 및 표준정보 검색 | · 다양한 조건검색 제공(용어, 기술명, 사업명, 기준명, 방침명, 발행년도, 발간기관 등)<br>· 기 등록된 사항 검색 | |
| **03. 교육정보화 실적 정보관리** | 03-01. 교육정보화 실적정보 등록 | · 국내/해외 과제명, 과제유형, 참여지역 등 실적 관련 기본 정보, 관련 국내외 발주단체 정보,<br>참여기관수, 참여 인력내역, 전체 참여자수, 참여방식, 진행여부, 관련 국제기구/국내기관<br>현황, 참여연도<br>· 실적(주관사) 관련 정보(과제 내역, 실적 내역, 발주기관, 협력업체, 참여인력, 완료여부 등)<br>· 참여(협력사) 관련 정보(과제 내역, 실적 내역, 발주기관, 협력업체, 참여인력, 완료여부 등) | |
| | 03-02. 교육정보화 실적정보 검색 | · 국내, 해외 다양한 조건검색 제공(과제 내역, 실적 내역, 발주기관, 주관업체, 참여인력, 완료<br>여부 등) 기 등록된 사항 검색 | |
| **04. 교육정보화 지원사업 관리** | 04-01. 교육정보화 지원사업 과제 등록 | · 확정된 교육정보화 지원사업의 세부 과제등록 (사업명, 과제명, 담당자, 주관기관, 유형, 기간, 장소,<br>세부일정 등)<br>· 교육정보화 지원사업 참여기관 등록(참여기관명, 참여사업명, 담당자, 참여기간/인력/예산) | |
| | 04-02. 교육정보화 지원사업 과제 검색 | · 다양한 조건검색 제공(사업명, 과제명, 등록자, 발주단체, 유형, 기간, 장소, 세부정보 등)<br>· 기 등록된 사항 검색 | |
| **05. 교육정보화 관련 행사정보 관리** | 05-01. 교육정보화 관련 행사정보 등록 | · 행사(전시회, 포럼, 워크숍, 학회, 협의회)명, 성격, 연락처, 참가자 등 정보 | |
| | 05-02. 교육정보화 관련 이벤트 정보 검색 | · 다양한 조건 검색 제공(등록자, 전시회/학회/협의회/포럼/워크숍 등 유형, 연락처, 참가자 등)<br>· 기 등록된 사항 검색 | |
| | 05-03. 교육정보화 캘린더 | · 기 개최 및 향후 예정되어 있는 교육정보화 행사의 주관기관 별, 개최장소 별 내용을 캘린더 형태로<br>제공 | |
| **06. 교육정보화 인력의 인사정보관리(경력, 교육, 소속 등)** | 06-01. 교육정보화 인사 정보 등록 | · 소속 기관 (교육부, 지방교육청, 지자체, 학교, 학계, 연구소, 유관단체, 국제 기구, 기업) 명, 이름, 성<br>별, 나이, 연락처, 주소, 학력, 프로젝트 참여실적 및 역할, 교육 이수 내역, 현황 등) | |
| | 06-02. 교육정보화 인사 정보 검색 | · 다양한 조건검색 제공<br>· 기 등록된 사항 검색 | |
| **07. 교육정보화 산업 정보관리** | 07-01. 국가 교육정보 화 현황정보 | · 국가 교육정보화 산업 현황 (주요 국가들의 교육정보화 산업 정보 - 산업현황, 지원제도, 관련 자료,<br>기사 자료 등 · 검색)<br>· 주요 국가의 교육정보화 개최 주요도시에 대한 교육정보화 관련 기본정보(도시정보, 도시 특징 및<br>강점 정보, 관광정보, 교육정보화 시설 정보, 주요 지표 · 물가, 소비수준, 인구, 인당 소득 등) | |
| | 07-02. 지역별 교육정 보화 현황정보 | · 지역별 교육정보화 개최 현황 (연도별, 지역 별 개최 현황) | |
| | 07-03. 해외 교육정보 화 시장정보 | · 해외 시장 동향 (교육정보화 관련 시장 동향 정보 등) | |
| | 07-04. 국내 교육정보 화 시장동향 | · 국내 시장 동향 (교육정보화 관련 시장 동향 정보 등) | |

## 8.3 교육정보화 지원사업(e-BPM)

A기관은 법정기관으로 설립목적에 맞추어 수행되는 고유사업과 정부의 교육정보화 정책에 맞추어 정부로부터 위임받아 집행하는 수탁사업으로 구분된다. 고유사업은 내용이나 예산에서 큰 변화가 없으나 해마다 수탁사업의 비중은 크게 증가되어 왔고 사업의 명칭이나 내용도 해마다 변한다. 그럼에도 수탁사업의 절차나 업무흐름은 매년 동일하므로 자동화된 e-BPM을 통하여 지원업무 프로세스를 자동화할 수 있다. 이를 위해서는 먼저 교육정보화 지원업무 프로세스를 표준화하는 작업이 선행되어야 하고 이것은 외부 이해관계자들과의 업무연계 프로세스를 고려하여 설계되어야 한다.

또한 업무처리가 실시간으로 수행될 수 있도록 자동화될 필요가 있으며 업무프로세스를 여러 기관이 함께 진행하므로 언제든지 되돌릴 수 있도록 모니터링 기능이 포함되어야 한다. 업무 프로세스가 조금 바뀌게 되면 지원업무 시스템도 순서나 흐름에 변경이 가능하도록 유연한 시스템을 갖출 필요가 있다.

다음 〈그림 56〉과 같이 e-산업클러스터에서 제공하는 e-BPM 지원사업으로는 교육정보화 산업육성지원, 교육정보화 관련 교육청지원, 교육정보화 관련 학교지원, 교육정보화 표준사업지원, 교육정보화 포럼지원, 교육정보화 전문인력 양성지원, 교육정보화 정보수집지원, 교육정보화 행사지원, 교육정보화 국제행사 참가지원, 기타 교육정보화 지원사업 등으로 분류할 수 있다. 이러한 사업들의 내용에는 차이가 있지만 지원업무 프로세스는 대동소이(大同小異)하므로 표준화된 업무프로세스를 설계하여 시스템으로 지원하고 참여업체가 필요한 모듈을 다운로드 받게 되면 기업 내부에서 실시간으로 업무처리가 이루어지는 것만큼이나 업무생산성을 극대화 할 수 있다.

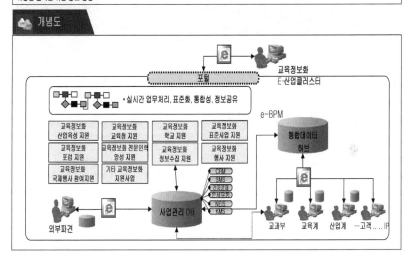

〈그림 56〉 교육정보화 지원사업 관리목표와 개념도

　교육정보화 e-산업클러스터의 e-BPM 기능은 〈표 21〉과 같이 4가지의 주요 기능을 수행할 수 있어야 한다. 먼저 특정 교육정보화 지원사업을 기업이 수행할 수 있도록 프로세스를 등록하고 이를 배포하는 기능이 필요하다. 이를 위해서는 해당 프로세스를 등록하고 배포신청 기업을 확인하고 배포할 대상 기업을 등록한다. 그 이후 신청기업에 프로세스를 배포하고 모니터링하는 작업이 진행된다. 두 번째는 지원사업 관리기능인데 지원정책을 등록하고 지원사업 프로세스를 등록하여 참여업체가 다운로드 받아 사용할 수 있도록 지원하는 기능이 포함된다. 세 번째는 각종 교육정보화 관련 행사지원 관리기능이고 네 번째는 교육정보화 지원사업을 비롯하여 각종 교육정보화 관련 용역을 수행한 기관들의 실적정보를 인증하는 기능이 포함된다.

〈표 21〉 교육정보화 지원사업 (e-BPM)

| 구분 | | 기능 설명 | 비고 |
|---|---|---|---|
| 1차 기능 | 2차 기능 | | |
| 1.프로세스 배포관리 | 1-01.프로세스등록 | • 배포 프로세스 정의<br>• 프로세스 명칭, 프로세스 내용<br>• 프로세스 처리 과정 설계 및 등록 | |
| | 1-02.배포 대상 등록 | • 배포 대상 선택<br>• 배포 대상 등록 | |
| | 1-03.배포 실행 | • 배포실행<br>• 배포실행현황 조회 | |
| | 1-04.배포현황 모니터링 | • 배포 프로세스 모니터링<br>• 배포 현황 조회 | |
| 2.지원사업 관리 | 2-01.지원정책등록 | • 국제기구/정부 지원정책 등록 및 확인서명<br>• 국제기구/정부 지원정책 설명 | e-산업클러스터 별도 개발시 Link연계 |
| | 2-02.지원사업 프로세스 등록 | • 지원사업 참여자격 확인<br>• 지원사업 프로세스 다운로드 후 등록<br>• 지원사업 프로세스 모니터링 | e-산업클러스터 별도 개발시 Link연계 |
| | 2-03.지원사업 이력조회 | • 지원사업 이력 모니터링<br>• 지원사업 참가내용 조회 | e-산업클러스터 별도 개발시 Link연계 |
| | 2-04.지원사업 현황 조회 | • 지원사업 현황 모니터링<br>• 지원사업 현황내용 조회 | e-산업클러스터 별도 개발시 Link연계 |
| | 2-05. (자체 지원사업일 경우만)<br>심사결과조회 (가능) | • 심사<br>• 심사결과 조회 | e-산업클러스터 별도 개발시 Link연계 |
| | 2-06.지원 결과 등록 | • 지원 결과 등록<br>• 지원 결과 내역 조회 | e-산업클러스터 별도 개발시 Link연계 |
| 3.행사지원 관리 | 3-01.교육정보화 국제행사 지원 | • 교육정보화 국제행사 지원신청<br>• 교육정보화 국제행사 지원신청 결과 조회 | e-산업클러스터 별도 개발시 Link연계 |
| | 3-02.교육정보화 국내행사 지원 | • 교육정보화 국내행사 지원신청<br>• 교육정보화 국내행사 지원신청 결과 조회 | e-산업클러스터 별도 개발시 Link연계 |
| | 3-03.교육정보화 교육행사 지원 | • 교육정보화 교육행사 지원신청<br>• 교육정보화 교육 행사 지원신청 결과 조회 | e-산업클러스터 별도 개발시 Link연계 |
| | 3-04.교육정보화 전시행사 지원 | • 교육정보화 전시회행사 지원신청<br>• 교육정보화 전시회행사 지원신청 결과 조회 | e-산업클러스터 별도 개발시 Link연계 |
| 4.실적인증 관리 | 4-01.실적인증요청 | • 온라인 실적인증 요청<br>• 실적인증 요청 내용 확인 | 신규기능 |
| | 4-02.실적인증확인 | • 실적내용 조회<br>• 실적내용 확인 | 데이터 허브 |
| | 4-03.실적인증 증명서 발급 | • 실적인증 증명서 온라인 발급 | |
| | 4-04.인증결과 모니터링 | • 실적인증 요청 현황<br>• 실적인증 처리 현황<br>• 실적인증 분석 | |

다음 〈그림 57〉은 교육정보화 지원사업의 업무 프로세스 사례를 보여주고 있다. A기관과 지원 사업에 참여를 희망하는 업체 간의 상호 업무진행 프로세스를 따라 e-BPM에서 설정한 활동들이 번호 순서대로 제시되고 있다. 참여업체가 지원신청서를 작성하고 제출하면 접수되고 A기관에서는 신청한 업체들의 신청서를 바탕으로 교육정보화 지원사업의 지원규모, 소요예산, 소요기간, 관리지표, 평가방법 등을 결정하여 승인과정을 거치게 된다. 내부 결재와 승인이 이루어지면 결과를 통보하고 참여업체는 원래의 지원사업 계획서대로 실행한 후 결과보고서와 결산보고서를 작성하게 된다. 그 이후 A기관은 참여업체의 등록된 실행결과 보고서를 바탕으로 전체 지원사업의 결과와 성과를 등록하게 되고 이로서 교육정보화 지원사업은 종료된다.

교육정보화 지원사업 신청 (Workflow 연계) 프로세스 사례

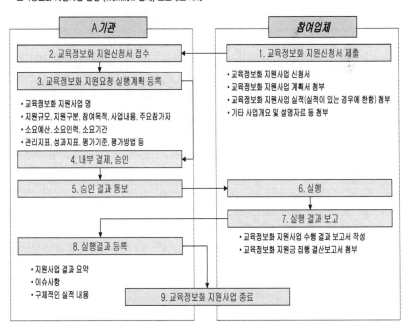

〈그림 57〉 교육정보화 지원사업 업무프로세스

다음 〈그림 58〉은 교육정보화 실적인증 및 증명서 발급업무의 프로세스 사례를 보여주고 있다. A기관과 실적인증 증명서를 요청하는 업체 간의 상호 업무진행 프로세스를 따라 e-BPM에서 설정한 활동들이 번호 순서대로 제시되고 있다.

실적증명서 발급요청 업체가 신청서를 작성하고 제출하면 실적인증 및 증명서 발급신청이 접수되고 A기관에서는 신청한 업체들의 신청서를 바탕으로 요청기관 검색과 실적내역의 확인이 이루어진다. 실적증명서 포맷이 생성되고 실적내용이 발급되면서 발급번호가 매겨진다. 발급결과는 실시간으로 신청업체에 전달되고 신청업체는 e-BPM을 통해 결과를 확인할 수 있다. 업체는 실적증명서를 각종 제안, 사업신청, 협업에 활용할 수 있으며 발급된 증명서는 사후관리를 위해 등록되고 각종 통계자료로 활용된다.

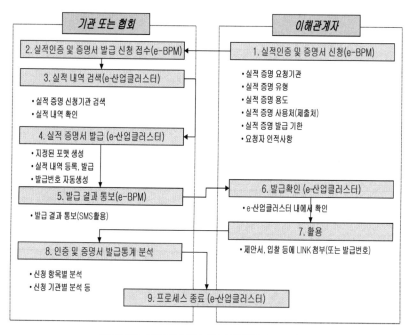

〈그림 58〉 실적인증 및 증명서 발급신청 프로세스

다음 〈그림 59〉는 실제 e-BPM 시스템을 활용하여 상호 업무처리를 수행하고 있는 K기업의 사례를 보여주고 있다. 각 업무 프로세스에 맞도록 활동들이 정의되고 각 활동에서 수행해야 할 구체적인 업무들이 화면상에 제시되고 있으며(오른쪽 위) 전체 업무프로세스의 진행상황을 모니터링 할 수 있는 화면도 보여주고 있다(오른쪽 아래).

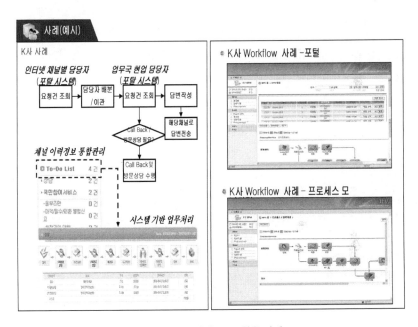

〈그림 59〉 K사의 BPM 활용 사례

## 8.4 e-마켓플레이스(e-RFP/ e-Proposal)

지금까지 A기관은 교육정보화를 이끌어가는 대표적 기관이었지만 연간 250여건에 달하는 용역사업들을 수작업 혹은 Off-line의 FAX와 문서로 처리해왔다. 따라서 RFP와 제안서의 처리를 온라인으로 자동화한다면 많은 업무처리시간과 비용의 절감이 가능해질 것으로 보인다. 또한 다음 〈그림 60〉과 같이 e-산업클러스터에 이 기능을 포함시키면 다른 교육정보화 관련 기관 간의 거래에도 활용될 수 있기 때문에 산업효율성과 경쟁력을 강화시킬 수 있는 수단이 될 것이다. 또 이것은 발주기관과 수주기관의 정보를 통합 DB로 확인할 수 있어야 하고 지금까지 단방향으로 이루어져 왔던 RFP처리를 양방향으로 자동화하고 표준화하여 실시간으로 처리하는 것을 목표로 해야 한다. e-RFP 뿐만 아니라 e-Proposal 기능의 제공으로 필요한 기관에 적극적으로 전송할 수 있게 되면서 마켓플레이스의 효율성을 극대화하는 수단으로 활용될 수 있다.

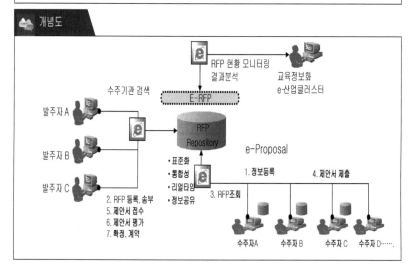

〈그림 60〉 e-Marketplace의 역할과 개념도

e-마켓플레이스의 주요기능은 다음 〈표 22〉에서처럼 5가지로 설명할 수 있다. 먼저 수주와 발주대상 기관은 사용자등록을 하고 정보 및 접근권한을 승인받아야 한다. 두 번째는 발주기관의 업무관리인데 사업/과제명칭, 제안요구사항 등과 같은 RFP에 관한 정보등록이 이루어지면 등록된 사업/과제에 대한 현황 모니터링이 이루어지고 이어서 e-RFP를 전송할 수주대상 기관을 조회하고 선택하여 보내는 작업이 이루진다. 세 번째는 수주기관 업무관리로서 제안서를 접수하는 활동과 제안평가를 확인하는 과정이며 네 번째는 e-Proposal 관리기능으로서 발주기관 제안서 양식조회 등이 포함되고 발주기관의 과거 과제내역을 조회하고 발주기관의 선호도를 매칭시켜서 발주기관을 선정한다. 또 e-Proposal의 배포주기를 설정하여 정기적으로 전송하고 그 반응을 모니터링한다. 다섯 번째는 통합모니터링 및 분석기능으로서 전체 e-Marketplace 상황을 모니터링 하는 한편 관련 정보들을 분석하고 집계하여 산업통계자료로 요약하는 기능을 수행한다.

## 〈표 22〉 e-마켓플레이스 기능 (e-RFP/e-Proposal)

| 구분 | | 기능설명 | 비고 |
|---|---|---|---|
| 1차 기능 | 2차 기능 | | |
| 01.사용자등록 | 01-01.수주기관 등록 | • 수주기관 정보 및 접근 권한 등록 | E-Data Hub 연계 |
| | 01-02.발주기관 등록 | • 발주기관 정보 및 접근 권한 등록 | E-Data Hub 연계 |
| 02.발주기관 업무관리 | 02-01. RFP 정보등록 | • 일반 사업/과제 정보(과제/사업명, 규모, 장소, 시작일, 종료일 등)<br>• 제안 요구사항 및 세부사항<br>• 미팅 어젠다 (진행일정, 내용 등)<br>• 수주기관 선호사항 등록(기술, 지식, 경험, 비용, 시설, 서비스, 교육 등)<br>• RFP 등록 | |
| | 02-02. 현황 모니터링 | • 등록사업/과제 현황 조회<br>• 등록 사업/과제 모니터링<br>• 등록 사업/과제 수정<br>• 등록 사업/과제 취소 | |
| | 02-03.수주기관 조회 및 선택 | • 사업/과제 진행여부 조회<br>• 사업/과제 진행실적 조회<br>• 보유인력, 자본금 규모, 평판, 재무건전성 조회<br>• 후보 리스트 조회<br>• 수주기관 선택(복수선택, 단일선택, 전부 공개 등) | |
| | 02-04.RFP전송 | • RFP 전송<br>• 전송현황 모니터링<br>• RFP 답변 확인<br>• RFP Q&A | |
| 03.수주기관 업무관리 | 03-01.제안서 접수 | • 접수현황 모니터링<br>• 검토 (자격확인, 예산확인, 내용 검토 등)<br>• 평가 및 선택<br>• 통보(접수결과) 및 접수번호 전달 | |
| | 03-02.제안결과 확인 | • 제안 결과 확인<br>• 통보(평가결과) 및 사전협상<br>• 최종계약 | |
| 04.e-Proposal | 04-01.발주기관 제안관리 | • 제안서 양식조회(다운로드)<br>• 제안서 등록 확인<br>• 제안서 조회 | E-Data Hub 연계 |
| | 04-02. 발주기관 조회 | • 과거 History 조회<br>• 발주기관 (선호도 매칭) 추천<br>• 발주기관 선택 | |
| | 04-03.배포 주기 설정 | • 배포 주기 선택<br>• 공지사항 등록<br>• 배포 실행 | |
| | 04-04.배포 및 반응관리 | • 배포현황 모니터링<br>• 반응 모니터링<br>• 발주기관 자동통보 | |
| 05.통합 모니터링 및 분석 | 05-01.현황 모니터링 | • 등록 RFP 현황<br>• 등록 제안서 현황<br>• 계약현황 | |
| | 05-02.정보 분석 | • 수주기관별 현황 분석(요청 History, 계약 History, 바이어 유형 등)<br>• 수주기관 성향 분석 보고<br>• 발주기관별 현황 분석(발주History, 계약 History, 발주자 유형 등)<br>• 발주용역별 분석(용역 유형별, 규모 별, 비용 별, 실적 별 등)<br>• e-Proposal 분석 및 통계 | |

다음 〈그림 61〉은 e-마켓플레이스에서 구현해야 할 e-RFP와 e-Proposal의 세부 프로세스 모형의 사례를 보여주는 것이다. 국내외 발주기관들은 국내 수주기관들에게 e-RFP를 제출하고, 수주기관들은 e-RFP를 온라인으로 전달받고 처리하게 된다. 또 수주기관은 e-RFP를 만족시킬 수 있는 제안서를 제작하여 발주기관들에게 지속적으로 노출시키는 e-Proposal 프로세스를 보여주고 있다.

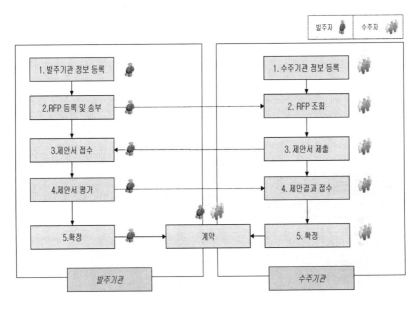

〈그림 61〉 e-마켓플레이스 기능(e-RFP/e-Proposal)

## 8.5 교육정보화 협업기능(e-Collaboration)

e-산업클러스터의 가장 중요한 목적 중 하나는 교육정보화 산업 내 산·학·관·연의 협업을 통해 고급의 지식과 기술을 얼마나 창출해 내느냐가 관건이 된다. 이것은 사실상 e-산업클러스터의 존재이유이기도 하므로 협업을  지원하기 위한 기능설계는 아무리 강조해도 지나치지 않다. 특별히

협업을 위하여 이해관계자 간의 쌍방향 커뮤니케이션을 지원해주고 정보를 공유하면서 다양한 아이디어를 산출하고 산업정책에 반영할 필요가 있다. 따라서 다음 〈그림 62〉와 같이 교육정보화 협업기능에는 교육정보화 뉴스 및 공지사항 등을 실시간으로 제공해야 하고 보다 손쉬운 정보 및 지식교환이 가능해야 한다. 특히 e-산업클러스터 내 협업공간을 두고 과제 별로 이해관계자 간 협업을 진행할 경우 매우 효율적인 수행이 가능하다.

A기관이 지방이전을 활용하여 교육청 및 교육기관과 공동으로 수행할 수 있는 특화된 전략적 협업과제로는 미래학교 시범교실 설치 및 공동운영, 지방교육청의 정보화 전략계획 수립 컨설팅, 교육정보화 정책의 테스트베드 공동운영, 교육정보화 데이터 제공 및 공동연구 활성화, 교육계 및 학계의 인적교류를 통한 현장지식과 전문지식 공유, 교원연수 고도화 프로그

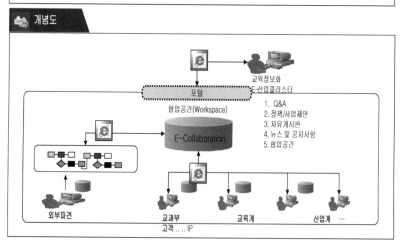

〈그림 62〉 교육정보화 협업지원 기능의 목표와 개념도

램의 개발 및 적용이 있다. 또 교육정보화 전문인력 양성, 교육정보화 홍보 및 마케팅, 기타 교육정보화 관련 사업 등이 추가적으로 고려할 수 있는 협업과제들이다.

이처럼 협업분야와 과제를 설정해 놓고 상호 지속적인 교류와 연구를 진행하면 보다 현장착근이 가능하면서도 효과적인 교육정보화 관련 고급 지식과 기술이 지속적으로 축적될 수 있을 것으로 판단된다.

다음 〈표 23〉은 교육정보화 협업지원의 주요 기능을 설명한 것이다. 먼저 협업공간에 대한 접근은 매우 중요한 이슈가 될 수 있다. 따라서 접근권한설계는 민감한 이슈가 될 수 있으며 협업기관 이외의 다른 기관들은 보안상 철저히 접근이 제한되어야 한다.

협업공간은 작업공간(workspace) 명칭을 중심으로 할당해 주고 각종 프로젝트 보고서와 템플릿을 제공해서 효율적인 협업 진행이 가능하도록 지원해야 한다. 교육정보화 작업관리 기능을 통해서 세부 업무 프로세스 설정, 진도관리, 일정관리, 작업품질관리 등이 이루어질 수 있도록 지원할 필요가 있다. 또한 각종 작업을 통하여 산출된 문서관리와 버전관리 작업에 대한 의견등록과 답변등록 기능이 포함되어야 한다.

두 번째 기능은 Q&A기능으로서 매우 당연하지만 새로운 분야에 협업을 하다보면 규정이나 법령 또는 타 산업과의 연관성 등 의문사항이 매우 많이 생길 수밖에 없다. 따라서 협업지원에서의 Q&A기능은 타 분야의 단순한 답변들과는 질문의 깊이나 구체성에서 차이가 남으로 전문적인 답변이 가능한 인적 네트워크를 갖출 필요가 있으며 따라서 가상연구소에 소속된 전문가 그룹에서도 답변이 가능하도록 설계된다.

세 번째 기능은 정책 및 사업제안 기능이다. 많은 훌륭한 사업이나 과제 중 많은 부분이 현재 수행하고 있는 기존사업을 바탕으로 새로운 아이디어가 창출되는 경우가 많으므로 게시판을 통해 개괄적인 과제 및 사업 아이디어를 받고 어느 정도 타당성이 검증되면 정책 및 사업제안으로 등록할 수 있도록 설계될 필요가 있다.

<표 23> 교육정보화 협업기능(e-Collaboration)

| 구분 (1차 기능) | 구분 (2차 기능) | 기능 설명 | 비고 |
|---|---|---|---|
| 01. 협업공간 | 01-01. 접근권한 | • 역할등록<br>• 사용자 등록<br>• 역할부여<br>• 접근범위 관리 | 프로세스 등록 및 관리 기능 지원 |
| | 01-02.협업공간 할당 | • 작업 공간 정의 – Workspace 명칭(프로젝트명), 프로젝트 Copy기능, 프로젝트 템플릿 관리<br>• 프로젝트 정보등록(목적,주요내용, 기대 산출물, 기간)<br>• 프로젝트 작업 공간<br>• 작업공간 폴더 관리 | 프로세스 등록 및 관리 기능 지원 |
| | 01-03.교육정보화 작업관리 | • 작업 계층 설정<br>• 작업 세부과업 등록 및 관리<br>• 세부과업별 일정 정의<br>• 세부과업별 자원 등록(조직, 인력)<br>• 작업 진도관리(진도율 %, 작업구분-시작, 진행, 완료, 중단, 취소)<br>• 작업 진척도 관리<br>• 작업 마감관리 | 프로세스 등록 및 관리 기능 지원 |
| | 01-04.문서관리 | • 작업 산출물 등록<br>• 작업 산출물 조회<br>• 작업 산출물 배포 | 프로세스 등록 및 관리 기능 지원 |
| | 01-05.의견교환 | • 의견 등록<br>• 답변 등록 | 프로세스 등록 및 관리 기능 지원 |
| 02.Q&A | 02-01.게시판 | • 질의/응답에 대한 리스트 조회<br>• 질의/응답 검색 | |
| | 02-02.질문 등록 | • 질문 등록<br>• 질문에 대한 답변 보안 등록<br>• 답변에 대한 만족도 등록 | |
| | 02-03.답변 등록 | • 질문에 대한 답변 등록 | |
| 03.정책,사업제안 | 03-01.게시판 | • 정책, 사업제안에 대한 리스트 조회<br>• 정책, 사업제안 검색 | |
| | 03-02.정책,사업 제안 등록 | • 정책, 사업 제안등록<br>• 정책, 사업 제안등록에 대한 응답 보안 등록 | |
| | 03-03.코멘트 등록 | • 정책, 제안에 대한 코멘트 등록<br>• 정책, 제안에 대한 호응도 등록 | |
| 04.자유게시판 | 04-01.게시판 | • 자유의견에 대한 리스트 조회<br>• 자유의견에 대한 검색 | |
| | 04-02.의견등록 | • 의견 등록<br>• 의견에 대한 답변 보안 등록<br>• 의견에 대한 만족도 등록 | |
| | 04-03.답변등록 | • 의견에 대한 답변 등록 | |
| 05. 뉴스 및 공지사항 | 05-01.게시판 | • 뉴스 및 공지사항에 대한 리스트 조회<br>• 뉴스 및 공지사항에 대한 검색 | |
| | 05-02.뉴스 및 공지 사항 등록 | • 뉴스 및 공지사항 등록<br>• 뉴스 및 공지사항에 대한 의견 보안 등록<br>• 뉴스 및 공지사항에 대한 만족도 등록 | |
| | 05-03.뉴스 및 공지 사항에 대한 의견 등록 | • 뉴스 및 공지사항에 대한 의견 등록 | |

네 번째 기능은 자유게시판 기능이고 다섯 번째 기능은 교육정보화 관련 뉴스 및 공지사항 기능인데 특히 뉴스 및 공지사항에 대한 산업계의 다양한 의견과 만족도 평가는 교육정보화 산업 내 여론을 파악하는데 큰 도움을 줄 수 있을 것으로 생각된다.

교육정보화 이해관계자들의 상호 질의응답, 의견교환, 게시판, 토론, 정책제안, 공동협업 등을 원활하게 수행하기 위해서는 쌍방향 커뮤니케이션 프로세스를 생성하고 관리하기 위한 지원 프로세스를 구현할 필요가 있다. e-Collaboration 프로세스는 다음 〈그림 63〉과 같이 커뮤니케이션 관리 프로세스와 업무지원을 위한 협업관리 프로세스로 구성된다.

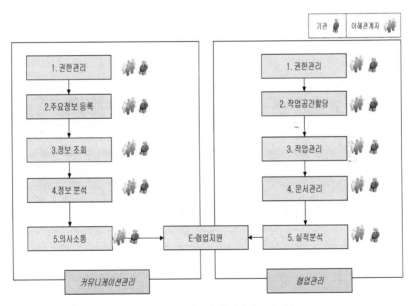

〈그림 63〉 교육정보화 협업관리 프로세스

교육정보화는 아니지만 많은 산업부문에서 온라인을 통한 협업이 오늘날 실제로 많이 이루어지고 있으며 매우 다양한 형태로 세분화되고 구체화되어 진행된다. 하나의 기업이지만 원거리에 존재하는 지사들과의 협업이나 국가 간의 협업도 매우 빈번해지고 있기 때문에 지방이전 이후 교육정보화 산업이 더욱 크게 발전하기 위해서는 지역기반이 아닌 역량기반의 협업 네트워크를 지향해야 하며 고급 지식/기술을 통한 고부가가치가 성공여부가 된다. 다음 〈그림 64〉는 실제기업에서 사용하고 있는 협업관리용 Q&A, 권한구성, 공지사항, 문서관리의 사례를 보여주는 화면이다.

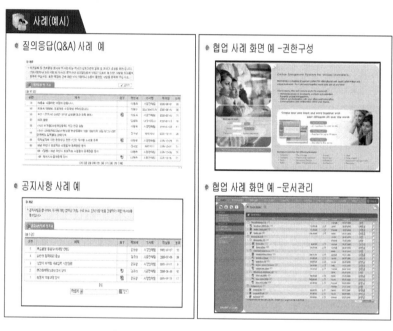

〈그림 64〉 교육정보화 협업관리 지원화면의 사례

다음 〈그림 65〉는 실제기업에서 사용하고 있는 일정관리용 캘린더 화면, 커뮤니케이션을 위한 메시지 화면, 전체 과업에 대한 관리 화면, 제안기능의 사례 화면이다. 이와 같은 협업 시스템은 산업전체가 마치 하나의 기업과 같은 느낌을 주며 서로 경쟁할 것은 경쟁하고 협력할 것은 협력하는 Co-opetition(경쟁협력)으로 정착되어 가고 있다. 협업은 점차 가격 경쟁에서 부가가치 경쟁으로 그리고 수도권 중심에서 특화된 지역 중심으로 전환

되는 계기가 될 것이다. 이렇게 되면 자연스럽게 특정 산업의 수도권 본사
가 지방이전을 검토하는 단계로 성숙될 수 있다.

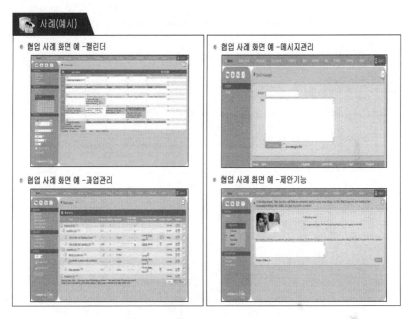

〈그림 65〉 교육정보화 협업사례 화면의 예

## 8.6 e-마케팅 기능

다음 〈그림 66〉에서 알 수 있듯이 e-산업클러스터를 이용하는 고객에는
산·학·관·연의 기관들 이외에도 교육정보화 콘텐츠를 최종적으로 소비
하는 학부모, 학생, 연구자, 전문가 등이 포함된다. 따라서 이들 고객정보
의 통합관리를 위한 고객DB의 구축은 매우 중요하다. 또 고객 DB는 교육
정보화 관련 정보요구 사항을 조사하거나 교육정보화 정책 및 사업성과에
대한 의견조사를 수행하고 다양한 교육정보화 관련 정보전달과 피드백을
위한 기초자료라고 할 수 있다.

특히 고객DB를 보유하면 교육정보화 산업동향, 고급 지식 및 기술소개, 뉴스레터, 카탈로그 등 다양한 마케팅 콘텐츠를 생성하고 DB화하여 관심 있는 사용자에게 맞춤형으로 제공할 수도 있다. 또 소셜 네트워크를 통해 목표고객에게 효과적인 지식전달 및 출판(web-publishing)기능도 가능하다.

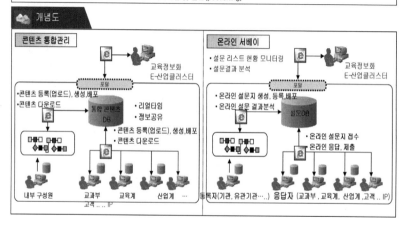

<그림 66> e-마케팅기능의 목표와 개념도

다음 〈표 24〉는 e-마케팅의 다섯 가지 주요 기능을 설명하고 있다. 첫째 고객정보의 통합관리 기능이다. 이것은 회원등록과 계정부여와 등급결정 그리고 접근범위 결정에 관한 내용을 다루는 접근권한 설정, 고객관리기준 등록, 고객등록, 고객접촉일지, 고객조회 및 분석으로 구성된다. 두 번째는 콘텐츠 통합기능인데 이것은 e-마케팅을 수행하기 위해 다양한 콘텐츠를 등록하고 활용하는 기능인데 콘텐츠 등록을 위한 사전조건인 회원등록을 포함하여 콘텐츠관리 기준등록, 콘텐츠 등록조회, 콘텐츠 개발관리로 구성된다.

## 〈표 24〉 e-마케팅의 기능(e-Customer/e-Contents)

| 구분 (1차 기능) | 구분 (2차 기능) | 기능 설명 | 비고 |
|---|---|---|---|
| 01.고객정보 통합관리 | 01-01.접근권한 | • 회원(인적정보) 등록<br>• 계정부여<br>• 계정변경관리<br>• 등급관리<br>• 접근범위 설정 | |
| | 01-02.고객관리 기준등록 | • 고객구분등록 (예; 정부공공, 개인, 단체, 회사 등)<br>• 고객유형등록 (예; 고객(B2C), 업무관계자 (B2B) 등)<br>• 고객활동영역 (예; 교육정보화, 행사, 전시회 등) | |
| | 01-03.고객등록 | • 고객 일반정보 등록<br>  성명 / 소속회사 / 부서명 / 직책 /산업구분 / 지역구분 / 회사 e-메일주소<br>  개인 E-메일주소 / 회사 전화번호 / 회사 팩스번호 / 회사 주소 / 개인 주소<br>  /휴대폰번호 / 홈페이지 / 관심영역<br>• 고객 참가이력 등록 및 조회 | |
| | 01-04.고객접촉일지 | • 고객 상담 일지 (일자, 고객명, 담당자, 상담내용, To-Do List, 연락처, 관련문서 등)<br>• 고객 지원 관리(요청, 지원) | |
| | 01-05.고객조회 및 분석 | • 일반 검색<br>• 조건 검색<br>• 고객 분석(구분별, 유형별, 상담건수별, 지역별 등) | |
| 02.콘텐츠 통합관리 | 02-01. 접근권한 | • 회원(인적정보) 등록<br>• 계정부여<br>• 계정변경관리<br>• 등급관리<br>• 접근범위 설정 | |
| | 02-02.콘텐츠 기준 관리 | • 콘텐츠 분류기준 정의 – 형태,내용<br>• 폴더 및 계층관리 | |
| | 02-03.콘텐츠 등록 조회 | • 콘텐츠 등록(코멘트 등록, 업로드, 파일첨부) – 산업정책 / 실적보고 / 해외동향 / 행<br>  사정보 / 뉴스, 논문 / 제안서 / RFP / 기사정보 / 매뉴얼 / 광고 등<br>• 콘텐츠 통합 검색, 조회(키워드 검색, 조건검색)<br>• 콘텐츠 등급 부여(조회자)<br>• 콘텐츠 현황 분석- 등록건수, 조회건수, 다운로드 건수 등 | |
| | 02-04.콘텐츠 개발 | • WEB기반 E-Book 개발, 리스트 관리<br>• 홍보 카탈로그 개발, 리스트관리<br>• 교육정보화 이벤트 WEB 페이지 개발 및 Form 개발(Web Publishing) 등 | |
| 03.배포관리 | 03-01.운영관리 | • 모드 및 기준정보 셋업<br>• 서버 정의<br>• 메일박스 | Social Marketing Tool |
| | 03-02.계정그룹관리 | • 운영자 권한관리<br>• 대상자 정보등록, 편집, 병합 (Bulk 로딩 포함)<br>• 대상그룹 정의 | Social Marketing Tool |
| | 03-03. 배포 콘텐츠 정의 | • 콘텐츠 내용 정의<br>• 콘텐츠 내용 조회 | Social Marketing Tool |
| | 03-04. 배포관리 | • 배포 대상 정의<br>• 캠페인 주기설정<br>• 자동응답 관리(Auto-responder)<br>• 배포 실행<br>• 배포현황 모니터링 | Social Marketing Tool |
| | 03-05. 응답관리 | • 질문 관리<br>• 답변 관리 | Social Marketing Tool |
| | 03-06. 통계분석 | • 콘텐츠 배포 현황 (배포, 리턴, 오픈)<br>• 캠페인 수행 현황 (배포, 리턴, 오픈)<br>• 질문/응답 현황 | Social Marketing Tool |

| 구분 | | 기능 설명 | 비고 |
|---|---|---|---|
| 1차 기능 | 2차 기능 | | |
| 04.온라인 서베이 | 04-01. 접근권한 | • 회원(인적정보) 등록<br>• 계정부여<br>• 계정변경관리<br>• 등급관리<br>• 접근범위 설정 | |
| | 04-02.설문지 구성 | • 템플릿 선택<br>• 설문지 명칭 및 속성 정의 – 질문유형, 답변유형, 응답자 정보 속성 등<br>• 설문항목 구성<br>• 설문지 리스트 조회 | |
| | 04-03.설문지 배포 관리 | • 대상자 정보관리(등록, 편집, 병합 등)<br>• 교육정보화 이해관계자 정보 조회<br>• 설문 배포 대상 선택<br>• 설문 배포 방식 선택(기간, 전송방식 등)<br>• 설문지 선택<br>• 설문지 배포 실행(e-Mail 대량 발송) | |
| | 04-04.설문현황 관리 | • 설문 배포 현황<br>• 설문 응답 현황<br>• 설문 독려 메일(또는 SMS)<br>• 설문 감사 메일(또는 SMS) | |
| | 04-05.설문결과 분석 | • 응답자 분석<br>• 응답결과 분석(다양한 관점-질문그룹별, 응답자 속성별, 회수율, 평균, 표준편차 등 제공) | |
| 05.고객 피드백 | 05-01. 접근권한 | • 회원(인적정보) 등록<br>• 계정부여<br>• 계정변경관리 | 외부 참석자 등 외부고객 |
| | 05-02.이벤트 선택 및 평가 | • 이벤트 등 구분선택<br>• 피드백 및 코멘트 등록<br>• 평가등급 등록 | |
| | 05-03.이벤트 평가 조회 | • 이벤트 통합 검색<br>• 이벤트 평가결과 조회 | 외부 고객의 평가결과는 해당 이해관계자만 권한 내에서 자기에 해당하는 평가결과 조회 가능 |

세 번째는 배포관리는 고객에게 마케팅 콘텐츠를 전달하고 캠페인을 수행하는 기능을 의미하는데 여기서는 배포의 책임을 맡은 운영자 관리, 대상자의 계정그룹 관리, 배포 콘텐츠 관리, 배포대상 선정과 캠페인 주기설정 그리고 배포현황 모니터링과 관련한 배포관리, 질문과 답변을 다루는 응답관리, 각종 배포현황에 관한 통계분석으로 구성된다.

네 번째는 온라인 서베이(e-Survey)인데 이것은 고객에게 설문을 배포하고 그 결과를 집계하는 기능을 의미한다. 이것은 접근권한 설정, 템플릿 및 설문항목 설정과 관련된 설문지의 구성, 배포대상 선정 및 배포방식 결정과 관련된 설문지 배포관리, 설문의 배포 및 응답현황 모니터링과 설문독려 메일전송과 관련된 설문현황 관리, 응답자 및 응답결과 분석과 관련된 설문결과 분석으로 구성된다. 다섯 번째 기능은 고객피드백 기능으로 접근권한, 이벤트 결과 피드백, 코멘트 등록, 평가등급 등록과 같은 이벤트 선택 및 평가 그리고 이벤트를 검색하고 결과를 조회할 수 있는 이벤트 평가 조회로 구성된다. 다음 〈그림 67〉은 실제기업에서 사용하고 있는 e-콘텐츠 생성관리 시스템 화면(왼쪽 상단), e-콘텐츠의 자동생성 및 출판(publishing) 화면(왼쪽 하단), e-Survey 시스템의 사례화면(오른쪽 상단), e-메일 마케팅의 사례화면(오른쪽 하단)을 사례화면으로 보여준 것이다.

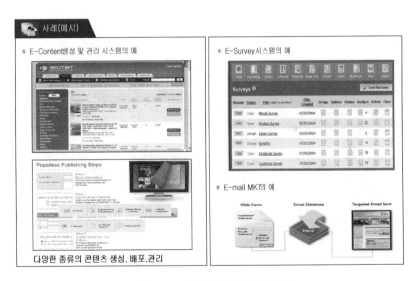

〈그림 67〉 e-마케팅의 사례(예시) 화면

## 8.7 교육정보화 인재관리(e-Human Capital)

미래 교육정보화 산업의 성패는 결국 인재육성에 있다고 할 수 있다. 따라서 교육정보화 산업 내 인력 Pool의 확보는 매우 중요하다. 또 산업계에서 필요로 하는 교육정보화 산업 내의 구인 및 구직을 효율적으로 수행하

기 위해서는 e−산업클러스터에서 다음 〈그림 68〉과 같이 교육정보화 인재
관리 기능을 제공해야 한다.

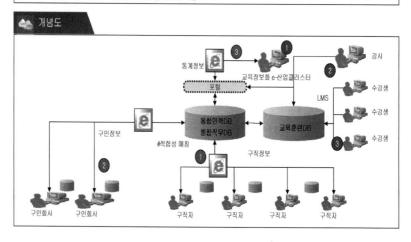

〈그림 68〉 교육정보화 인재관리 기능의 목표와 개념도

　　교육정보화 산업계가 요구하는 최적의 교육정보화 인적자원을 확보하고
지원하면 지방이전 기관의 인적 경쟁력이 제고되면서 굳이 교육이나 취업
을 위하여 수도권으로 이전할 필요가 없어지며 오히려 전국 각지에서 특화
된 고급 지식과 기술을 배우기 위하여 이전지역으로 이동하는 인구가 증가
할 수 있다. 또 온라인(on−line) 교육훈련 프로그램의 개발 및 활용을 통하
여 교육정보화에 꼭 필요한 인재를 육성해내고 현 종사자들의 지식과 기술
수준을 제고시키는 경력자 지원 프로그램도 개발하여 제공할 필요가 있다.

〈표 25〉는 교육정보화 인재관리 기능을 구성하는 다섯 가지 기능에 대해 설명한 것이다. 첫 번째 채용응시관리(Job Seeker)는 회원계정 부여와

### 〈표 25〉 교육정보화 인재관리 주요기능

| 구분 | | 기능 설명 | 비고 |
|------|------|-----------|------|
| 1차 기능 | 2차 기능 | | |
| 01.채용응시관리 (Job Seeker) | 01-01. 접근권한 | • 회원(인적정보) 등록<br>• 계정부여<br>• 계정변경관리<br>• 등급관리<br>• 접근범위 설정 | |
| | 01-02.구직정보등록 | • 기본인사정보등록(프로파일 성명, 주민번호, 주소, 성별, 연락처, e-Mail, 사진등록 등)<br>• 온라인 이력서 등록(학력, 경력, 자격 등)<br>• 응모요건등록(희망연봉, 기업규모, 직종, 직무 등)<br>• Job Box(응모요건에 맞는 Job을 Job DB에서 추천) | Resume Builder |
| | 01-03.구인정보검색 | • 고급 구인정보 검색(Cart 담기)<br>• 조건 매칭 분석<br>• Alert 통보(e-Mail) | |
| | 01-04.채용응시등록 | • 응모회사 선택<br>• 온라인 이력서 제출<br>• 온라인 이력서 처리현황 모니터링<br>• 나의 응시 이력 | |
| 02.구인관리 (Employer) | 02-01.접근권한 | • 회원(인적정보) 등록<br>• 계정부여<br>• 계정변경관리<br>• 등급관리<br>• 접근범위 설정 | |
| | 02-02.구인정보등록 | • 회사개요 정보 등록<br>• 온라인 채용 요건서 등록(직종, 경력요건, 학력, 연령, 성별, 자격,연락처 등)<br>• 온라인 채용 요건서 조회 | |
| | 02-03.구직정보DB검색 | • 응시현황 조회<br>• 기간 마감관리<br>• 조건 매칭 분석<br>• 채용요건 평가<br>• 잠재 채용인력 리스트<br>• Alert 통보 (e-Mail) | |
| | 02-04.Job Box관리 | • 수시응시자 조회<br>• 잠재채용인력 선택<br>• Alert 통보(e-Mail) | |
| 03.직무관리 | 03-01.직무분류 | • 교육정보화 산업 직무구분<br>• 교육정보화 산업 세부 직무분류 | 운영자 |
| | 03-02.직무기술 | • 세부직무별 직무기술서 DB 등록<br>• 세부직무별 직무명세서 DB 등록 | 운영자 |

| 구분 | | 기능 설명 | 비고 |
|---|---|---|---|
| 1차 기능 | 2차 기능 | | |
| 02.구인관리 (Employer) | 02-02.구인정보 등록 | • 회사개요 정보 등록<br>• 온라인 채용 요건서 등록(직종, 경력요건, 학력, 연령, 성별, 자격,연락처 등)<br>• 온라인 채용 요건서 조회 | |
| | 02-03.구직정보 DB검색 | • 응시현황 조회<br>• 기간 마감관리<br>• 조건 매칭 분석<br>• 채용요건 평가<br>• 잠재 채용인력 리스트<br>• Alert 통보 (e-Mail) | |
| | 02-04.Job Box관리 | • 수시응시자 조회<br>• 잠재채용인력 선택<br>• Alert 통보(e-Mail) | |
| 03.직무관리 | 03-01.직무분류 | • 교육정보화 산업 직무구분<br>• 교육정보화 산업 세부 직무분류 | 운영자 |
| | 03-02.직무기술 | • 세부직무별 직무기술서 DB 등록<br>• 세부직무별 직무명세서 DB 등록 | 운영자 |

관련된 접근권한, 구직정보를 등록하고 검색하여 응시하는 채용응시등록으로 구성된다. 두 번째 구인관리(employer)는 접근권한, 구인정보의 등록, 구직정보 DB검색, 응모요건에 맞는 직업을 Job DB에서 추천하는 Job Box 관리로 구성된다. 세 번째 직무관리는 교육정보화 산업분류 직무를 설정하고 세부직무에 관한 직무기술서와 직무명세서를 기술하고 등록하는 것이다. 네 번째는 교육·훈련 관리인데 여기에는 교육과정 및 콘텐츠를 등록하는 교육과정등록이 포함된다. 또 교육일정, 강사, 교육비, 수업, 시험, 성적, 만족도 등의 교육운영을 다루는 교육운영관리와 교육과정을 신청하고 수강내역을 관리하는 수강신청관리가 여기에 포함된다. 다섯 번째 통합분석은 구인자/구직자의 현황분석과 교육과정의 현황분석 및 인력수급의 분

석으로 구성된다.

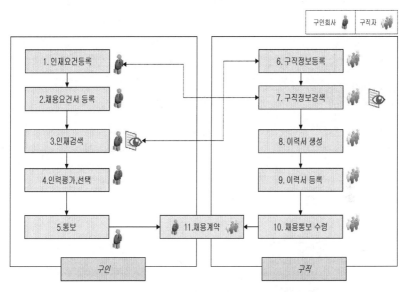

<그림 69> 교육정보화 인재관리 기능 중 구인/구직 프로세스

　　교육정보화 산업이 원활하게 운영되기 위해서는 종사하려는 구직자와 인력을 구하는 구인기업 사이의 매칭이 매우 중요하다. 이것은 교육정보화와 관련된 인력DB, 직무DB, 교육훈련DB와 매우 연관성이 높다. 결국 일자리를 찾는 인력DB와 특정 직무수행을 원하는 구인기업의 직무DB와 역량을 강화시킬 수 있는 교육훈련DB가 서로 업무 프로세스를 통하여 연결되어야 한다. <그림 69>는 교육정보화 산업 내 인력들의 온라인 구직, 구인을 알선하기 위한 채용포털 기능을 제공하는 프로세스로서 필요한 경우 전문인력 교육을 위한 e-Learning 영역으로 확장이 가능하도록 설계되어야 한다.

다음 〈그림 70〉은 실제 채용과 관련된 웹사이트의 도메인을 제시하는 화면(왼쪽), 국내 채용포털인 SCOUT의 화면(오른쪽 상단과 하단)을 보여주고 있다.

〈그림 70〉 구인/구직을 위한 채용사이트의 사례

## 8.8 가상연구소 투자효과분석(e-ROI)

가상연구소는 기관 내 연구기능이나 단순 협업으로는 달성하기 어려운 중장기 교육정보화 관련 정책 및 기술연구를 전문적으로 수행하는 사이버 연구소이다. 따라서 많은 연구인력과 연구기간이 소요되므로 연구비가 많이 소요될 수밖에 없다. 따라서 중장기 연구를 년 단위로 구분하여 연구성과를 점검하고 지속적인 예산투입을 지원할 것인가를 결정하기 때문에 투자효과분석 기능이 매우 중요한 기능이며 다음 〈그림 71〉과 같다.

먼저 가상연구소 연구과제는 예산수립 및 분석이 가능해야 하고 가상연구소 연구과제 수행의 필요성이 객관적이고 과학적인 요인을 통해 분석될 필요가 있다. 또 합리적으로 추정할 수 있는 고려요인을 입력하여 가상연구소 연구과제에 대해 사전적으로 분석하고 진단할 필요가 있다. 또 실제로 산출된 실적치를 사용하여 연구과제의 사후적인 ROI를 분석하고 연구진과 협의를 통해 보다 부가가치를 높일 수 있는 방향으로 연구과제를 개선시켜 나가는 것이 중요하다.

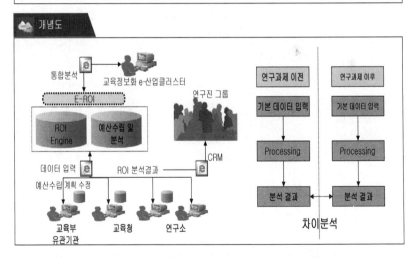

**목표 및 방향**

가상연구소 연구과제의 예산수립 및 분석 지원
가상연구소 연구과제 수행의 영향요인 파악 및 분석
가정 입력 요소를 통한 가상연구소 연구과제 사전 분석 진단
실적 입력 요소를 통한 가상연구소 연구과제 사후 ROI 분석 및 CRM 연계

**개념도**

〈그림 71〉 가상연구소 투자효과분석 기능의 목표와 개념도

다음 〈표 26〉은 가상연구소 투자효과분석의 7가지 기능에 대해서 설명한 것이다. 우선 연구과제 정의는 연구과제명으로 등록하고 내용을 등록하

PART 6 강소기업 e-산업클러스터 구축 사례
277

## 〈표 26〉 가상연구소 투자효과분석의 주요 기능

| 구분 | | 기능 설명 | 비고 |
|---|---|---|---|
| 1차 기능 | 2차 기능 | | |
| 01.연구과제정의 | 01-01. 연구과제등록 | • 연구과제명 등록<br>• 연구과제 내용 등록 | |
| | 01-02. 연구과제속성 | • 연구과제 기간 등록(시작일, 종료일)<br>• 연구과제 산업구분 선택<br>• 연구과제 유형 선택 | |
| | 01-03. 연구과제분석현황 | • 산업구분별 연구과제 이력<br>• 유형별 연구과제 이력 | |
| 02.예산수립이력 | 02-01. 연구과제 예산조회 | • 연구과제 예산 이력 조회<br>• 연구과제 예산 비교 | |
| | 02-02. 연구과제예산모니터링 | • 연구과제 예산 수립 현황<br>• 연구과제 예산 비중 분석<br>• 연구과제 예산 보고서 | |
| 03. 연구과제<br>예산수립 | 03-01. 연구과제 수입예산 | • 연구과제 수입예산항목 정의<br>• 연구과제 수입예산편성 | |
| | 03-02. 연구과제 비용예산 | • 연구과제 비용예산항목 정의<br>• 연구과제 비용예산편성 | |
| | 03-03. 연구과제 손익분석 | • 연구과제 손익예산 조회<br>• 연구과제 BEP분석 | |
| 04. 연구과제<br>사전분석 | 04-01.데이터 입력 | • 연구과제 주요 영향요인<br>• 연구과제의 현황 데이터<br>• 연구과제 예측모델 파라미터 데이터 | 모델선택에<br>따라 변경 |
| | 04-02.결과분석 | • 잠재적 수혜자 수<br>• 예상수입액(혜택금액)<br>• 필요 시 되는 인력 수(명)<br>• 필요 시 되는 시스템비용(원)<br>• 필요 시 되는 전체 공간 넓이(M²) | 모델선택에<br>따라 변경 |
| 05. 연구과제<br>사후분석 | 05-01.데이터입력 | • 타겟 고객 만족도<br>• 연구과제 성과물에 관심을 보이는 성과발표회 고객의 비율(%)<br>• 총 기간 (시간 기준)<br>• 성과발표회 방문객 수<br>• 연구과제 성과물 총요구 건수(회)<br>• 가망 고객수<br>• 스탭 수(평균)<br>• 총 직접비(원)<br>• 관리비 등 총 간접비(원)<br>• 가망고객의 판매 연계율 (평균,%)*<br>• 거래당 평균수입(원)*<br>• 기관의 총이익율(%) | 모델선택에<br>따라 변경 |
| | 05-02.결과분석 | • 잠재 이용자 수<br>• 필요 시 되는 운영인력 수(명)<br>• 필요 시 되는 운영비용(원)<br>• 필요 시 되는 전체 공간 넓이(M²)<br>[도달효율성]<br>• 가망 오퍼 수 비율(%)<br>• 도달된 가망청중비율(%)<br>• 가망고객당 비용(원)<br>[스탭성과]<br>• 시간당 스탭 당 요청<br>• 추천된 스탭에 추정 총 요청 수 | 모델선택에<br>따라 변경 |

| 구분 | | 기능 설명 | 비고 |
|---|---|---|---|
| 1차 기능 | 2차 기능 | | |
| 06.ROI분석 | 06-01.ROI분석 결과 | • 잠재 매출대비 비용<br>• 잠재 매출(원)<br>• 잠재 매출대비 총수익<br>• 비용에 대한 잠재 수익비율(%)<br>• 잠재 ROI | 모델선택에<br>따라 변경 |
| 07.ROI결과 조회 | 07-01.유형별 분석조회 | • 유형별 조회, 분석<br>• 유형별 ROI 비교 분석 | |
| | 07-02.규모별 분석조회 | • 규모별 조회, 분석<br>• 규모별 ROI 비교 분석 | |

는 연구과제등록, 과제기관과 산업구분 및 유형을 기록하는 연구과제속성, 산업과 유형별 연구과제의 이력을 나타내는 연구과제 분석현황으로 구성된다. 두 번째로 예산수립이력은 예산이력 조회와 비교기능을 포함하는 연구과제 예산조회, 연구과제 예산수립 현황을 분석하고 예산을 비교하는 연구과제 예산모니터링 그리고 예산보고서로 구성된다. 세 번째로 연구과제 예산수립은 연구과제 수입예산, 연구과제 비용예산, 연구과제 손익분석으로 구성된다. 네 번째는 연구과제 사전분석인데 이것은 분석모형이 요구하는 추정 데이터의 입력과 분석모형에 의한 결과분석으로 구성된다. 다섯 번째는 연구과제 사후분석으로서 분석모형이 요구하는 사후 데이터의 입력과 결과분석으로 구성된다. 여섯 번째의 ROI 분석은 잠재매출대비 비용, 잠재매출, 잠재매출대비 잠재수익, 비용에 대한 잠재수익, 잠재 매출대비 총비용 등을 분석하는 ROI 분석과 각 비율에 데이터를 적용한 결과 값으로 구성된다. 일곱 번째 ROI 결과조회는 지금까지 분석된 ROI 분석을 조회하는 결과조회와 유형별 분석조회 및 규모별 분석조회로 구성된다.

다음 〈그림 72〉는 가상연구소 운영에 따르는 예산을 수립할 때 프로세스를 보여준다. 예산수립과정은 교육정보화 기초정보를 바탕으로 수입예산 분석과 비용예산 분석으로 나누어지며 수입예산 분석과정은 수입항목을 등록하고 수입예산을 수립하여 수입예산결과를 도출한다. 또 비용예산 분석도 마찬가지로 비용항목을 등록하고 비용예산을 수립하여 비용예산결과를 산출하는데 수입예산과 비용예산 정보를 바탕으로 손익분석과 BEP(break even point) 분석이 이루어지게 된다.

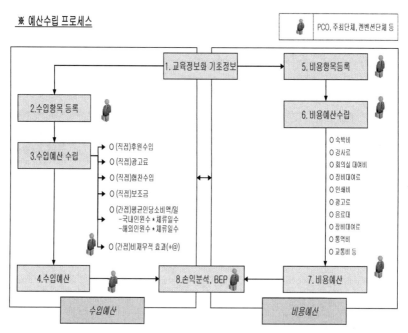

〈그림 72〉 가상연구소 투자효과분석(e-ROI)의 세부 프로세스 모형

다음 〈그림 73〉은 ROI를 산정하는 프로세스를 보여주는 것이며 경제적 효과를 사전단계 및 사후단계로 구분하여 ROI를 분석한다. 먼저 사전단계 ROI산출 프로세스는 기초정보를 등록하고 계산엔진을 실행시키고 잠재이용자 수 등 필요한 데이터의 결과를 조회하고 입력하여 실행시키면 사

전 ROI정보를 얻을 수 있다. 또 사후단계 ROI산출 프로세스는 연구결과를 등록하면 주요 데이터가 등록되고 그 이후에 ROI엔진을 실행시킬 수 있고 ROI결과를 조회하고 분석할 수 있다. 이렇게 산출된 분석정보는 다음 단계의 가상연구소 투자의사결정에 반영된다.

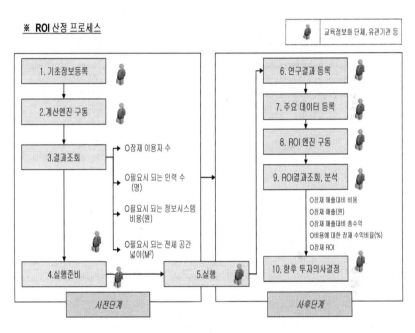

<그림 73> ROI산정 프로세스

다음 〈그림 74〉는 행사 프로젝트의 ROI를 산정하는 화면을 예시로 보여준다. 먼저 행사의 계획을 수립하고(왼쪽 상단) 예산을 할당하고(오른쪽 상단) 성과를 측정하는 화면(하단)을 보여준다. 이와 마찬가지로 연구 프로젝트의 경우에도 연구계획을 수립하고 예산을 할당하고 성과를 측정하는 과정으로 ROI 관리가 이루어질 수 있다.

※ 이벤트 예산 수립 및 분석 예시

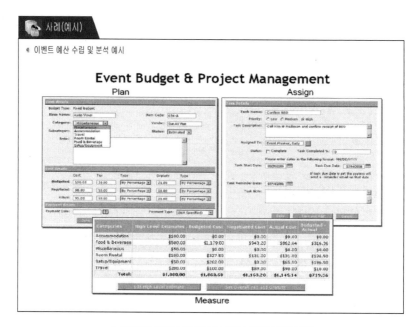

〈그림 74〉 예산수립 및 프로젝트 관리 사례 화면

## 8.9 보안 및 프라이버시 침해 분석보고 (e-Analytics)

교육정보화 환경이 좋아질수록 보안 및 프라이버시 침해위험은 더욱 커지고 있는 실정이다. 더구나 교육정보화 산업의 주요 고객이 미성년자들인 점을 감안하면 보안 및 프라이버시에 대한 관리가 산업의 환경에 매우 큰 영향을 미칠 수 있는 잠재적 위험영역이라는 것을 인지할 필요가 있다. 다음 〈그림 75〉는 보안 및 프라이버시에 기능에 관한 것이다.

교육정보화 e-산업클러스터에서는 보안 및 프라이버시 보호에 관한 계획수립과 실적통계를 자동적으로 생성하고 집계하는 기능을 포함해야 한다. 또 보안 및 프라이버시 보호업무를 담당하는 사용자 중심의 다차원 보고서를 제공해야 하며 다양한 관점에서의 보안 및 프라이버시 침해사고의 통계 분석정보를 산출하여 보안 및 프라이버시 정책수립과 의사결정에 활용할 수 있어야 한다.

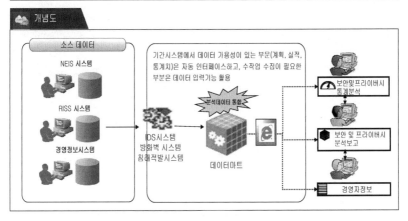

〈그림 75〉 보안 및 프라이버시 보호기능의 목표와 개념도

다음 〈표 27〉은 보안 및 프라이버시 보호를 구성하고 있는 세 가지 주요 기능을 설명하고 있다. 첫째 교육정보화 보안 및 프라이버시 분석기능은 교육정보화 보안 및 프라이버시 통제계획 수립, 교육정보화 보안 및 프라이버시 통제실적 분석, 교육정보화 보안 및 프라이버시 통제실적 분석, 교육정보화 이해관계자의 보안 및 프라이버시 통제분석, 해외 교육정보화의 보안 및 프라이버시 통제분석으로 구성된다. 두 번째 교육정보화 보안 및 프라이버시 분석보고는 교육정보화 보안 및 프라이버시 관련 데이터를 수집하고 분석하여 활동통계를 산출하는 기능이다. 세 번째 경영자용 교육정보화 보안 및 프라이버시 정보는 경영자용 보안 및 프라이버시 요약보고, 교육정보화 보안 및 프라이버시 산업동향 정보, 교육정보화 보안 및 프라

이버시 행사일정으로 구성된다. 결국 보안 및 프라이버시를 보호하기 위한 각종 통제를 설계하고 통제활동이 제대로 작동되는지를 확인하고 침해사례를 적발 및 분석하여 통계자료로 집계하는 활동을 수행하게 된다.

### 〈표 27〉교육정보화 보안 및 프라이버시 분석기능

| 구분 | | 기능 설명 | 비고 |
|---|---|---|---|
| 1차 기능 | 2차 기능 | | |
| 01.교육정보화 보안 및 프라이버시 분석 | 01-01.교육정보화 보안 및 프라이버시 통제계획수립 | • 교육정보화 보안 및 프라이버시 통제계획<br>• 기간별 교육정보화 보안 및 프라이버시 통제설계<br>• 유형별 교육정보화 보안 및 프라이버시 통제설계<br>• 이해관계자별 교육정보화 보안 및 프라이버시 통제설계 | |
| | 01-02.교육정보화 보안 및 프라이버시 통제실적분석 | • 기간별 교육정보화 보안 및 프라이버시 통제실적 분석<br>• 유형별 교육정보화 보안 및 프라이버시 통제실적 분석<br>• 이해관계자별 교육정보화 보안 및 프라이버시 통제실적 분석 | |
| | 01-03.교육정보화 이해관계자의 보안 및 프라이버시 통제분석 | • 교육부 보안 및 프라이버시 침해현황 통계분석<br>• 교육청 보안 및 프라이버시 침해현황 통계분석<br>• 초/중/고 보안 및 프라이버시 침해현황 통계분석<br>• 정부기관 보안 및 프라이버시 침해현황 통계분석<br>• 학계 보안 및 프라이버시 침해현황 통계분석<br>• 유관업체(서비스) 보안 및 프라이버시 침해현황 통계분석<br>• 국제기구 보안 및 프라이버시 침해현황 통계분석<br>• 연구인력 보안 및 프라이버시 침해현황 통계분석<br>• 산업계 보안 및 프라이버시 침해현황 통계분석 | |
| | 01-04.해외 교육정보화의 보안 및 프라이버시 통제분석 | • 해외 교육정보화 보안 및 프라이버시 침해실적 통계<br>• 해외 교육정보화 유형별 보안 및 프라이버시 침해실적 분석<br>• 해외 교육정보화 보안 및 프라이버시 표준 통계<br>• 해외 교육정보화 기관의 보안 및 프라이버시 침해현황 통계 | 일부 운영자 등록 관리 |
| 02.교육정보화 보안 및 프라이버시 분석보고 | 02-01.교육정보화 보안 및 프라이버시 관련 활동 통계 | • 교육정보화 보안 및 프라이버시 침해조사<br>• 교육정보화 보안 및 프라이버시 침해분석<br>• 교육정보화 보안 및 프라이버시 예방 및 탐지활동 통계<br>• 교육정보화 보안 및 프라이버시 침해통계<br>• 교육정보화 보안 및 프라이버시 분석보고서<br>• 교육정보화 보안 및 프라이버시 지원활동 통계 | |
| 03.경영자용 교육정보화 보안 및 프라이버시 정보 | 03-01.경영자용 보안 및 프라이버시 요약보고 | • 교육정보화 보안 및 프라이버시 통제계획 요약정보<br>• 교육정보화 보안 및 프라이버시 통제실적 요약보고<br>• 교육정보화 이해관계자 보안 및 프라이버시 활동통계 요약정보<br>• 해외 교육정보화 보안 및 프라이버시 침해통계 요약<br>• 교육정보화 보안 및 프라이버시 분석 요약보고서 | |
| | 03-02.교육정보화 보안 및 프라이버시 산업동향 정보 | • 해외 교육정보화 보안 및 프라이버시 산업동향 정보<br>• 국내 교육정보화 보안 및 프라이버시 산업동향 정보 | 일부 운영자 등록 관리 |
| | 03-03.교육정보화 보안 및 프라이버시 행사일정 | • 교육정보화 보안 및 프라이버시 보호행사 주요 일정<br>• 교육정보화 보안 및 프라이버시 행사 캘린더 | |

다음 〈그림 76〉은 교육정보화 e–산업클러스터에서 각종 정보에 대한 보안 및 프라이버시 보호활동을 수행하고 침해실적 및 활동실적을 분석하여 경영자에게 보고하는 프로세스를 보여주고 있다.

축적된 교육정보화 및 이해관계자 정보를 바탕으로 보안 및 프라이버시 침해탐지 솔루션 등 다양한 내부통제를 활용하여 보안 및 프라이버시 보호활동을 지원하고, 사용자 중심의 보안 및 프라이버시 침해실적 및 보호실적 등에 관한 다차원 분석보고서를 산출할 수 있어야 한다. 경영자의 보안 및 프라이버시 보호를 위한 의사결정을 지원해야 한다.

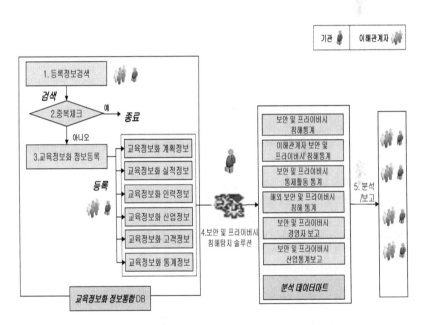

〈그림 76〉 교육정보화 보안 및 프라이버시 분석기능

# 기타 기능 및 화면 설계

## 9.1 시스템접근 권한 모형

다음 〈그림 77〉은 시스템 접근권한 모형의 사례를 보여주고 있는데 시스템사용자의 역할구분은 크게 5개로 이루어지며, 역할 별로 각각 상이한 시스템 접근권한 및 사용권한이 할당된다.

| 역할구분 | | 내용 |
|---|---|---|
| 운영자 | | 전체 시스템을 통제하고, 기본정보를 set-up하며, 운영하는 권한을 가진 사람 |
| 수퍼사용자 | | 일반사용자에게 권한을 위임하거나 접근권한을 승인할 수 있는 권한을 가진 사람 |
| 일반사용자 | | 주어진 권한내에서 시스템 접근 및 기능을 활용할 수 있는 사람 |
| 경영자 | | 이해관계자의 경영진 |
| 외부고객 | | 교육정보화 산업 이해관계자가 아닌 일반 고객(이벤트 참여자, 구직자 등) |

〈그림 77〉 역할에 따른 시스템접근 권한모형

역할 별로 시스템 기능에 접근하는 권한은 다음 〈표 28〉과 같이 주어지며, 같은 사용자라 하더라도 운영자의 승인처리 기준에 의해서 페이지 단위의 접근범위를 할당 받기 때문에 접근이 통제되는 영역이 있을 수 있다. 또 운영자는 운영자 모듈 이외의 모듈에 사용자로 등록하여 해당 모듈을 사용하기 위해 접근할 수 있다. 이 경우 시스템 기능을 일반사용자와 동일하게 활용하도록 권한을 부여할 수 있다. 또한 운영자에 대하여 복수의 역할권한 부여를 인정할 수 있다. 예를 들어서 운영자에게 운영자권한과 사용자 모듈사용권한을 한꺼번에 줄 수 있다는 의미이다.

**〈표 28〉 e-산업클러스터의 기능에 따른 시스템접근 권한모형**

| 구분 | 운영자 | 사용자 | | 경영자 | 외부고객 |
| --- | --- | --- | --- | --- | --- |
| | | 수퍼유저 | 일반유저 | | |
| 교육정보화 정보 통합DB | O | | ● | | |
| 교육정보화 사업지원 | O | | ● | | |
| E-마켓플레이스 | O | | ● | | |
| 교육정보화 협업 및 정보공유 | O | ● | ● | | |
| E-마케팅 | O | | ● | | O |
| 교육정보화 인재관리 | O | | ● | | O |
| 교육정보화 투자효과 분석 | O | | ● | | |
| 통계 분석보고 | O | | ● | ● | |
| 운영자모드/포털 | ● | | | | |

운영자는 운영자 모듈 이외 모듈에 사용자로 등록하여 해당 모듈을 접근, 기능을 일반사용자와 같이 활용하도록 할 수 있음
운영자에 복수 역할권한 부여 인정(예, 운영자권한 + 사용자 모듈 가능)

다음 〈그림 78〉은 권한요청과 승인에 관한 절차를 보여주는 그림이다. 기본적인 권한요청에 대해서는 운영자가 1차적으로 승인권한을 가지며, 교육정보화 협업 및 정보공유 기능에 한해서는 슈퍼사용자가 2차 권한을 갖

도록 설계될 필요가 있다. 협업 및 정보공유 기능은 협업의 특성상 어떠한
이용자가 추가될지 알 수 없으며 빠른 업무처리를 위해서 슈퍼사용자의 승
인으로 시스템접근 권한을 가질 수 있도록 설계하였다.

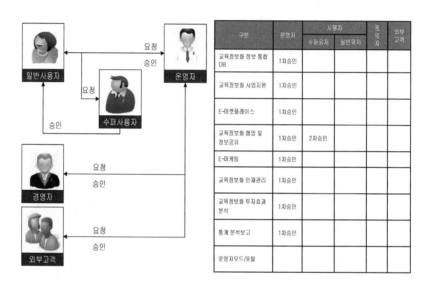

| 구분 | 운영자 | 사용자 | | 경영자 | 외부고객 |
|------|--------|--------|--------|--------|----------|
| | | 슈퍼유저 | 일반유저 | | |
| 교육정보화 정보 통합 DB | 1차승인 | | | | |
| 교육정보화 사업지원 | 1차승인 | | | | |
| E-마켓플레이스 | 1차승인 | | | | |
| 교육정보화 협업 및 정보공유 | 1차승인 | 2차승인 | | | |
| E-마케팅 | 1차승인 | | | | |
| 교육정보화 인재관리 | 1차승인 | | | | |
| 교육정보화 투자효과 분석 | 1차승인 | | | | |
| 통계 분석보고 | 1차승인 | | | | |
| 운영자모드/포털 | | | | | |

〈그림 78〉 권한요청과 승인 절차와 승인권한의 사례

## 9.2 시스템 모듈별 개발우선순위 평가

교육정보화 e-산업클러스터는 여러 개의 핵심기능으로 구성되어 있으므
로 예산상의 제약조건이 발생할 경우 단계별로 구축할 수밖에 없다. 따라
서 각 기능은 하나의 모듈로 구성되기 때문에 시스템 모듈 별로 개발우선
순위에 대한 평가를 수행한 결과가 다음 〈그림 79〉에 제시되어 있다. 가장
우선순위가 높은 모듈은 교육정보화 통합 DB구축이었고 가장 우선순위가
낮은 모듈은 가상연구소 투자효과분석으로 나타났다.

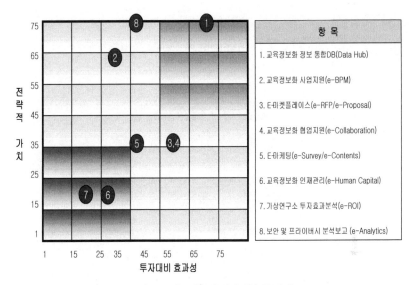

〈그림 79〉 시스템 모듈별 우선순위 평가

## 9.3 구축조직

교육정보화 e-산업클러스터를 구축하기 위한 조직구성안은 다음 〈그림
80〉과 같다. 교육정보화를 지휘하는 A기관의 기관장 직속으로 추진단장
을 두고 Steering Committee를 두어서 개발 프로젝트와 관련된 사항을 논의
하도록 하였다. 본 프로젝트는 많은 지원이 투입되어야 하고 이해관계자를
아우르는 프로젝트로서 A기관이 초기에 주도적인 역할을 하여 이끌어 나가
야 하므로 전 이해관계자를 조정하고, 선도할 수 있는 강력한 리더십을 필
요로 한다. 따라서 정부부처와의 긴밀한 협조는 물론 관련 이해관계자들의
참여를 유도할 대표성 있는 인력으로 구성되어 의사결정력을 행사할 수 있
는 Steering Committee의 역할이 중요하다. 프로젝트 관리조직은 A기관에
서 한 사람 그리고 컨설팅팀에서 한 사람이 PM을 맡아서 진행할 것을 추천

한다. 핵심팀은 사업관리팀, 업무설계팀, 시스템개발팀, 기술지원팀으로 역할을 구분하여 진행하는 것이 바람직하다.

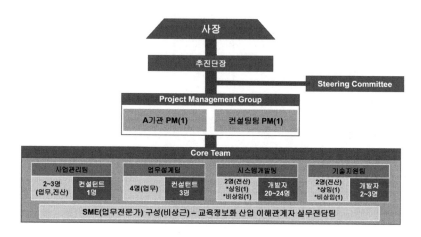

〈그림 80〉교육정보화 보안 및 프라이버시 분석기능

## 9.4 구축일정과 예산설정의 사례

교육정보화 e-산업클러스터의 구체적인 구축일정은 다음 〈표 29〉와 같다. 개발기간은 각 모듈별로 조금씩 차이가 있지만 대체로 약 10개월 정도가 소요되는 것으로 판단되고 추가로 약 2 ~ 3개월 정도의 안정화 작업이 진행되어야 할 것으로 예상된다.

예산의 경우 시스템 구축을 위한 예산확보의 가능성을 분석하고 예산의 가용범위에 따라 시스템 구축의 범위 및 방식을 달리 결정할 필요가 있다. 예산의 범위는 본 시스템 구축뿐만 아니라 향후 안정적인 운영을 위한 유지보수와 고도화 작업에 필요로 되는 예산을 고려하여야 한다. 프로젝트 범위에 따른 명확한 의사결정이 필요하며 본 저서에서 제안된 범위를 어느 정도까지 구현할 것인지에 대한 판단과 공유가 필요하다. 또 프로젝트 방법도 전면구축(big bang) 방법을 취할 것인지, 단계구축(phased)방식을 취할 것인지를 결정하여야 한다. 추가로 시스템의 구축으로 얻어지는 기대효과를 구체화하여 지속적으로 홍보해야 하며 이해관계자들과 공감대를 형성하는 노력이 있어야 한다. 또 각 시스템 영역에서 선진사례를 면밀히 검토한다면 시행착오를 줄이고 더 나은 시스템 구축이 가능할 것이다. 컨설팅 및 시행사 선정에 대한 기준을 정립하여 사전에 충분한 검토를 거쳐 컨설팅 및 시행사를 선정기준을 정립할 필요가 있다.

**〈표 29〉교육정보화 e-산업클러스터의 구축일정**

**구축일정 계획(안)**

| 영역구분 | 시스템 | 사업 기간 (월별) | | | | | | | | | | | | |
|---|---|---|---|---|---|---|---|---|---|---|---|---|---|---|
| | | M1 | M2 | M3 | M4 | M5 | M6 | M7 | M8 | M9 | M10 | M11 | M12 | |
| 교육정보화 정보 통합DB | e-Data Hub | 상세설계 | | 시스템 개발 및 구축 | | | | | | 테스트 | | 안정화 | 안정화 | 안정화 |
| 교육정보화 사업지원 | e-Workflow | | | | | | | | | | | 안정화 | 안정화 | 안정화 |
| E-마켓플레이스 | e-RFP, e-Destination | | | | | | | | | | | 안정화 | 안정화 | 안정화 |
| 교육정보화 협업 및 정보공유 | e-Collaboration | | | | | | | | | | | 안정화 | 안정화 | 안정화 |
| E-마케팅지원 | e-Survey, e-Content | | | | | | | | | | | 안정화 | 안정화 | 안정화 |
| 교육정보화 인재관리* | e-Human Capital | | | | | | | | | | | 안정화 | 안정화 | 안정화 |
| 교육정보화 투자효과 분석 | e-ROI | | | | | | | | | | | 안정화 | 안정화 | 안정화 |
| 통계 분석보고 | e-Analytics | | | | | | | | | | | 안정화 | 안정화 | 안정화 |
| 운영자모드/포털 | Portal | | | | | | | | | | | 안정화 | 안정화 | 안정화 |
| 인터페이스 | | 인터페이스요건정의 | | 인터페이스 설계 | | | 테스트 | | | | | | | |
| 변화관리 | | 변화관리 및 교육훈련 | | | | | | | | | | | | |
| IT | | 시스템 인프라 구축 및 운영 환경 준비 | | | | | IT 운영 | | | | | | | |
| | | 정보 요구 사항 분석 | | 보안 및 통제 정의 | | | 데이터 Conversion 관리 | | | | | | | |

※ 상기 일정은 여건 및 환경에 의해 변경될 수 있음.
※ 상기 일정은 동시 추진 기준임

## 9.5 교육정보화 e-산업클러스터 화면 데모

　지금까지 이해관계자의 요구사항을 바탕으로 e-산업클러스터의 주요 역할을 설정하고 세부적인 기능과 프로세스를 고찰하였고 시스템의 구현범위를 설정하였다. 다음의 〈그림 81〉은 교육정보화 e-산업클러스터의 데모화면으로서 e-산업클러스터가 담당할 8개의 기능으로 곧 바로 들어갈 수 있는 화면을 설계한 것이다. 각 모듈은 교육정보화 통합 DB, 교육정보화 사업지원, 교육정보화 협업지원, e-마켓플레이스, e-마케팅, 교육정보화 인력관리, 가상연구소 투자효과분석, 보안 및 프라이버시 분석보고이다.

〈그림 81〉 교육정보화 e-산업클러스터 시스템 모듈소개 화면

　다음 〈그림 82〉는 교육정보화 e-산업클러스터 시스템 운영자 모드의 메인 데모화면이다. 메인 메뉴는 8개의 주요 기능과 시스템관리 기능 그리고

운영자 매뉴얼로 구성된다. 특별히 운영자 모드에서 빠르게 접근할 수 있는 퀵(quick)메뉴를 제공해주고 교육정보화 사업지원 프로세스를 실시간으로 관리할 수 있도록 지원하는데 역점을 두었다.

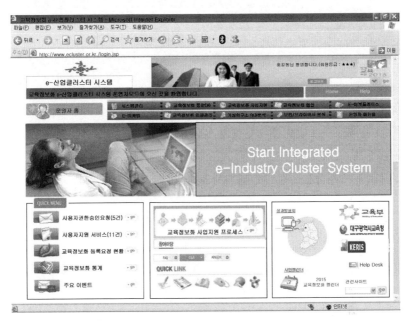

〈그림 82〉 교육정보화 e-산업클러스터 시스템의 메인화면

다음 〈그림 83〉은 교육정보화 e-산업클러스터 시스템 운영자 모드의 시스템 관리기능 중 권한관리 데모화면이다. 현재 화면은 접근권한 중 등록현황을 보여주고 있는데 지금 보여주고 있는 화면이 어디에 해당되는 것인지는 왼편의 폴더(folder)가 열려진 것을 통해서 알 수 있다.

제시된 화면을 통해서 현재 요청건수가 13건이고 승인건수가 8건, 대기건수가 4건이며 재검토건수가 1건이라는 것을 알 수 있다. 또 총 등록요청건수가 132건이고 참여기관이 각 모듈별로 등록의 승인을 기다리고 있는 모습을 보여주고 있다.

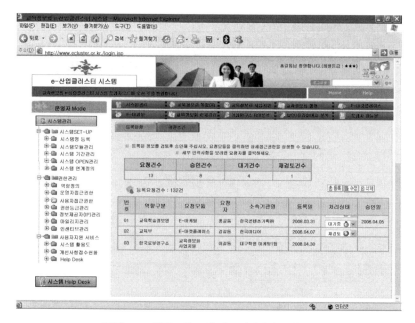

〈그림 83〉교육정보화 보안 및 프라이버시 분석기능

그 이외 8개 기능에 대한 주요 정보와 프로세스를 데모화면으로 구현하였으나 본 저서에서는 두 개 데모화면을 제시하였다.

# 소 결

　지방이전의 단순효과는 오히려 수도권의 과밀을 부추기고 지방경제발전을 저해하는 방향으로 갈 수도 있다는 본 저서의 시뮬레이션 결과에 도전을 받고 이를 해결하기 위한 지역혁신 정책의 시뮬레이션을 실시하였다. 지역혁신 시뮬레이션에서 발견한 가장 중요한 정책지렛대는 고급 지식과 기술의 축적이었고 두 번째는 인적수준의 제고였다.

　본 저서는 교육정보화를 주도하는 A기관이 지방이전 이후에 고급 지식과 기술을 축적하고 인적수준을 제고하기 위한 다섯 가지 정책적 제안을 구현하는 수단으로서 교육정보화를 위한 e-산업클러스터의 필요성을 제기하였다. 특별히 A기관은 지방이전에 따라 수도권 중심의 사업수행에 지장을 받게 되고 자칫 지방자치 단체의 산하기관 정도로 몰락할 것을 크게 우려하고 있다. 따라서 특화된 e-산업클러스터를 통하여 교육정보화 관련 기준정보를 획득하고 고품질의 기술과 지식을 결집하며 산·학·관·연이 참여하는 적극적인 협업공간 창출이 필요하였다.

　본 저서는 지방이전을 기회로 활용하여 지역경제를 활성화하고 지방의 인구유출을 막기 위한 지방혁신 정책의 일환으로 교육정보화 e-산업클러스터의 주요 기능을 분석하고 설계하였다. 이를 위해서 교육부, 이전지역의 교육청, 학교 관계자 등 교육관련 기관들과 인터뷰를 실시하여 요구사항 및 협력내용을 협의하였고 이전지역의 교육정보화 유관단체와 인터뷰를 실시하고 요구사항 및 협업 관심내용을 분석하였다. 또한 교육정보화와 관련

될 수 있는 이전지역 공공기관들의 주요사업을 조사하여 협업 가능성 및 연관성 분석을 실시하여 e−산업클러스터의 전략적 방향을 설정하였다.

따라서 본 저서는 교육정보화 e−산업클러스터의 전략적 방향을 8개의 주요 기능으로 설정하고 각 기능에 대한 세부적인 내용과 프로세스를 분석하고 설계하였다.

주요 기능으로는 첫째는 교육정보화 정보통합으로 산업 내 표준과 기준에 대해 관리할 내용과 프로세스를 설계하였고 둘째는 교육정보화 사업지원에 대한 기능으로서 그 동안 업계에서 수동으로 진행하던 프로세스를 새롭게 자동화하고 효율화 할 세부 기능과 프로세스를 설계하였다. 셋째는 e−마켓플레이스의 기능으로서 교육정보화 산업 내 발주기관과 수주기관이 서로 e−RFP를 송부하고 e−Proposal을 제출할 수 있고 실적이나 과거 보고서 이력 등을 조회할 수 있는 세부 기능을 설계하였다. 또 네 번째는 교육정보화 협업기능으로서 산·학·관·연이 함께 지혜를 모으고 새로운 것을 만들어 갈 수 있는 협업공간을 제공하고 프로세스를 관리할 수 있도록 설계하였다. 다섯째는 e−마케팅 기능으로서 각종 교육정보화 관련 기관이 서로 홍보 및 마케팅 할 수 있도록 조사하고 관련 콘텐츠를 자동으로 발송하는 세부 기능을 설계하여 제시하였다. 여섯째는 교육정보화 관련 인재정보를 관리하고 취업으로 연계하는 기능으로 설계하여 제안하였다. 일곱째는 가상연구소의 투자효과분석 기능으로서 다양한 연구결과를 검증하고 유효성을 평가하는 세부 내용을 설계하고 제안하였다. 여덟째는 보안 및 프라이버시 분석보고 기능인데 학교, 교육청, 교육부 등 미성년자들의 각종 정보들이 유출되거나 악용될 수 있는 가능성을 검토하고 취약점을 해소하는 방향으로 세부적인 설계를 제안하였다.

또한 e−산업클러스터의 참여자들에게 부여할 권한의 종류와 권한부여 메커니즘에 대해서도 제안하였고 e−산업클러스터의 구현에 필요한 각 모듈별 일정과 우선순위에 대해서도 분석하고 제안하였다.

마지막으로 e-산업클러스터가 수행해야 할 주요 기능들과 프로세스를 중심으로 화면을 설계하여 제시하였고 특별히 운영자 모드에서는 사용자 접근권한을 관리하는 화면을 예로 들어서 설명하였다.

본 저서는 제2장과 제3장을 통해서 공공기관의 지방이전에 대한 직관적인 막연한 기대감을 국민들에게 심어주는 것은 금물이며 공공기관 지방이전을 기점으로 대규모 인구유출을 막고 경제성장의 원동력을 마련하기 위한 중장기 전략수립이 필요하다는 것을 보여주었다. 실제로 언론 보도내용들이 중장기 특성화 전략, 지방규제 혁신, 불편해소, 혁신도시 정주여건, 생활 인프라의 투자, 수도권 기업의 지방이전 유도방안, 인력의 역량 강화방안 등과 같은 전략적 이슈보다는 단순히 혁신도시 내 아파트 미분양과 나홀로 이주인구에 관한 내용이 부각되어 이전 공공기관에 대해 부정적 이미지만 부각시키고 있다. 따라서 지방이전에 관한 올바른 인식을 심어주기 위해서는 중장기 혁신도시의 비전을 제시하고 전략과제를 마련하여 지방이전 정책이 목표로 하고 있는 지방인구 유출방지와 지역경제발전이 이루어질 수 있도록 지역의 혁신클러스터의 기능을 강화해 나갈 필요가 있다.

본 저서는 정부의 지방이전 정책을 중심으로 과연 공공기관의 지방이전을 통하여 수도권과밀화 해소와 지방경제발전을 이룩할 수 있을 것인지에 관한 시뮬레이션을 수행하였다. 전국을 수도권과 영남권, 충청권, 전남·강원·제주권으로 구분하고 수도권과 지방의 차이를 반영한 지방이전 시뮬레이션 모형을 구축하고 실제 데이터와 비교하여 모형의 타당성과 신뢰성을 확인하였다. 정부의 이전정책의 추진강도를 조정하여도 시뮬레이션 결과는 지방이전 정책의 목표인 수도권 순유입 인구감소와 지방의 GRDP 증가에 영향력이 미미한 것으로 나타났다. 이것은 공공기관 지방이전 정책의 성과가 크지 않고 오히려 이전비용 등 추가비용 증가로 이어져서 추가비용이 예산에 반영되지 않을 경우 지방기업의 원가경쟁만 부추기고 핵심사업은 정부부처의 관리 하에 수도권에서 이루어져 수도권 인구과밀화와 경제집중도를 오히려 높이는 결과를 가져올 수 있다는 것을 발견하였다.

본 저서는 이를 극복하기 위해서 지방이전과는 다른 지방혁신 정책모형으로 고급 지식/기술과 교육수준이라는 두 개의 변수를 정책지렛대로 삼는 시뮬레이션을 수행하였다. 그 결과 고급지식/기술과 특성화 교육수준을 조금씩만 높여 나가도 지방이전 정책의 강도를 높이는 것보다 더 큰 정책적 효과가 있다는 것을 확인하였다. 결국 공공기관의 지방이전은 지방화 시대를 본격적으로 시작한다는 상징적 의미가 클 뿐 사실상 지방자치 시대를 발전시켜 꽃을 피우려면 교육과 지식/기술에 대한 중장기 투자를 통해 지역혁신 클러스터를 활성화시키는 것이 중요하다는 것을 보여주었다.

본 저서의 제4장과 5장에서는 지방혁신을 위한 교육과 지식/기술에 대한 중장기 투자를 위한 방안으로 e−산업클러스터의 구축을 제안한다. e−산업클러스터를 통해 공공기관의 지방이전을 전략적 기회로 활용할 수 있고 교육정보화 관련 산·학·관·연 단체들을 모아서 산업전체의 발전을 견인해 나가는 모형을 제안하였다. 이것을 통하여 지방의 총 GRDP 규모를 증가시키고 인구의 순유출을 막을 수 있다고 판단하였다. 지방과 수도권의 기술 및 지식격차가 발생하고 교육수준에 차이가 발생하는 한 이로 인한 부(富)의 이동과 이러한 갭(gap)을 메우려는 인구의 이동은 불가피하다. 따라서 이것을 막기 위해서는 산업을 좁게 설정하고 활용인력의 범위는 크게 설정하여 그 지역에 특화된 e−산업클러스터를 통한 지속적인 역량축적이 필요하다. 결국 e−산업클러스터를 이용한 특화 지식과 기술 그리고 교육수준이 수도권에 비교할만하거나 더 우수해지도록 발전시켜야 인구유출을 막고 경제적 부가가치를 제고할 수 있다.

따라서 본 저서는 2013년 8월에 지방으로 이전한 A기관의 사례를 통하여, e-산업클러스터를 구축한다면 어떠한 기능을 포함시켜야 하고 어떠한 프로세스를 설계해야 하는지 그리고 지식과 기술축적을 위한 협업은 어떻게 이루어질 수 있고 어떤 분야가 있는지를 분석하였다.

　전국 초·중·고의 교육정보화를 담당하는 A기관은 지방이전을 전환점으로 이전지역의 경제를 활성화시키고 지방의 인구유출을 막기 위한 지방혁신 정책으로 교육정보화 e-산업클러스터의 정보계획수립이 필요하였다. 이를 위해서는 먼저 이전지역의 교육부, 교육청, 학교 관계자들과 인터뷰를 실시하고 이들의 요구사항과 협력 가능성을 조사하였다. 또 이전지역의 교육정보화 유관단체와 기업들을 인터뷰하고 요구사항과 협업 가능성을 조사하였다. 각 기관들과의 논의를 통하여 본 저서는 교육정보화 e-산업클러스터의 전략적 방향을 설정하고 주요 8개의 기능을 확정하였다.

　첫 번째 기능은 교육정보화 정보통합으로 산업 내 표준과 기준에 관한 정보를 관리하는 기능이고 두 번째 기능은 교육정보화 관련 사업지원 프로세스를 자동화하고 효율화하는 비즈니스 프로세스 관리에 관한 기능이다. 세 번째 기능은 실시간의 RFP와 Proposal 전달이 가능하고 다양한 사업실적과 기관 이력을 조회할 수 있는 e-마켓플레이스의 기능이다. 네 번째 기능은 산·학·관·연이 함께 협업할 수 있는 공간과 프로세스를 제시하는 교육정보화 협업기능이다. 다섯 번째 기능은 교육정보화 관련 기관들이 홍보하고 조사하고 관련 콘텐츠를 송부하는 e-마케팅 기능이다. 여섯 번째 기능은 교육정보화 관련 인재정보를 제공하고 취업으로 연결하는 교육정보화 인재관리 기능이다. 일곱 번째는 다양한 연구결과를 검증하고 유효성을 평가하여 추후 지속여부를 결정하는 가상연구소 투자효과분석의 기능이다. 여덟 번째는 교육정보화 관련 정보나 지식에 대한 보안 및 프라이버시 분석기능이다. 본 저서는 교육정보화 e-산업클러스터의 8개 기능 이외에 참여자들에게 부여할 권한종류 및 권한부여 메커니즘을 설계하였고 e-

산업클러스터의 개발에 필요한 각 모듈별 일정과 우선순위에 대한 분석도 제시하였으며 주요 기능들과 프로세스를 중심으로 운영자 모드의 데모화면을 제작하여 e-산업클러스터의 예를 보여주었다.

〈국내 문헌〉

[1]  강원일보, 2014년 8월 18일

[2]  김경환·박명호·손재영, "미래지향적 수도권 정책 : 경제학적 접근", 서강대학교 출판부, 2005.

[3]  김태환, "공공기관 지방이전과 지역균형발전 : 프랑스 사례를 중심으로", 한국지역지리학회지, 제11권, 제1호, 2005, pp.71-82.

[4]  김태환·이동우, "공공기관 이전과 지역발전 효과", 대한국토도시계획학회정보지, 통권 제 282호(2005년 9월호), 2005, pp. 3- 13.

[5]  문남철, "수도권기업 지방이전 정책과 이전기업의 공간적 패턴", 지리학연구, 제40권, 제3호, 2006, pp.353-366.

[6]  박양호·김창현, "국토균형발전을 위한 중추기능의 공간적 재편방안", 2002, pp. 176-183.

[7]  배준구, "프랑스의 공공기관 지방이전 정책", 지방정부연구, 제9권, 제4호, 2005, pp.171-189.

[8]  송건섭, "공공기관 지방이전의 HRD 효과논의", 한국정책과학회보, 제12권, 제3호, 2008, pp.201-217.

[9]  이공래, "초광역 지역혁신체제의 연구개발거점 구축 전략 – 대구테크노폴리스의 경우", 과학기술정책연구원, 과학기술정책 145, 2004, pp.30-42.

[10] 이상용, "지역발전을 위한 인적자원개발과 산학협력의 연계", 지역개발논총, 제17권, 2005, pp. 107-133.

[11] 이희수, "지역인적자원개발 추진체계 구축방안", 한국교육개발원, 2001.

[12] 전형중, "프랑스의 지역혁신 전략", 한국프랑스학회 동계학술대회논문집, 2003.

[13] 주성제, "외국의 행정수도 및 공공기관 이전 사례와 시사점", 지역연구, 제19권, 제2호, 2003, pp.187-208.

[14] Heo, T-Y., Eom J. and Park, M. S., "Comparison of Rail Mode Share by District between Before and After KTX Opening in Seoul", Journal of the Korean Data Analysis Society, Vol. 14, No. 5, 2012, pp.2451-2461.

[15] Jang, S-S., Yoon, S-B. and Shin, B-Y., "Network Centrality Analysis of Population Migration for the Balanced Development of Dongnam Economic Region", Journal of the Korean Data Analysis Society, Vol. 14, No. 6, 2012, pp.3351-3363.

[16] Kim, S., Yoo, H. and Han, G., "A Study For the Effectiveness of University's Recruitment Support System", Journal of the Korean Data Analysis Society, Vol. 15, No. 6, pp.3077-3086.

[17] Kwon, Y. S., "An Implementation Framework for Regional Human Resource Development", Administration Focus, July/ August, 2002, pp.34-37..

[18] Yun. X, Choi, K-H., and Yoon, S-M., "The Empirical Analysis of Korea City Population and Economic Size Distribution", Journal of the Korean Data Analysis Society, Vol.. 16, No. 4, 2014, pp.1965-1977.

〈해외 논문〉

[1] Carrez, G., Rapport fait au nom de la Commission des Finances, de l'Economie Generale et du Plan sur le projet de loi de finances pour 2004 (n 1093). Document mise en ditribution le 23 octobre 2003(n 1110, Assemblee nationale).

[2] Experian Business Strategies, The Impact of Relocation: A Report for the Independent Review of Public Sector Relocation, 2004. pp.10−23.

[3] Fouche, A., Delocalisations Administratives et Development Local, Conseil economique et social. Paris. 1997.

[4] Goddard, J. B. and Pye, R., "Telecommunication and office location", Regional Studies, Vol 11, No. 1, 1977, pp.19−30.

[5] Gangwonilbo, August, 18th, 2014, http://www.kwnews.co.kr/ nview. asp?s=301&aid=214081700038

[6] Jerfferson, G W. and Trainor, M., "Public sector relocation and regional development," Urban Studies, Vol. 33, No. 1, 1996, pp.36−48.

[7] Lajugie, J., Delfaud P., et Lacour C., espace regional et amengement du territoire,    Paris: Dalloz, 1985.

[8] Marshall, "Civil service reorganization and urban and regional development in Britan," The service Industrial Journal, Vol. 16, No. 3, 1996, pp.347− 367.

복잡계론을 접목한 한국형 强小기업 네트워크 만들기

1판 1쇄 인쇄   2018년 06월 15일
1판 1쇄 발행   2018년 06월 25일
저      자 박기남
발 행 인 이범만
발 행 처 **21세기사** (제406-00015호)
경기도 파주시 산남로 72-16 (10882)
Tel. 031-942-7861      Fax. 031-942-7864
E-mail : 21cbook@naver.com
Home-page : www.21cbook.co.kr
ISBN 978-89-8468-758-5

**정가 20,000원**